"十二五"普通高等教育本科国家级规划教材
全国高等学校管理科学与工程类专业规划教材

第2版

管理统计学应用与实践

案例分析与统计软件应用

李金林 马宝龙 编著

Management Statistics Application and Practice

清华大学出版社
北京

内 容 简 介

本书共分3章：第1章调查研究的技术与方法，系统介绍调查方案设计、调查问卷设计、调查的实施、统计数据的收集与处理以及调查报告的撰写等。第2章案例分析汇编，以作者多年实践式教学的成果为基础，编写了11个有代表性的案例，每一案例都是对一个实际经济管理问题的完整统计分析。第3章SPSS统计软件应用，基于案例分析的原始数据介绍了SPSS统计软件的应用。

本书既包含系统的统计调查方法和分析知识，又包含具有实践指导意义的案例分析，将统计学理论框架蕴于现实经济管理中，能够很好地满足高校本科生、研究生、MBA学员以及相关从业人员在数量分析方面的需求。本书附配光盘，包含书中所有案例分析的原始数据资料，便于教学和自学。

图书在版编目(CIP)数据

管理统计学应用与实践：案例分析与统计软件应用/李金林，马宝龙编著.--2版.--北京：清华大学出版社，2014(2024.9重印)

(全国高等学校管理科学与工程类专业规划教材)

ISBN 978-7-302-38220-1

Ⅰ.①管… Ⅱ.①李… ②马… Ⅲ.①经济统计学－高等学校－教材 Ⅳ.①F222

中国版本图书馆CIP数据核字(2014)第231061号

责任编辑：高晓蔚
封面设计：赵梅秋
责任校对：王凤芝
责任印制：丛怀宇

出版发行：清华大学出版社
网　　址：https://www.tup.com.cn，https://www.wqxuetang.com
地　　址：北京清华大学学研大厦A座　　**邮　　编**：100084
社 总 机：010-83470000　　**邮　　购**：010-62786544
投稿与读者服务：010-62776969，c-service@tup.tsinghua.edu.cn
质量反馈：010-62772015，zhiliang@tup.tsinghua.edu.cn
印 装 者：三河市人民印务有限公司
经　　销：全国新华书店
开　　本：185mm×230mm　**印　张**：19　**插　页**：1　**字　　数**：395千字
附光盘1张
版　　次：2007年9月第1版　2014年11月第2版　**印　　次**：2024年9月第8次印刷
定　　价：49.00元

产品编号：052230-02

第2版前言 PREFACE

《管理统计学应用与实践——案例分析与统计软件应用》第 1 版受到了广大读者的厚爱，2007 年出版后进行了多次印刷，2014 年又被列为"十二五"普通高等教育本科国家级规划教材。我们对《管理统计学应用与实践——案例分析与统计软件应用》第 1 版得到的认可与读者积极的回应表示感谢。然而，在深感欣慰之余，我们深知，教材中不足之处仍然不胜枚举。近些年来，通过在管理统计学教学研究过程中的不断学习，并汲取使用本书的同行们所提出的宝贵意见，我们又有了一些新的想法和新的案例，很想与读者分享。因此，在出版社和广大教材使用者的支持下，我们着手了本书的再版修订工作。

这次修订，我们修改了第 1 版中存在的不当之处，并致力于教材质量的提高。与第 1 版相比，第 2 版我们仍然坚持了原有的基本框架和风格，不同之处主要体现在以下几个方面：

第一，对某些章节的内容进行了充实。比如，对第 1 章的内容进行了补充，增加了如量表等相关内容的基本介绍，使教材的结构更加合理，内容更加翔实。

第二，对第 2 章的案例进行了较大的改动。突出管理统计学与时俱进的特点，我们删除了第 1 版中的 4 个案例，结合近些年教学过程中所积累的案例，挑选了 5 个有代表性的案例补充进本书。案例分析过程中，对问题的分析更加全面和深入，方法和思路更加清晰，使广大读者能够深入体会管理统计学在经济管理和社会调查中的作用。

第三，对第 3 章进行了全面的更新。管理统计学的与时俱进很大程度上体现在统计学软件的更新换代。近年来本书案例分析所用的统计学软件 SPSS 有了较大的发展，版本也不断提高，软件操作方法和结果输出方式发生了很大的变化。鉴于此，我们基于最新版的 SPSS 软件对第 3 章进行了全面更新，对新的操作方式和输出结果进行了更加详细的说明。

第四，结合第 2 版在案例上的调整改变，我们更新了本书光盘所附的数据文件，使原始数据更加全面，有利于读者自己分析案例，培养独立进行统计分析的能力。

在第2版的编写过程中，北京理工大学管理与经济学院多位研究生参与了案例的修订和书稿的完善，他们付出了辛苦的劳动，在此一并致谢：刘亚楠、杨立宝、郑利涛、苏书园、权级慧、张增博。

由于编者水平所限，书中难免会有不妥之处，敬请读者批评指正。

编著者

2014年10月

前 言 PREFACE

关于本书

管理统计学是一门科学性与艺术性相结合的学科。科学性是指统计学本身是一门基础的、严谨的科学，具有客观性、理论系统性和真理性的特点；艺术性是指管理统计学更重视在经济管理、企业管理中的应用，以及正确运用基本概念、基本模型和基本方法去解决实际问题的技巧，具有实践性的特点。管理统计学的科学性强调的是科学的理论对管理活动的指导作用，而艺术性强调的是管理统计学的实践技巧，没有实践则没有"艺术"。由此可见，管理统计学不仅逻辑性强、理论严密，同时具有广阔的管理实践和应用背景，因此在教学过程中更应强调培养学生扎实的定量分析能力和理论联系实际的能力，使学生掌握统计学的基本思想、基本模型和基本方法，提高运用这些思想、模型和方法解决实际问题的能力。

本书是与《管理统计学》相配套的辅助教材。本书延续教材的特点，仍然突出管理特色，以作者多年教学实践所积累的管理统计学教学实践成果为基础，整理编写了 10 个具有不同特点的管理统计学案例，将统计学的理论方法框架蕴于经济管理的具体问题中，注重统计学理论的实践，同时结合各案例的数据处理过程介绍了常用统计软件——SPSS 的使用方法。本书既包含系统的统计调查方法和分析知识，又包含具有实践指导意义的案例分析，能够很好地满足高校本科生、研究生、MBA 学员以及相关从业人员在数量分析方面的需求。本书附配光盘，包含书中所有案例分析的原始数据资料，便于教学和自学。

本书旨在使读者对统计方法有更加深刻的认识，能够将经济管理中的实际问题转化为可以用统计方法处理的问题，并能够运用统计软件分析问题，结合具体统计分析结果对实际问题给出合理解释，从而提高深入挖掘数据信息的能力，学会从不同角度思考问题，培养独立进行统计分析的能力。

本书的主要特色

本书作者在管理统计学领域积累了丰富的教学经验，根据统计学课程特点及经济管理类本科、硕士、MBA 等层次学生的教学要求，结合多年的教学实践和体会,在教学上已基本形成了“一教学、二实验、三实践”的三大专业模块相结合的教学模式。作者在不断总结管理统计学实践教学的基础上,编写了这本《管理统计学应用与实践——案例分析与统计软件应用》,该书突出了如下特色。

(1) 以实际应用为导向,区别于以往统计学案例注重从方法切入的情况,有助于学生在学习统计理论知识的同时系统地了解用统计方法解决具体实际问题的完整过程,强化学生综合运用统计知识解决实际问题的能力,特别有助于经济管理类学科学生对统计类课程的学习。

(2) 统计方法与经济管理实际问题的有机结合,编写的案例都是多年教学实践的成果,是学生们在老师的指导下,充分利用学校的教育资源,结合管理统计学课程学习的进程,利用课余时间开展实践研究所得,案例丰富,内容翔实。

(3) 统计分析与统计软件相结合,突出了统计数据的软件分析过程,并且在软件分析中所使用的数据均为本书案例分析的实际调查数据,同时附配光盘中含有全部数据,这样有助于统计软件的学习,使得学生在学习统计理论知识的同时具备了应用软件分析问题的能力。

(4) 本书是作者多年教学改革探索成果的展现,在教学环节中,学生通过管理统计学实践模块的学习,可以更深刻掌握相关的统计基础理论知识,同时也提高了利用理论知识解决实际问题的能力,使得单一的知识传授型教学转变为以素质教育为主的实践式教学,在提高学生参与意识的同时极大地培养了学生的创新精神和科研能力。

本书的主要内容

本书共分 3 章:第 1 章是调查研究的技术与方法;第 2 章是案例分析汇编;第 3 章是 SPSS 统计软件应用。第 1 章系统介绍调查方案设计、调查问卷设计、调查的实施、统计数据的收集与处理以及调查报告的撰写等方面的内容。第 2 章以作者多年实践式教学的大量成果为基础,编写了 10 个有代表性的案例,每一案例都是对一个实际经济管理问题的完整统计分析。第 3 章基于案例分析的原始数据介绍 SPSS 统计软件的应用,首先简要介绍 SPSS 统计软件的基本情况,之后介绍使用 SPSS 对下列统计方法进行分析的具体步骤:数据输入与整理、数据统计描述及图表方法、均值比较与 t 检验、方差分析、相关与回归分析、列联分析、时间序列分析、信度分析和因子分析。

由于作者主要从事统计学的教学工作,而调查研究又是实践性非常强的方法性学科,专门将管理统计学的实践教学成果编写成书是一种新的尝试,编写中存在一定的局限性和片面性,疏漏和错误之处在所难免,恳请读者批评指正,以期逐步充实和完善。

致谢

在本书的编写过程中，北京理工大学管理与经济学院的部分老师和研究生参与了案例的编写，或在资料的收集和整理方面付出了辛勤的劳动，在此一并致谢：冉伦、张晨宇、张伦、杨清清、陈倩、徐丽萍、申晓航、张若晨、邹庆忠、钟之阳、李慧、刘健、田荣洁。

编著者

2007年6月

目 录 CONTENTS

CHAPTER 1 第1章 调查研究的技术与方法

1.1 调查研究概述

现代社会是一个复杂多变的信息社会。随着工业化和现代化的迅速发展,人们迫切地感到,只有对各种社会现象和人类行为有更深入的认识,才能有效地制定政策、预测发展趋势和解决问题。在这一要求的推动下,调查研究作为人们认识社会、改造社会的一种手段,逐渐得到广泛应用。它已成为研究各种社会现象和人类行为的主要方法之一。

调查研究通过系统地收集资料,并对资料进行科学的分析和综合,来解释现象的产生、发展和变化规律,由此得出客观性的认识。

1.1.1 调查研究的作用

调查研究的作用体现在,人们通过调查问卷、抽样等形式,可得到某一被调查领域的某一问题现状的详细描述,继而深入分析原因,并预测未来的发展趋势。

调查研究的运用范围十分广泛,制定方针政策、解决各种实际问题、弄清事情真相、总结经验教训、推动具体工作等都离不开调查研究。调查研究的具体作用如下。

1. 建立科学理论,指导实践

任何实践都需要理论的指导,缺乏相关理论指导的实践是盲目的,不科学的。理论是建立在对客观事物规律性的认识之上的,这种认识只有经过反复的调查研究,才能逐渐符合客观实际。因此,人们要不断地对各种问题和现象进行调查研究。

2. 制定有效的政策和措施,解决问题

调查研究能为制定正确的方针、政策,采取有效的社会措施,解决现实中存在的各种社会问题提供可靠的依据。方针、政策、措施不是少数人臆造出来的,而是通过大量的实践和调查研究产生的,它们必须以客观事实和现实需要为依据。

3. 在实践中检验政策、计划和理论

任何政策和计划都不可能完全符合实际情况,即便是通过调查研究制定出来的政策、计划也会有不足之处。此外,在实施过程中,政策、计划也可能会出现各种偏差。因此,在

实践过程中，仍然要不断进行调查研究，从而来检查政策、计划的执行情况，不断地根据实际情况对其进行修正和完善。

以手机市场为例，手机市场调查的作用体现在：对目前手机市场的状况有一个客观的、整体的了解，弄清某种手机普遍到什么程度，手机使用者在总体上有什么年龄、性别的特点，偏爱该手机的某一特殊功能等。研究者通过对手机市场现状的详细了解，来深入探讨手机使用者年龄、性别与选择手机外形或功能之间的关系，从而得出不同的人群偏好的手机类型，以便厂商今后有针对性地开发功能、设计外形和开展营销活动。

1.1.2 调查研究的具体步骤

调查研究的具体步骤包括确定调查课题、调查准备阶段、正式调查阶段和数据分析阶段，如图 1.1.1 所示。

1. 确定调查课题

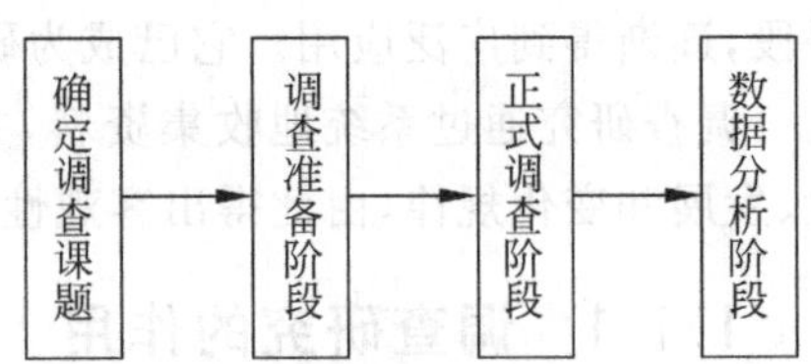

图 1.1.1 调查研究的具体步骤

确定调查课题是调查活动的起点，是整个调查工作的第一步。调查课题一旦确定，整个调查活动的目标和方向也就随之确定。调查课题可大可小，但无论大小都必须遵循以下三个原则。

(1) 目的性原则。明确调查的目的是什么，要回答和解决的问题是什么。

(2) 价值性原则。选择有价值的、有创新性的、可行的课题。任何调查课题都应以是否能丰富和发展科学理论、解决实际问题为原则，即考察调查课题的科学价值和实际意义，避免毫无意义的调查。

(3) 量力性原则。调查课题的选定要依照调查方的人力、物力、财力、时间和能力等主客观条件而定，要有完成的可能性。

这三个原则缺一不可，在确定调查课题阶段，任何调查研究都必须严格遵守这些原则，从而保证调查活动顺利进行。

2. 调查准备阶段

调查准备阶段要确定调查对象、编写调查提纲、制定调查方案等。

调查资料来源于调查对象，对象选择是否合适，将直接影响到调查结果。调查对象应视调查的课题和目的加以选取。

提纲是收集资料的依据，也是调查报告的梗概。提纲不是一成不变的，在调查过程中，提纲可能要根据调查过程的实际情况来不断修改和完善。提纲编写好后，要根据提纲要求，制定详细的调查方案，例如，调查程序设计、抽样设计、问卷设计等。

调查人员的选择与培训，建立调查人员的管理机构，筹备供调查人员使用的各种物资等活动也必须在调查准备阶段进行。

3. 正式调查阶段

正式调查阶段是实施调查方案、进行资料收集的阶段。本阶段应按照调查设计的内容和要求开展调查并获取调查数据。在实施过程中应注意以下几个问题。

(1) 调查人员应当熟悉被调查者及其生活环境,尽量获得被调查的地区、单位与个人的协助。

(2) 采取适当、有效的调查方法,提高回答率。有许多因素影响回答率,现场实施中需要把各方面的工作做细,提高调查的回答率。

(3) 采用一致的标准。在标准化的调查中,为了保证数据的一致性,所有的调查人员应当接受相同的培训,使用相同的手册,采用统一的标准语。

(4) 组织好调查团队。调查人员应当认真、详细、准确地做好观察和访问的记录,团队中的管理人员应当确保聘用能够胜任调查工作的人作为调查人员,并对他们进行适当的培训,配备访问所需要的工具。

4. 数据分析阶段

数据分析阶段的主要任务是对调查收集到的原始数据进行系统的整理、分类、加工处理和统计,然后进行综合、抽象和理论分析,从整体上把握现象的本质特征和必然联系,找出事物的一般规律和发展趋势。

分析阶段具体包括以下工作:对原始数据的清理与审核;将数据转换和录入计算机;运用统计分析方法对数据进行分析,并在此基础上得出结论。

5. 总结报告阶段

总结报告阶段的主要任务是写出调查报告,说明调查结果或研究结论。尽管在此之前的每一步骤对于实现调查的目标都非常重要,但最后都需要提供完整有效的调查报告。人们通过调查报告对整个项目的完成状况作出最终的评价。

调查报告是专业的调查人员和报告使用人员进行沟通的最有效方式,因此,调查报告在调查研究活动中具有十分重要的意义。

1.1.3 调查研究的应用范围

随着调查研究的方法和技术的不断完善,调查研究的应用范围也在不断扩大,具体包括以下几个方面。

1. 生活状况调查

生活状况调查是对某一时期、某一地区或某一社会群体的生活状况所进行的调查，主要着眼并反映人们日常社会生活各个方面的基本状况。例如，城市居民住房状况调查等。

2. 社会问题调查

社会问题调查通过系统的调查，发现和了解社会中存在的各种社会问题，为解决社会问题提供参考意见。例如，独生子女教育问题等。

3. 市场调查

市场调查是对某类产品或某种商品的市场占有率、顾客的购买情况、产品的宣传效果等进行的调查，旨在开拓产品的销路。例如，手机市场调查等。

4. 民意调查

民意调查是对社会中大众对某问题的意见、态度等主观意向进行调查。例如，美国总统选举民意测验等。

5. 行政统计调查

行政统计调查是由国家和各级政府部门所进行的人口、资源、行业调查。例如，全国人口普查等。

6. 研究性调查

研究性调查是应用社会学、政治学等社会科学领域的专业知识进行的社会调查，旨在对某类社会现象具有的一般规律或普遍法则进行探索和研究。

无论在哪个领域应用调查研究，它们的过程都是相同的，即描述现状、分析问题、预测趋势。但不同的应用领域采用的调查研究方案要根据各自的特点加以制定。

1.2 调查方案设计

调查工作是一项复杂、技术性强的工作，需要各方面工作的协调统一：统一调查的认识、统一调查内容和方法、统一调查步骤。因此要为调查工作作出一个合理、严密、科学可行的规划，而调查方案的设计正是这项工作的重要内容，它是整个调查过程的开始，在调查过程中处于十分重要的地位。

1.2.1 调查方案设计概述

1. 调查方案设计

(1) 调查方案设计的概念

调查方案的设计，就是指根据调查研究的目的和调查对象的性质，在进行实际调查之前，对调查工作总任务的各个方面和各个阶段进行通盘的考虑和安排，以提出相应的调查实施方案并制定出合理的工作程序。

调查工作的范围可大可小，但是无论范围的大小，都会涉及调查的各个方面和全部过程。只有对调查工作统一考虑和作出安排才能保证调查工作有秩序、有步骤地顺利进行，减少调查误差，提高调查质量。

(2) 调查方案设计的重要性

调查方案的设计是整个调查过程的开始，在调查过程中处于十分重要的地位。具体来说，调查方案设计的重要性体现在以下几个方面。

① 调查方案设计中，需要把已经确定的市场调研问题转化为具体的调查内容，这是一个将定性认识和定量认识联系起来的连接点。通常情况下，调查者首先要有一个调查的定性认识，明确调查什么和怎么调查，并设计出相应的调查指标以及收集、整理调查资料的方法，然后才能去实施调查。

② 调查方案的设计工作是统一整个调查工作的基础，对调查工作起着统筹兼顾、统一协调的作用。由于调查是一项复杂的工作，在工作中难免会遇到很多复杂的矛盾和问题，有的是调查本身的技术性问题，有的则不是。此外，调查涉及的人员多而复杂，因此必须提前设置调查流程，以确保工作能够有序的进行。

鉴于以上的原因，调查方案的设计应该严格遵守科学性原则、可行性原则和有效性原则。

2. 调查方案设计的主要内容

调查的总体方案设计是对调查工作各个方面和全部过程的通盘考虑，包括了整个调查工作的全部内容。调查方案是否合理与科学，在很大程度上决定了此次调查工作的成败。

(1) 调查的目的和内容

调查目的就是明确调查中需要收集什么样的数据和需要要解决什么样的问题。调查目的决定了调查内容和调查方式，所以在调查方案设计中，调查目标是首先需要明确的。同时，调查目的的好坏也是衡量一个调查是否科学的有力标准。

(2) 调查对象

调查对象就是被访者和提供资料者。调查对象的确定是根据调查研究的总体和调查范围决定的。确定调查对象就是确定向谁调查和由谁来提供所需要的数据的问题。

在确定调查对象的同时要确定调查对象的时点，即确定调查的资料反映调查对象从何时起到何时止的活动。

(3) 调查项目

调查项目就是所有需要向调查对象进行调查的内容。确定调查项目就是明确向被调查者了解什么问题，这属于问卷设计的前期工作。在确定调查项目时，要注意调查项目是否既是调查任务必需的又是能够通过调查取得答案的，并且要求调查得到的答案具有确定的表示形式并且调查项目之间是相互关联的，以便提高汇总效率和了解现象发生变化的前因后果，也便于检查答案的准确性。

(4) 调查方式和调查方法

根据调查对象和调查任务，要规定采用什么组织形式和方法取得调查资料。通常的调查方式有普查和抽样调查两种。在进行调研时，调查方式的确定直接影响着调查的准确性、及时性和完备性。

一般来说，调查的方法应该适应调查课题的需要，但同一个调查课题也可以采用不同的调查方法，同一调查方法也可以适用于调查不同的课题。在选择调查方法时，要明确每种调查方法的优势和劣势及其适用范围，以便提高调查的工作效率。调查方法有多种，下一节将具体介绍。

(5) 调查经费预算

市场调查方案中要规定调查经费预算。调查范围和调查的难易程度决定着经费预算的多少。通常，经费预算考虑以下问题：①调查方案策划费用与设计费用；②抽样设计费用；③问卷设计费用；④问卷印刷和装订费用；⑤调查实施费用(包括培训费、交通费、调查员劳务费、礼品费和其他费用)；⑥数据整理费用；⑦数据统计分析费用；⑧调查报告撰写费用；⑨折旧、耗材费；⑩项目办公费用。

(6) 调查实施时间

调查方案设计除了前面所列举的内容外，还要考虑调查实施时间。调查时间是指调查在什么时候进行，需要多少时间完成。不同的调查课题、不同的调查方法有不同的最佳调查持续时间。并且，由于调查的目的不同，调查的群体不同，为了使样本更具有代表性，应该选择不同的时间段进行调查。例如：利用商埠拦截面方法调查消费者对某种新产品的印象时，由于在一天当中人流量存在着不同时间段的差异，所以要对观察的时间段进行精心设计，才能得出科学、合理的推断结果。

1.2.2 调查方法

在确定调查方案后就进入资料收集阶段。调查的资料有两大类：一手资料和二手资料。为了节省资源和尽快掌握调查对象特点，通常先调查二手资料，后调查一手资料。

调查资料的收集过程是整个市场调研的实质性操作阶段，也是调研经费的主要使用阶段。

本章着重介绍间接调查法、面访调查法、座谈调查法和实验研究法。

1. 间接调查法

间接调查法就是指利用组织内部和外部现有的各种信息和情报资料对调查内容进行研究的一种调查方法，也称为文案调查法、室内调查法或桌面调查法。

利用这种方法，调查员的主要工作就是收集和整理二手资料。如第 2 章的“人民币汇率的时间序列分析”案例，就是采用这种方法进行的数据收集。

间接调查法的优势有：①可以发现问题并作为调查研究的重要参考依据；②可以实地的创造研究条件；③可用于有关部门和企业进行经常性的调查研究；④调查不受时间和空间的限制。

主要缺点有：①由于调查资料主要是历史资料，过时的资料比较多，不能反映现在的新情况和新问题；②所收集、整理的资料和调查的目的往往不能很好的吻合，数据对解决问题不能完全适用；③要求调查人员有广泛的知识领域和技能，否则将面临看不懂专业资料的困难。

2. 面访调查法

面访调查法就是调查人员按照某种要求，以入户或街头/商埠拦截的方式与被访者直接面谈的调查方法。该方法主要包括入户面访调查、街头/商埠拦截面访调查和计算机辅助个人面访调查。

利用这种方法，调查员的主要工作是面对面的和被访者进行交谈并整理资料。具体格式可参考第 2 章的案例分析“主流手机品牌地位的分析与诊断”、“北京地区保健品市场现状及胶原蛋白产品前景分析”和“本科专业报考动因分析”。

面访调查的优势有：①可以获得质量较高的样本；②可以获得反映较多内容和问题并具有较高质量的数据；③可以满足调查人员的工作成就感。

主要缺点有：①费用高；②时间长；③需要的人力大；④访问成功率比较低；⑤较难控制调研质量。

面谈调查法适用于消费者研究、媒介研究、产品研究和市场容量研究等。

3. 座谈调查法

座谈调查法就是采用小型座谈会的方式，挑选一组具有代表性的被访者，在一个装有辅助设备的房间内，在主持人的组织下，就某个专题进行讨论，从而获得所需材料的方法，又称为焦点访谈法。

座谈调查法的特点在于,它所访问的不是一个一个的被访者,而是同时访问若干个被访者。因此,座谈过程是主持人与多个被访者相互影响、相互作用的过程,这要求主持人必须有驾驭会议的能力。具体方式可参考第 2 章的案例分析“北京理工大学足球队影响力研究”。

座谈调查法的优势有：①资料收集速度快、效率高,可以节约人力和时间；②取得的资料较为广泛和深入；③结构比较灵活；④有效的将调查与讨论相结合,不仅能回答问题,还能探讨问题发生的原因和寻求解决问题的途径；⑤可有效的进行检测。

主要缺点有：①对主持人的要求较高,挑选合适的主持人比较困难；②容易造成主观判断错误；③回答结果比较散乱,对后续数据的整理、分析和说明等工作都造成一定的困难；④对于有些涉及隐私的问题,调查者不愿意公开。

座谈调查法适用于调查对象偏好和行为研究、广告创意研究和新产品印象研究等。

4. 实验研究法

实验研究法就是将自然科学中的实验应用到调查研究中的一种方法。具体来讲就是要求在一个受控制的环境下,使其他因素保持不变,研究所控制的变量(自变量)对某一变量或某些变量(因变量)的影响。

实验研究法是采用归纳法的逻辑,通过科学设计的实验收集数据,然后进行统计分析和假设检验,以达到实验样本对总体的推断。具体格式可参考第 2 章的案例分析“会员积分计划的设计与分析”。

实验研究法的优势有：①可以探索不明确的因果关系；②结论比较有说服力。

主要缺点有：①费时间；②费用高；③管理、控制困难；④保密性差。

实验研究法适用于测试各种广告的效果、研究商品相关因素之间的影响、研究品牌效应、研究各种促销方法的作用等。

5. 其他调查法

除了上述几种方法外,常用的调查方法还有如下几种。

(1) 观察法

调查者在现场对被调查者的情况直接进行观察、记录,以取得信息资料的一种调查方法。它不要求被调查者回答问题,而是凭借调查员的直观感觉或其他辅助器材,记录和考察被调查者的活动或现场事实,获取必要的资料。

(2) 德尔菲法

专家调查法的一种,用背对背的判断代替面对面的会议,即采用函询的方式,依靠调查机构反复征求每个专家的意见,经过客观分析和多次征询反复,使各种不同意见逐步趋于一致。

(3) 投影技法

采用一种无结构、非直接的询问方式，可以激励被访者将他们所关心话题的潜在动机、态度或情感反映出来。主要适合于敏感性问题的调查。

(4) 电话调查法

利用随机拨号原则(根据抽样原理设计的一种原则)筛选被调查者，然后对合适的调查对象对照问卷逐字逐题的提问，并及时迅速地将回答答案记录下来。一般分为传统式和计算机辅助式。

(5) 邮寄调查法

将问卷装入信封，通过邮局寄给选定的调查对象，并要求他们按规定的要求和时间填写问卷，然后寄回调查机构的方法。

1.3　抽样设计

抽样调查是调查方式的一种，它是按照一定程序，从所研究对象的总体抽取一部分进行调查或观察，并在一定的条件下，运用数理统计的原理和方法，对总体的数量特征进行估计和推断的方法。抽样调查具有经济和高效的优点，因此在市场调查中得到广泛的应用。但是，抽样设计的成功与否决定着抽样调查的准确程度的高低，因此，在抽样调查时，要认真设计抽样规则。

1.3.1　抽样调查

1. 抽样调查的意义

抽样调查是指从所有有关的调查对象中选择部分对象进行调查。在抽样调查中，所有有关的对象叫作总体，其中的单个对象叫做个体，从整体中抽取的部分个体叫作样本。抽样调查的目的是根据样本的信息推断总体的特点和变化趋势。对所有个体对象进行的调查叫作普查。

调查通常采用抽样而不是普查，因为抽样调查与普查相比具有以下的优势。

(1) 节省调查经费。在对每一位对象调查费用不变的情况下，对部分对象调查的费用自然比调查全部对象节省经费。特别是对调研经费有限的企业来说，抽样调查是合理的选择。当然，如果调查对象的总体数量很少，那么普查也是值得考虑的。

(2) 节省时间。在对每一个对象调查时间不变的情况下，调研所需的时间与调研对象的数量成正比关系。抽样调查与普查相比，减少了调查对象的数量，自然也就节省了调查时间。在调查内容变化较快的情况下，缩短调查时间，有利于把握时机和避开风险。

(3) 减小访问误差。调研误差的大小与调查对象的数量有直接的关系，但是这种关系是复杂的。调查对象数量的增加一方面增加了信息的来源，从而有可能减小信息被遗漏的损失，但是另一方面有可能增加访问的失误。例如：随着调查对象的增加，对每一个调查对象的投入也会相应的减少，这样势必会引起调查效果的降低。

2. 抽样的一般程序

不同的抽样方法有不同操作要求，但它们都要经历以下几个步骤。

(1) 界定总体

界定总体就是在具体抽样前，首先对从中抽取样本的总体范围与界限作明确的界定。这一方面是由抽样调查的目的所决定的，因为抽样调查虽然只对总体中的一部分个体实施调查，但其目的却是为了描述和认识总体的状况与特征；另一方面，界定总体也是达到良好抽样效果的前提条件。

(2) 编制抽样框

依据已经明确界定的总体范围，收集总体中全部抽样单位的名单，并通过对名单进行统一编号来建立抽样使用的抽样框。需要注意的是，当抽样是分几个阶段、在几个不同的抽样层次上进行时，则要分别建立起几个不同的抽样框。

(3) 决定抽样方案

在具体实施抽样之前，依据研究的目的与要求，根据调查范围、调查对象、各种抽样方法的特点，以及其他有关因素决定具体采用哪种抽样方法。除了抽样方法的确定外，还要根据调查的要求确定样本的规模及主要目标量的精确程度。一个完整的抽样方案应包括以下内容：①确定抽样调查的目的、任务和要求；②确定调查对象(总体)的范围和抽样单位；③确定抽取样本的方法；④确定必要的样本量；⑤对主要抽样指标的精度提出要求；⑥确定总体目标量的估算方法；⑦制定实施总体方案的办法和步骤。

(4) 实际抽取样本

在完成上述几个步骤的基础上，严格按照所选定的抽样方法，从抽样框中抽取一个个抽样单位，构成调查样本。依据抽样方法的不同，以及抽样框是否可以事先得到等因素，既可能先抽好样本，再下去直接对预先抽好的调查对象进行调查，也可能一边抽取样本一边调查。

(5) 评估样本质量

在一般情况下，样本的抽出并不是抽样过程的结束，完整的抽样过程还应包括样本抽出后对样本进行评估的工作。所谓样本评估，就是对样本的质量、代表性、偏差等进行初步检验和衡量，其目的是防止由于样本的偏差过大而导致调查的失误。评估样本的基本方法是：对研究者实际抽取样本的具体方法和程序进行分析检查，看其是否保证了总体中的每一个个体都有已知且相等的概率被选入样本。同时，也可以辅之以比较的方法，将可得到的、反映总体中某些重要特征及其分布的资料与样本中同类指标的资料进行对比，若二者间差别很小，则样本的代表性较高；反之，若两者间差别十分明显，那么样本的质量和代表性就很小。

1.3.2　非随机抽样

非随机抽样按抽取原则的客观性强弱分为：便利抽样、判断抽样、配额抽样和雪球抽样四种。

1. 便利抽样

便利抽样，又称方便抽样或偶遇抽样，是指调查者根据现实情况，以自己方便的形式抽取偶然遇到的人作为调查对象，或者仅仅选择那些最容易找到的人作为调查对象的抽样方法。值得注意的是便利抽样的任意性并不是随机性，任意性是一种主观性，而随机性是一种客观性。便利抽样的主要问题是无法知道所抽取的样本代表目标总体的程度。而增强便利抽样代表性的唯一途径就是增加样本数量。

2. 判断抽样

判断抽样，又称立意抽样、目的抽样或主观抽样，是指针对调查目的有意识或有判断地选择样本。判断抽样与便利抽样一样，都无法知道样本能代替目标总体的程度。如果调查者对问题的判断比较客观、比较准确，那么判断抽样的代表性要优于便利抽样。增强调查者判断客观性和准确性的主要途径是积累判断经验和听取专家的咨询。

3. 配额抽样

配额抽样，又称定额抽样，是指按照某个比例抽样，这个比例取决于目标总体在某个或某些属性上的分布情况。属性指标的选择也是依据调查者的判断。判断是否客观、准确，影响到配额抽样的代表性或价值。由于配额抽样中用到的属性指标来自于判断，因此，配额抽样可以看作一种特殊的判断抽样。配额抽样有一个按多属性指标配额的问题，配额抽样又可以分为独立配额抽样和相关配额抽样。

4. 雪球抽样

雪球抽样，又称推荐抽样，是指从几个适合的调查对象开始，然后通过它们得到更多的调查对象，这样一步步扩大样本范围。当手头只有一份有限的样本架构时，而回答者又能提供对调查可能有用的别的回答者的名单时，雪球抽样是最适合的。

以上非随机抽样的优点是方便易行，多用于探索性研究及总体边界不清或由于客观制约无法实施随机抽样时，在市场研究中也用。但是，其致命缺点是无法保证样本代表性，不能做推论总体之用。

1.3.3 随机抽样

随机抽样按照随机的程度可以分为简单随机抽样、系统抽样、分层抽样、整群抽样和多段抽样。

1. 简单随机抽样

简单随机抽样，是指在总体中完全随机的抽取样本。在简单随机抽样时，总体中不同个体被抽中的概率是相同的。这一点意味着简单随机抽样适用于个体特征比较均匀的总体。因此，影响简单随机抽样误差和样本大小的一个重要因素就是总体中不同个体之间的差异程度。差异越大，简单抽样的随机误差就越大；相反，对那些个体之间差异程度小的总体进行简单抽样调查可以减小误差或减小样本，从而节约调查费用。

2. 系统抽样

系统抽样，又称等距抽样，这种方法就是依据构成总体中个案的出现顺序，排列起来，每隔 k 个单位抽一个单位作为样本，如逢十抽一等。与简单随机抽样相比，系统抽样易于实施，工作量小，抽样误差小于简单抽样。但这种方法的一个弱点是容易出现周期性偏差，为防止这种情况，可以取一定数量的样本后打乱原来顺序，建立新的顺序，以纠正周期性偏差。

3. 分层抽样

分层抽样，是指按照某个被调查者的特征将调查总体分成若干相互之间差异显著的群体，这样的群体也称为分层群体，并在各个分层群体内部进行单纯随机抽样调查。分层抽样弥补了简单随机抽样的缺点，使得简单随机抽样应用的范围更加广泛。根据层次划分的不同规则，分层抽样可以分为比例分层抽样和非比例分层抽样两种。

4. 整群抽样

整群抽样，是指将总体按某种标志分割成一定数量并且与总体相似或彼此相似的子群体，用子群体作为样本单位进行单纯随机抽样，然后对子群体样本内部的个体进行普查。整群抽样是将子群体作为个体的特殊的简单随机抽样。一方面，它将子群体作为个体可以节约样本数量；另一方面，对来自群体内部的个体进行普查可以全面反映子群体内部的情况以增强调查的全面性。

5. 多段抽样

多段抽样，又称多级抽样，它是按抽样单位的隶属关系或层次关系，把抽样过程分为几个阶段进行的抽样方法。上述四种随机抽样方法均属于不分阶段的直接抽样法，主要适用于调查规模较小、调查对象较集中的情况。在大规模调查时只能用这种方法，但由于每段抽样都会有误差，经过多段抽样，最后抽出来的样本误差就会比较大，这是多段抽样的缺点。

在运用随机抽样方式进行调查时，究竟采用何种方式进行调查，要考虑以下三个问题：第一，对抽样误差大小的要求；第二，调查对象本身的特点；第三，人力、物力、经费和时间等各种调查条件。同时，在确定抽样方式时，也可以几种方式结合运用。

随机抽样比较适合结论性调研，以便较为精确地估计抽样误差，需要较大的样本和操作上的严格性。

1.3.4　抽样误差与样本规模

1. 抽样误差

(1) 调查误差及分类

任何调查所获数据都存在误差。误差控制在评估调查质量时是十分必要的，导致误差产生的原因各不相同。根据鲍德威在1915年提出的调查误差分类方法，误差产生的原因一般有四个方面：①获得的信息不正确或不真实；②定义和标准不严格、不确切、不适当；③样本不能代表总体；④部分数据对总体的估计将产生的误差。

在以上四大误差来源中，对抽样调查而言，前两个可以称为系统误差，又叫非抽样误差，后两个可以成为抽样误差。抽样误差大小可由计算公式来测量，其误差总有一定限度，并可用样本大小来调节。目前，影响调查质量的因素主要是系统误差。因此，要对系统误差在各阶段产生的原因认真探究，以便寻找有效的控制办法。

(2) 系统误差及控制

系统误差是和“从总体取样本”这个动作无关的误差。系统误差可以归纳为两大类：抽样设计误差和测量误差。

抽样设计误差是指因研究设计不当或抽选过程不当而产生的误差。抽样设计误差包括抽样框误差、调查对象范围误差和选样误差。

测量误差是指测量信息与原始信息(实际值)之间的差异。测量误差又称登记性误差，是在调研过程中由于各种主客观原因引起的技术性、操作性误差，还包括由于责任心等缘故造成的误差。测量误差包括以下几种情况：替代信息误差、访问员误差、测量工具误差、数据处理误差和回答误差。

2. 样本规模

样本规模又称为样本容量，它指的是样本中所含个案的多少。样本规模也是每一项具体的社会调查所必须解决的问题之一。如果样本容量过小，数据不能代表总体水平，调查结果就会产生较大的误差；如果样本的容量过大，又会给研究人员带来负担，造成种种浪费。这里，我们先分析影响样本量确定的各种因素，再向大家讲解一下如何确定样本量。

(1) 影响样本规模的因素

由于实际情况非常复杂，单纯的利用公式从理论上求解样本量的上限是不够实际的。除此之外，我们还要综合考虑多个指标来确定样本量。

① 研究对象的变异程度，即总体方差的大小。总体方差越大，研究问题越复杂，样本容量越大。

② 允许的误差大小，即精度要求。此项指标与样本容量成反比。

③ 置信度的大小。置信度也大，样本容量越大。

④ 总体的大小。总体越大，样本容量也越大。

⑤ 抽样的方法。抽样的方法决定着设计效应的值。例如，简单随机抽样的抽样效率低于分层抽样，其样本容量就比较大。在同等条件下，不重复抽样比重复抽样所需要的样本少。

⑥ 调查区域的大小。调查区域越大，样本容量也越大。比如，在同样的调查条件下，在北京进行调查所需的样本容量通常会大于太原。

(2) 确定样本量的实际经验

结合我们在市场调查中的实际经验，市场调查中确定样本量通常的做法是：通过对方差的估计，采用公式 1.3.1 计算所需样本量，主要步骤如下。

① 用两步抽样，在调查前先抽取少量的样本，得到标准差 S 的估计，然后代入公式中，得到下一步抽样所需样本量 n；

② 如果有以前类似调查的数据，可以使用以前调查的方差作为总体方差的估计。

$$n = Z^2 S^2 / d^2 \tag{1.3.1}$$

式中：n 为所需要的样本量；

Z 为置信水平的 Z 统计量，如 95%置信水平的 Z 统计量为 1.96，99%置信水平的 Z 为 2.68；

S 为总体的标准差；

d 为置信区间的 1/2，在实际应用中就是容许误差，或者调查误差。

(3) 根据经验，确定样本量

确定样本量的主要方法有：

① 如果以前有人做过类似的研究，初学者可以参照前人的样本。

② 如果是大型城市、省市一级的地区性研究，样本数在 500～1000 之间可能比较适合；而对于中小城市，样本量在 200～300 之间可能比较适合；如果是多省市或者全国性

的研究,则样本量可能在1000～3000之间比较适合。

③ 作为一个常识(主要是为了显著性检验),进行分组研究的每组样本量应该不少于30个。通过试验设计所作的研究,可以采用较小的样本量。如产品试用(留置)调查,在经费有限的情况下,可以将每组的样本量降低至15个左右,但最好每组在30以上。此外,我们在多次的实际研究中发现,每组样本量超过50个可能是一种资源浪费。

1.4　测量

1.4.1　测量量表

在社会调查中,研究者常常需要测量人们的态度、看法、意见、性格等主观性较强的内容。这些主观性的内容一方面具有潜在性的特征,另一方面其构成也比较复杂,一般很难用单一的指标进行测量。因此,为了达到这种测量的目的,研究者常常需要借助于各种量表。量表在心理学和社会心理学的研究中运用比较普遍,在社会调查以及其他社会研究中,则更多的是运用它来测量人们的态度。从许多社会调查(特别是民意调查)所用的问卷中,常常可以看到各种形式的态度量表,包括总加量表、李克特量表和语义差异量表等。

1. 总加量表

总加量表也称为总和量表或总合评量,它由一组反映人们对事物的态度或看法的陈述构成,回答者分别对这些陈述发表意见,根据回答者同意或不同意分别计分,然后将回答者在全部陈述上的得分加起来,就得到了该回答者对这一事物或现象的态度的得分。这个分数是其态度的量化结果,它的高低就代表了个人在态度量表上的位置。表1.4.1就是总加量表的一个例子。

表1.4.1　对目前工作满意度测量表

问　　题	同意	不同意
1. 目前的职位层级设置是合理的	1	0
2. 对您的职业发展方向和通道很明确	1	0
3. 对目前公司给予的培训满意	1	0
4. 公司的绩效考评有效	1	0
5. 相对于您对公司创造的价值而言,个人所获得的薪酬合理	1	0
6. 总体来看,对公司满意	1	0

表1.4.1测量的是员工对目前工作的满意程度。它由在同一方向的6个陈述句构成,每一陈述句后都有两种答案。凡回答"同意"者,计1分;回答"不同意"者,计0分。这个表的最高分为6分,最低为0分。得分高表示对目前工作满意度高,得分低表示对工

作满意度低。需要说明的是，一方面，总加量表的回答类别可以是 2 个（如上例），也可以是 3 个或者更多；另一方面，要注意每个陈述所表达的态度方向，如果上例中出现了与这 6 个陈述态度的方向相反的陈述，则此时对它计分方法应与其他 6 句相反即“同意”者计 0 分，“不同意”者计 1 分，以保持整个态度量表测量方向的一致性。

上述这样的总加量表有一个潜在的假设或前提：每一个态度陈述都具有同等的效果，即它们在反映人们的态度方面是“等值的”，不同的陈述之间不存在数量的差别（它们的“分值”都一样）。

然而，在实际应用中有一个很大的困难，这就是指标的测量效度问题（详见下节）。人们想测量对工作的满意程度，但却往往难以保证用来进行测量的所有指标都是在完全地测量着同一事物。

2. 李克特量表

李克特量表是总加量表的一种特定形式，也是社会调查问卷中用得最多的一种量表形式。它是由美国社会心理学家李克特于 1932 年在原有的总加量表基础上改进而成的。李克特量表也由一组对某事物的态度或看法的陈述组成，与前述总加量表不同的是，回答者对这些陈述的回答不是被简单地分成“同意”和“不同意”两类，而是被分成“非常同意、同意、无所谓、不同意、非常不同意”五类，或者“非常满意、满意、一般、不满意、非常不满意”五类。表 1.4.2 就是李克特量表的一个例子。

表 1.4.2 请您回答有关团队合作与沟通的问题

问 题	非常不同意	不同意	一般	同意	非常同意
在工作中，同事们能很好地相互帮助（团队合作）	□	□	□	□	□
本公司能够很好的让员工知道哪些会影响员工利益的决策	□	□	□	□	□
本公司在了解员工的意见方面作出了大量努力	□	□	□	□	□
公司领导会利用不同渠道向员工描述公司未来的发展	□	□	□	□	□

表 1.4.2 中，按“1＝非常不同意、2＝不同意、3＝一般、4＝同意、5＝非常同意”来赋值，这样，每一个回答者在这一量表上的 5 个得分（每行一个答案所对应的值）加起来，就构成他对团队的态度得分。按上述赋值方式，一个回答者在该量表上的得分越高，表明他对团队合作与沟通越认同。

李克特不仅改进了总加量表的形式，更重要的是他还提出了一种帮助研究者从量表中消除有问题的项目的方法。这种方法成为研究者设计总加量表时确定量表项目的主要依据，其基本程序如下。

(1) 围绕要测量的态度或主题，以同意或不同意的方式写出与之相关的看法或陈述

若干条(一般为20～30条)。对每一陈述给予5个答案：非常同意、同意、无所谓、不同意、很不同意，并根据同意或不同意的方向分别赋以1、2、3、4、5分。

(2) 在所要测量的总体中，选择一部分对象(一般不能少于20人)进行测试。

(3) 统计每位受测者在每条陈述上的得分以及每人在全部陈述上的总分。

(4) 计算每一条陈述的分辨力，删除分辨力不高的陈述，保留分辨力高的陈述，形成正式量表。

分辨力的计算方法是：先根据受测对象全体的总分排序；然后取出总分最高的25%的人和总分最低的25%的人，并计算这两部分人在每一条陈述上的平均分；将这两个平均分相减，所得出的就是这一条陈述的分辨力系数。该系数的绝对值越大，说明这一陈述的分辨力越高。

3. 语义差异量表

语义差异量表也称为语义分化量表，主要用来研究概念对于不同的人所具有的不同含义。这种量表最初是美国心理学家C.奥斯古德等人在其研究中使用的。它在研究小政治群体、态度或更一般性的政治问题时特别有用。在社会学、社会心理学和心理学研究中，语义差异量表主要用于文化的比较研究、个人及群体间差异的比较研究，以及人们对周围环境或事物的态度、看法的研究等等。

语义差异量表的形式由处于两端的两组意义相反的形容词构成，每一对反义形容词中间分为7个等级，每一等级的分数从左至右分别为7、6、5、4、3、2、1，也可以计为+3、+2、+1、0、−1、−2、−3。被测量的概念或事物放在量表的顶端，调查时要求被调查者根据自己的感觉在每一对反义形容词构成的量尺中的适当位置画记号，比如画"√"。研究者通过对这些记号所代表的分数进行统计和计算，研究人们对某一概念或事物的看法或态度，或者进行个人或团体间的比较分析。比如，要了解人们对女性角色的理解或看法，可用语义差异量表对若干反映女性角色的概念进行测量，如母亲、妻子、姐妹、女朋友、女强人等(见表1.4.3)。

表1.4.3　语义差异量表(人们对女性角色的理解或看法)

态度	7	6	5	4	3	2	1	态度
(或者)	+3	+2	+1	0	−1	−2	−3	
热情的	□	□	□	□	□	□	□	冷漠的
主动的	□	□	□	□	□	□	□	被动的
大方的	□	□	□	□	□	□	□	拘谨的
强的	□	□	□	□	□	□	□	弱的
快的	□	□	□	□	□	□	□	慢的
善的	□	□	□	□	□	□	□	恶的

语义差异量表所采用的数对形容词要能够考察被调查者对研究对象的感觉和态度的各种要素或各种维度。许多研究者认为,这种形容词通常包括三个一般的维度:评价(如好与坏、善良与残酷、重要与不重要等)、力量(如强与弱、硬与软、刚与柔等)和行动(如主动与被动、快与慢等)。

1.4.2 测量的信度与效度

在社会调查中,人们常常利用含多个项目的量表来测量人们的意见、态度、看法或观念等比较抽象的东西。这就产生了一个问题:所测的数值是否可靠、准确?是否具有适用性?社会测量的信度与效度就是人们对测量的质量进行评估的两个指标。

1. 信度

信度即可靠性,它指的是采取同样的方法对同一对象重复进行测量时,其所得结果相一致的程度。换句话说,信度是指测量结果的一致性或稳定性,即测量工具能否稳定地测量所测的事物或变量。

比如,用同一台磅秤去称某一物体的重量,如果称了几次都得到相同的结果。则可以说这台磅秤的信度很高;如果几次测量的结果互不相同,则可以说它的信度很低,或者说这一测量工具是不可信的。

大部分信度指标都以相关系数 r 来表示,具体的类型主要有以下三种。

(1) 再测信度

对同一群对象采用同一种测量,在不同的时间点先后测量两次。根据两次测量的结果计算出相关系数,这种相关系数就叫作再测信度。这是一种最常用、最普遍的信度检查方法。使用这种方法时,两次测量所采用的方法、所使用的工具是完全一样的。再测信度的缺点是容易受到时间因素的影响,即在前后两次测量之间的某些事件、活动的影响,会导致后一次测量的结果客观上发生改变,使两次结果的相关系数不能很好地反映两次测量的实际情况。

(2) 复本信度

复本信度采取的是另一种思路:如果一套测量可以有两个以上的复本,则可以根据同一群研究对象同时接受这两个复本测量所得的分数来计算其相关系数。比如,学校考试时出的 A、B 卷就是这种复本测量的一个近似的例子。在社会调查中,研究人员可以设计两份调查问卷,每份使用不同的项目,但都用来测量同一个概念或事物,对同一群对象同时用这两份问卷进行测量,然后根据两份问卷所得的分数计算其复本信度。复本信度可以避免上述再测信度的缺点。但是。它的要求是:所使用的复本必须是真正的复本,即二者在形式、内容等方面都应该完全一致。然而,在实际调查中,真正使调查问卷或其他类似的测量工具达到这种要求往往是一件十分困难的事情。

(3) 折半信度

将研究对象在一次测量中所得的结果,按测量项目的单双号分为两组,计算这两组得分之间的相关系数,这种相关系数就叫作折半信度。如一个态度测量包括 30 个项目,若采用折半法来了解其内在一致性,则可将这 30 个项目分为相等的两部分,再求其相关系数。通常,研究者为了采用折半信度来检验测量的一致性,需要在他的测量表中增加一倍的测量项目。这些项目与前半部分的项目在内容上是重复的,知识表面形式不同而已。如果被调查者在前后两部分项目上的得分之间高度相关,则可以认为这次测量是可信的。这种方法与复本信度的情况类似,它要求前后两个部分的项目的确是在测量同一个事物或概念。一旦二者所测量的并不是同一个事物或概念,则研究者就无法用它来评价测量的信度了。

2. 效度

测量的效度也称测量的准确度,它是指测量工具或测量手段能够准确测出所要测量的变量的程度,或者调查结果说明调查所要说明问题的有效程度。简言之,效度是指调查所用的指标能够如实反映某一概念真实含义的程度。例如,人们用一把尺去量布,本来布的长度是 1 米,但测得的结果却是 1.2 米或 0.8 米,人们就说这把尺子缺乏准确性或缺乏效度。在这个例子中,尺子是调查所用的各种指标,布是调查对象,布的长度是要调查的某一问题的含义。

测量的效度具有三种不同的类型,即表面效度、准则效度和建构效度,它们分别从不同的方面反映测量的准确程度。人们在评价各种测量的效度时,也往往采用这三种类型作为标准。

(1) 表面效度

表面效度也称为内容效度或逻辑效度,指的是测量内容或测量指标与测量目标之间的适合性和逻辑相符性,即测量所选择的项目是否"看起来"符合测量目的和要求。评价一种测量是否具有表面效度,首先必须知道所测量的概念是如何定义的,其次需要知道这种测量所收集的信息是否和该概念密切相关,然后评价者才能尽其判断能力之所及,得出这一测量是否具有表面效度的结论。如通过问卷测量 MBA 学生的入学动机,首先要弄清"动机"的定义,然后看问卷中的问题是否都与学生的入学动机有关。如果问卷中的问题明显是有关其他方面的,则这种测量就不具有表面效度。如果发现问卷中的问题所涉及的都是有关入学动机方面的内容,而看不出它们是在测量与入学动机无关的其他观念时,则可以说这一测量具有表面效度。

(2) 准则效度

准则效度也称为实用效度、预测效度或共变效度,指的是用一种不同以往的测量方式或指标对同一事物或变量进行测量时,将原有的一种测量方式或指标作为准则,用新的方式或指标所得到的测量结果与原有准则的测量结果作比较，如果新的测量方式或指标与原有的作为准则的测量方式或指标具有相同的效果，那么，我们就说这种新的测量方式或指标具有准则效度。

(3) 结构效度

结构效度涉及一个理论的关系结构中其他概念(或变量)的测量。如人们设计了某测量方法来测量“消费者对保健品关注程度”，为了评价这种测量方法的效度，需要用到与关注程度有关的理论命题或假设中的其他变量。假定有下列与关注程度有关的理论假设：消费者对保健品关注程度与消费者年龄有关，且年龄越大，对保健品越关注，那么，如果测量对关注程度与年龄的结果具有一致性，则称测量具有结构效度；如果对保健品关注程度不同的对象年龄都是一样的，那么测量的结构效度就面临挑战。

3. 信度与效度的关系

(1) 效度以信度为基础

信度与效度既相互联系又相互区别。效度以信度为基础，有效的测量必须是可信的测量。

(2) 信度高时效度不一定高

信度只是效度的必要条件，而非充分条件。一个信度高的调查并不等于效度也高。信度只解释资料的真实可靠性，并不能解释这项资料与研究对象是否相关及相关程度多大。

(3) 效度高时信度一定高

效度问题更直接地影响整个调查的价值，如果量表或问卷的设计不能充分显示所要调查的主题，那么整个调查就失去了意义，所以对调查结果进行效度分析是十分重要的。一个量表或问卷只有同时具有较高的效度和信度，才能保证调查结果是可靠的和有用的。

1.5 问卷设计

社会调查的数据主要是通过问卷来获得的，所以问卷质量的优劣程度关系到获得的数据是否有效真实，也关系到社会调查的成败。由于问卷一旦发放出去，就很难改正，一切都需要预先设计好，这就要求调查研究人员认真地进行问卷设计。此部分将详细讲述优秀的问卷的特征、设计一份优秀的问卷的方法以及设计问卷时应该注意的问题等。

1.5.1　问卷设计概述

1. 问卷的概念及分类

问卷(questionnaires),是指在社会调查中使用的一种正规的收集数据的方式,其内容是事先统一设计的,用于向被调查者了解情况,征询意见,进而获取所需要的信息。

问卷调查可以分为自填式问卷和代填式问卷两种：自填式问卷,即由被调查者自己填写问卷表格来收集数据；代填式问卷,又称访问式问卷,即由工作人员通过访问的方式向被调查者发问,由工作人员填写表格,进而达到收集信息的目的。

另外,问卷调查还可以分为通信问卷调查、电话访问调查、人员访问调查和送发问卷调查等方式。现在比较流行的网络调查问卷,是通信问卷调查的发展阶段。

2. 问卷的基本结构

一般问卷包括以下几个部分：封面信、指导语、问卷题目、编码及其他资料等。

(1) 封面信

实际上是调查情况简介,主要是向被调查者说明调查者的身份,调查的内容、目的及意义等。目的是为了鼓励被调查者诚实积极地参与调查,与调查者合作。因此,调查能否获得被调查者的合作,得到第一手真实的资料,封面信的质量起到关键作用。

封面信的内容应该包括以下部分。

① 首先说明调查者的身份和单位。比如："我们是××公司的调查员……"也可以通过落款来说明。但是落款最好要详细,以体现调查的正式,消除被调查者的顾虑。

② 其次说明调查的内容和目的。比如："我们开展这次调查是为了……"或者"我们正在进行一项关于……的调查。"

③ 另外,还要说明如何选择调查对象和对被调查者信息的保密情况。比如："我们根据科学的方法选取了×位市民作为调查对象,您是其中一位。这次调查采取不记名方式,我们将对统计资料进行保密。所有个人资料均以统计方式出现。"也可以说："本次调查不用填写姓名和单位,答案也无对错之分。请按照实际情况填写。"

④ 最后,应该对被调查者的合作表示真诚的感谢。

以"北京理工大学足球队影响力研究"调查问卷的封面信为例。

尊敬的女士/先生：您好！

我们是北京理工大学的学生,现在正在进行一项关于北京理工大学足球队影响力的问卷调查,目的是了解我们的足球队的知名度和影响力,以备我们学校在以后球队的运作中作参考,更好地为中国的足球事业探索一条可行之路。请您给予支持,谢谢！调查会耽误您 5 分钟左右的时间,请您谅解。

北京理工大学足球队的点滴进步离不开您的关注。感谢您的支持与合作！

(2) 指导语

用来向被调查者说明填写问卷的具体方法，比如填表的方式、要求及注意事项等。为了减轻被调查者的负担，一般指导语设计的都比较少，要求也比较简单。比如："请根据自己的实际情况在合适的答案号码上画圈或者空白处直接填写。"有的指导语会集中出现在封面信的后面或者问题的前面，有的比较复杂的调查问题需要特殊说明的，则分散在问题中。

以"北京理工大学足球队影响力研究"调查问卷的指导信为例。

请您对以下问题进行作答。本次调查问卷的答案没有正确错误之分，在每题的答案中选中您的答案(每题都只选一个答案)。

(3) 问卷题目

问卷题目是调查问卷的核心部分，即问卷的主要内容，调查收集的信息就来自于这个部分。问卷的题目可以分为开放式问题和封闭式问题两种，即问答题和选择题。

开放式问题可以使被调查者自由的表达自己的观点，所得信息更加丰富。但是却加重了被调查者和调查者的负担。对于调查者而言，资料难以编码和统计分析；被调查者有可能因为觉得问题烦琐而感到疲倦，中途放弃答卷。

封闭式问题的优点在于填写方便，对于被调查者和调查者都省时省力，资料也易于统计分析。缺点是被调查者比较被动，题目设计的选项也有可能限制被调查者的思维，回答中的偏误也不易发现。

根据开放式问题和封闭式问题不同的特点，研究者需要具体问题具体分析，来选取最适合的调查方式。探索性调查更适合开放式问题，而规模较大的正式的调查采用封闭式更好一些。

(4) 编码部分

主要对于封闭式问题的答案而设计的。将问卷的答案选项设成数字，被调查者的回答也就转换为数字，便于输入计算机进行分析统计。在大规模的调查问卷中，最后的统计汇总工作是非常繁重复杂的，一般都要通过计算机来完成，这时，编码工作就显得非常重要了。

以"北京地区保健品市场现状及胶原蛋白产品前景分析"为例。

D2. 您的最高学历是：

1. 中专/高中毕业/技校及以下(　　)　2. 大专/大学毕业(　　)　3. 研究生及以上(　　)

13. 以您的经验，使用该产品多长时间会见效？

1. 三个月(　　)　2. 半年(　　)　3. 一年以上(　　)　4. 其他

上例中，问题的代码分别为D2、13，而每个问题中的每个答案也有自己的代号，比如问题D2中，中专/高中毕业/技校及以下用数字1来代表，大专/大学毕业用数字2来代表，如此等等。

对于开放性问题，需要回答者自己填写具体的数字作为答案，比如问题13中的"使用该产品多长时间会见效"，我们就用回答者填写的数字来代表这个答案的代码值。

需要注意的是，编码时的1,2,3,…这些数字只是一个代号，代表某个答案的记号，不再是传统意义上阿拉伯数字。

(5) 结束语

结束语部分一般在问卷的最后，用来向被调查者的合作表示感谢，也可以用来向被调查者询问对问卷的感受，收集影响调查者回答的因素，这样有利于研究人员工作的改进。

1.5.2　问卷设计的原则

设计问卷时，需要遵循一定的原则，才可以作出一份优秀的问卷。研究人员尤其要注意以下几个原则：目的性原则、可接受原则、适度性原则、简洁性原则及匹配性原则。下面将分别阐述每一个原则。

1. 目的性原则

问卷是调查者收集资料的工具，在设计时，要明确调查者的需要，也就是问卷设计的出发点。问卷的目的是为了满足调查者的需要，为调查者收集资料，这就要求问题一定要围绕着调查目的去设计，即问卷调查既不能漏掉一些必需的资料，也不能包含无关的资料。

2. 可接受原则

问卷的客体是被调查者，需要被调查者的合作，这就要求问卷要从被调查者的角度去考虑如何设计，让被调查者轻松愉悦的参与到调查之中，提供真实可靠的数据。问卷太复杂，回答者就容易产生畏难情绪；问卷内容涉及过多家庭隐私时，回答者就容易产生种种顾虑等。

3. 适度性原则

要求问卷一定要从被调查者的实际情况出发，提出适合被调查者回答的问题。问卷内容与被访者生活脱离，设计比较呆板，回答者可能没有兴趣，放弃配合调查；而问卷语言晦涩或者内容过于高深复杂，如果被访者文化程度较低，阅读能力有限，就无法完成调查。

4. 简洁性原则

在问卷的设计当中，问卷所使用的语言和问卷整体布局务必简洁明了，一方面能够使被调查者清楚地明白问题，提供真实的信息；另一方面，由于需要被调查者的合作，问卷应尽量给人以不需要太久时间作答的感觉。

5. 匹配性原则

即被调查者参与调查，提供的信息，要便于整理，统计和分析，以提高调查工作的效率。

1.5.3 问卷设计的步骤

一般来讲，设计一份问卷可以概括为以下几个步骤：确定调查目的、确定调查问卷类型及方式、问题的设计、确定问题形式、确定问题的编排、获得客户(上级)的认同、问卷的试用、修订以及定稿和印刷九个步骤。

1. 确定调查目的

问卷设计的第一步，就是明确调查的目的，进行探索性的研究，将其转换为具体的理论假设与所需获取的信息。

2. 确定调查问卷类型与方式

在此步骤中，首先要明确所需要获得的信息，然后需要明确如何获取这些信息，这要求我们合理地选择调查问卷的类型与方式。

调查问卷有自填式和代填式两种类型，又有送发式问卷、访问式问卷、电话式问卷、通信式问卷和网络调查等方式。本书第 2 章中的项目主要采用的是送发式问卷和网络调查，所以下面就将这两种方式做一下比较，具体结果如表 1.5.1 所示。

表 1.5.1 送发式问卷和网络调查的比较

调 查 方 式	送发问卷调查	网 络 调 查
数据质量	可以收集到较准确、可靠的数据，但容易导致由调查员、被调查员引起的非抽样误差	没有调查员的指导，容易产生误答、错答、缺答
影响回答的因素	有一定的了解、控制和判断	无法了解、控制和判断
调查费用	较高	较低
人力	多且不易控制	少
回答质量	较高	不确定
调查内容	内容广泛而且可以较复杂，但不适于某些敏感问题	内容有限制，但可以用匿名方式调查一些敏感性问题
调查范围	范围较窄，适用于特定的人群	范围只限于可以上网的人群，但不受样本分布区域限制
调查对象	比较容易控制和选择	不易控制和选择，难以包含全部目标总体
回答率	较高	低

续表

调查方式	送发问卷调查	网络调查
调查周期	长	短
收集的资料	调查员可以在收集资料时进行口头说明和宣传，方便收集非书面信息资料，有利于了解和分析影响回答的因素	只有书面信息，难以深入探讨，不利于分析影响回答的因素
其他	调查过程与数据整理相对分离	调查过程与数据编码、录入过程结合在一起

研究人员需要根据调查研究的具体问题，结合各种调查方式的特点，选择最适合的调查方式。

3. 问题的设计

问题的设计是在问卷设计中最关键的部分。问卷中问题的询问内容以及如何表述，都是需要仔细斟酌的。设计问题时要注意以下几点。

(1) 设计的问题要符合调查的目的，可以获得调查所需要的信息，避免无用信息，也要防止遗漏信息。

(2) 确定问题的内容能否准确地获取信息。比如："家庭的收入"可以通过询问"家庭拥有的家用电器情况"来修正被调查者歪曲事实的误差。

(3) 确定问题内容可行并且回答可靠。有些问题要求回答者进行过多计算或者回忆，数据的可信度以及回收率都会下降。

(4) 问题的数量在回答者可以接受的范围内，过多的问题固然可以为调查者提供更多信息，但是可能给被调查者带来畏难情绪，不利于调查。

4. 确定问题形式

问题类型有开放性问题和封闭性问题两种，研究者需要根据问题的内容来确定采取哪一种问题形式。

5. 确定问题的编排

这里要确定问题具体的提问方式，题目的措辞，以及采用怎样的提问技巧来获得准确有效的数据，并且，所有问题采用何种排列顺序也非常重要。

(1) 问题表述方法

问题的表述一般有以下几种方法。

① 直接询问法。问题只是一个简单的疑问句。例如：你认为保持健康的最有效的方法是什么？

② 陈述法。问题是一个陈述句,询问回答者对它的看法,或者为了给题目铺设背景。

例如:国家规定,每个有合法收入的公民都有纳税的义务。您对现今国家税收改革的看法是(　　)。

A. 很好,有利于国家经济的发展

B. 对经济有推进作用,但是对低收入者不太公平

C. 不好,不利于国家经济的发展

③ 假设情况法。问题是一个假设的情况,调查被调查者的意愿和行为倾向。例如:

如果有以下几门课程组合,您将会选择哪一项?(　　)

A. 数学+语文　　B. 数学+英语　　C. 英语+语文

(2) 封闭式问题备选答案的一般形式

封闭式回答有如下几种主要方式。

① 单选,即只有一种答案的回答方式,回答者选择其中一个并且只能选一个答案,选中的答案可以采用画钩、画圈或者填写序号等方式。

② 多选,即有多个答案可供选择,回答者可选其中一个或几个答案。

③ 排序题,适用于需要调查事件轻重缓急的题目,一般需要回答者按一定的顺序填写序号。

例如:你经常去医院的哪个科室就诊?(请按频率排序)

A. 外科　　B. 内科　　C. 心脑血管　　D. 神经

E. 眼耳鼻喉　　F. 肛肠　　G. 急诊　　H. 其他

④ 表格或矩阵题,即若干个问题集中在一起共用一组答案,可以结合分数,便于统计,如表 1.5.2 所示。

表 1.5.2　表格题的例子

问　　题	5分 非常 同意	4分 基本 同意	3分 不能 确定	2分 不太 同意	1分 非常 不同意
Q1. 您到本店交通十分便利	□	□	□	□	□
Q2. 您抵达后服务人员能够在第一时间主动接待您	□	□	□	□	□
Q3. 工作人员能够耐心、细致地了解您的要求	□	□	□	□	□
Q4. 工作人员能够快速有效登记来维修保养的车辆	□	□	□	□	□
Q5. 工作人员努力给您提出中肯建议及信息	□	□	□	□	□

⑤ 条件式,以回答者对一个题目的回答为条件,决定答题者回答哪一个部分的题目。就是说,回答者只需要回答问卷的一部分题目。

例如：您现在使用的是动感地带业务吗？【单选】

1. 是——跳转 Q1 问题　2. 否

⑥ 混合式，即开放性问题和封闭式问题混合编排的题目。

例如：您最主要的缴费方式是怎样的？【单选】

1. 在报亭等处购买充值卡

2. 和银行账户绑定，每月从银行账户划账

3. 从互联网上购买数字充值卡

4. 其他(请注明)____________________

(3) 问题的编排顺序

问题编排顺序需要注意以下几个问题：

① 第一个问题要有趣并且容易回答，引起回答者参与调查的兴趣。

② 重要的问题放在中间进行提问，这个时候回答者已经进入答题状态，心态也比较放松，反映的信息真实可靠。

③ 问题与问题之间应该连贯，一气呵成。

④ 被调查者的个人资料，一些私人性的问题，放在最后。

⑤ 问题版式的编排，以简洁明了为主，如果是彩页，避免使用过亮或过暗的颜色。

6. 获得客户(上级)的认同

设计好问卷后，应该与委托调查研究的客户或者上级进行交流，得到他们的认同。

7. 问卷的试用

设计好问卷后，最好先在小范围内试用，来检查问卷设计的效果。使用的样本不用太大，主要是从用户的角度来发现问卷中研究人员看不到的问题。

8. 修订

根据预调查的效果以及表现出来的问题，对问卷进行修订。

9. 定稿和印刷

经过以上几个程序，最终定稿后，就可以交予印刷。印刷质量不能太差，否则会从直观上给被调查者不受重视的感觉，影响调查的效果。

1.5.4 设计问卷的注意事项

在进行问卷设计时，研究人员要想设计一份优秀的问卷，只遵循一定的原则和一定的步骤是远远不够的。下面将给出一些经常出现的问题，研究人员在问卷设计时一定要多

加注意。这些问题主要有：概念过于抽象、问题过于含糊或者带有倾向性、问题的提法不恰当或者包含多层含义、问题与备选答案不协调、提问令人难堪等。下面将详细解释。

1. 避免问卷中的概念过于抽象

问卷中出现的概念都应该是具体的，是被调查者熟悉的，明白其确切含义的，不可以过于抽象化，或者学术化。

例如：你对我国的教育体制的感觉是（　　）

(1) 满意　　(2) 不满意　　(3) 没感觉

这个问题中，教育体制是个很抽象的概念，不适合作为问卷的问题。

2. 避免问卷中问题过于含糊

有些问卷中的问题含义不清楚，或者有歧义，这也是应该避免的。调查者如果明确调查目的，对所提问题要获取的信息明确，语言表达多推敲几次，就不会造成这样的问题。

例如：您对这个产品的感觉是（　　）

(1) 满意　　(2) 不满意　　(3) 没感觉

这个问题中，对产品的感觉是个很含糊的概念，包括很多方面，如外观、性能、材料等，应该明确到一个方面来发问。

3. 避免问卷中的问题带有倾向性

作为社会调查的手段，问卷具有客观性，所以问卷中的问题都应该是中性的。不应该在问题中带有某种倾向性，影响被调查者的回答。

例如：有人说，独生子女家庭的孩子更加孤僻。你的想法如何？（　　）

(1) 同意　　(2) 不同意　　(3) 不知道

这种提法对回答这是一种带倾向性的引导。可以通过给出两种相反的意见来消除这种影响。

例如：有人说，独生子女家庭的孩子更加孤僻；也有人说，单亲家庭的孩子更加外向，喜欢结交朋友。你的想法如何？（　　）

(1) 同意前者，不同意后者　　(2) 同意后者，不同意前者

(3) 都同意　　(4) 都不同意

4. 避免问卷中问题提法不恰当

这主要表现在设计问题时，没有考虑到回答者的各种具体情况，而造成的提法不恰当。

例如：您的文化程度属于以下哪个水平？（　　）

A. 小学以下　　B. 小学　　C. 初中　　D. 高中

E. 大学　　　　F. 硕士　　　　G. 博士

由于“文革”期间我国的教育体制问题，出现了一批拥有相应文凭的知识分子达不到当今社会的教育标准，所以这样提问没有考虑到时代的特点，是不恰当的。

5. 避免问题包含多层含义

一个问题中不能包含好几个问题。

例如：你的父母是知识分子吗？（　　）

(1) 是　　　　(2) 否

这个问题中，父母是两个人，不能通过一个问题来提问，可以通过修改被选答案的方法来消除这种情况。

例如：你的父母是知识分子吗？（　　）

(1) 一个是，一个不是　　(2) 两个都是　　(3) 两个都不是

6. 避免问题与备选答案不协调

这是特指封闭式问题中出现的情况。就是说，提什么样的问题，就应该准备什么样的备选答案让回答者去选择，避免“文不对题”。

另外，备选答案应该具有穷尽性和互斥性。就是说既应该涵盖所有的情况，又要注意避免交叉或缺漏，避免让回答者在单选题中感觉数个答案都对，或者没有答案选。

7. 避免提问令被访者难堪，禁忌和敏感的问题

个人隐私，各地风俗和民族避讳的问题，涉及个人利益的问题，都是应该避免的。

例如：您是否犯过罪？什么罪？

对于这类问题，回答者往往会由于本能的自卫心理，产生顾虑，从而无法提供真实的信息给调查者。

1.5.5 调查问卷完整格式

****

（问卷题目）××××××××××××

封面语

尊敬的女士/先生：您好！

我们是×××，现在正在进行一项关于×××的问卷调查，目的是……请您给予支持，谢谢！调查会耽误您5分钟左右的时间，请您谅解。

感谢您的支持与合作！

指导语

请您对以下问题进行作答。本次调查问卷的答案没有正确错误之分，在每题的答案中选中您的答案(每题都只选一个答案)。

问卷主体

(一) 调查问题

1. 您对××产品的了解和认知程度【单选】

□非常了解 □较为了解 □一般了解 □不了解 □非常不了解

□您最喜欢的××产品哪个方面?(请填写)________

(二) 您的情况

1. 您的年龄:

□17 岁及以下 □18~25 岁 □26~35 岁 □36~45 岁

□46~55 岁 □56~65 岁 □66 岁及以上

2. 您的性别:□男 □女

3. 您的职业是:

□公司职员 □学生 □教师 □公务员

□事业单位 □其他

结束语

再次感谢您的支持与合作!

****

1.6 调查的实施

调查的实施是指调查员根据调查问卷进行数据采集的过程。一项调查能否顺利实施取决于多方面的因素,调查团队的整体水平,调查实施过程中监督管理与质量控制的力度和效率等都对调查实施的成功起着决定性的影响。

1.6.1 调查团队的组织与培训

1. 调查团队的组织

(1) 调查团队负责人

调查团队的负责人主要负责整个调查项目的管理,包括制订项目计划,编制项目预算，监督资源使用等，除此之外，团队负责人还需负责调查实施的具体工作。调查实施的具体工作主要包括：根据调查项目的具体目标和需求，制订相应的调查实施计划，并挑选合适的调查员组成调查实施团队，并根据需要对调研团队进行专业培训，保证调查项目的顺利实施，在项目结束之后对督导和调查员的工作进行评价。在调查实施的过程当中，调查团队负责人需要对整个调研团队的工作进度及质量进行有效的监督和管理。一名合格的调查团队负责人不仅要具备扎实的调查理论知识和项目实施经验，还要有较强的组织能力和领导能力。

(2) 实施督导

实施督导的主要工作内容是对具体数据收集工作的工作流程进行监督，并对调查结果进行审查。

督导工作按照工作内容的不同可以分为现场督导和技术督导，但是在实际工作过程中，现场督导和技术督导的工作分别并不十分清晰。现场督导主要包括对工作现场的监督，回收问卷并对问卷的质量和有效性进行审查。技术督导主要包括对调查员的访问技巧进行技术指导，协助调查团队负责人选择调查员及进行专业培训等。在很多情况下，调查团队负责人也可以进行技术督导的工作。

督导工作按照具体的工作方式也可以分为公开式督导和隐蔽式督导。在实际工作中选择何种督导形式是不固定的，可以根据具体情况进行选择。例如在调查实施之初，调查员由于经验不足可能会影响采集数据的精度和准度，那么就需要实施督导以陪访等方式进行督导工作，以保证调查的顺利进行，并且督导应该采取不定时陪访等方式来检验调查员的工作效率和质量。以上的陪访属于公开式督导，而隐蔽式督导则可以采取多种方式，比如在受访者名单中加入调查员不认识的人，要求其将访问的情况和结果向督导报告，或者对调查员进行监听等。

督导工作需要认真踏实的工作态度、敏锐的观察能力和严谨的工作作风，同时应有良好的组织能力和协调能力，并了解基本的调查技术。

(3) 调查员

调查员作为调查实施中直接接触被访对象的工作人员，其工作的效果直接影响到整个调查数据采集工作的效果，重要性不言而喻。调查员一般都选择在校相关专业的大学生，因为他们具有相关的专业知识，并有较强的学习能力，而且相对比较容易管理。一般情况下，调查员应具备如下的基本素质。

① 需要有扎实的专业知识和相对全面的知识结构，对调查中所涉及的数据有基本的认识和理解。

② 需要具备一定的研究能力，善于观察和思考，把自己的专业知识灵活运用到实际调查工作当中去。

③ 随机应变是一个合格调查员应具备的素质，因为调查工作是一项与人打交道的工

作，在实际工作中会遇到各种突发情况，这就需要调查员能够察言观色，灵活应对各种情况。

④ 调查员的语言能力和交流能力也很重要。调查员在工作过程中，需要与受访者进行交流，因此良好的语言能力和沟通能力，比如说话节奏的控制、能认真聆听别人的谈话、正确理解他人的意思等，是一个合格调查员应具备的能力。

⑤ 由于调查工作的特点，需要调查员能够认真工作，不偷工减料或歪曲资料，还要有耐心，能够说服受访者合作并完成重复性较强的工作。

⑥ 调研人员需要认真仔细地记录所采集到的各种数据，减少因为粗心大意所造成的非抽样误差。

以上是调查员应具有的一般素质，但是在具体调查项目的实施中，对调查员的一些特殊的条件要求也应该被考虑进来，具体的条件要求主要取决于调查项目的主题、方式以及受访者的特点。例如，当调查项目的主题是关于政治、体育等问题时，应以选择男性的调查员为主，而当调查项目的主题是家庭、婚姻等方面时，选择女性则比较合适；如果调查的方式采用入户访问的方式，则最好选择女性调查员；在选择调查员时，受访对象的特点也应该被充分考虑进来，应尽量选择与受访对象在年龄、社会地位以及受教育程度等比较相似的调查员来进行调查的实施工作。这样选择的原因在于，相似的背景条件比较容易引起受访者的心理认同感，从而能比较顺利的配合调查员完成数据收集工作。此外，在选择调查员的时候，也要充分考虑到受访地区的风俗习惯、文化传统、语言特点等方面，选择对当地各个方面比较熟悉的调查员比较有利于开展工作。

2. 调查团队的培训

在调查项目当中，项目负责人及实施督导一般都由专业人员或者相关专业教师来担任，而挑选出来的调查员虽然都是大学在读学生，但是他们的专业技能水平和知识积累可能存在差异，因此，需要在调查实施之前对调查员进行相关的培训。

(1) 培训内容

调查员的培训可以分为基本素质培训和具体项目培训。

在项目具体实施中，由于调查员都是由在校大学生组成的，基本素质较高，故基本素质培训不需要花费大量时间。在基本素质培训中，应该侧重对调查员责任心的培养，强调要用认真严谨的态度对待收集数据的工作，另外，还需要培养调查员的行为规范，要严格按照规范来收集、记录并整理数据。

具体项目培训面向所有的调查员，目的是让整个调查团队了解项目的相关要求和标准，使调查能够以统一的标准得到实施。具体项目培训的内容如下。

① 调查项目背景简介。不同的调研项目可能涉及不同的行业，而每个行业都有不同于其他行业的特定背景和专业知识，这就需要调查员在进行相关的数据收集时，对项目所

涉及的行业有一个基本的了解，这有助于调查员正确理解调查问题的含义和更好的与受访者进行沟通。

② 讲解问卷内容。此项培训的目的是让所有的调查员都理解问卷上所提出问题的含义，并了解不同问题之间的相互逻辑关系。在培训过程中，要注意把复杂的问题解释清楚，并尽量详尽地列举出在调查过程中可能出现的特殊情况，以及处理特殊情况所要遵循的原则。

③ 其他培训内容。包括如何进行受访人员的筛选，相关工作进度和内容的安排及调查过程中所需要的各种工具的使用，例如答案提示卡，照片，调查介绍信等。

(2) 培训方式

调查员的培训方式主要有以下几种。

① 授课式培训。此种培训方法把调查员集中在一起，采用授课的方式进行培训。授课的内容包括：介绍调查项目的背景、讲解调查问卷、讲解具体实施要求以及介绍调查技巧等。

在此部分中，对于访问技巧的培训占有很大的比重，由于调查都是在调查员与受访对象之间面对面进行的，所以掌握一定的访问技巧对调查的顺利进行能起到很大的作用。一般的访问技巧培训包括建立友好谈话气氛的技巧，把握受访对象心态的技巧，提问的技巧，处理拒绝访问的技巧等，此外，对于记录受访人员的回答也有一些需要注意的事项要在培训中说明。

② 模拟调查。在授课培训之后，通过模拟调查，锻炼调查员处理实际问题的能力，使调查员对授课时所学到的知识能够灵活运用。

③ 试访或陪访。试访是在调查项目正式开始实施之前，调查员进行的试验性访问，通过试访总结经验，了解自身存在的问题。陪访是指实施督导同调查员一起进行访问，通过实际访问考察调查员对问卷上问题的理解程度、调查方法的掌握程度以及对行为规范的遵守程度，最后由团队负责人总结陪访情况。在实际培训的过程中，试访和陪访可根据需要合并进行。

1.6.2　调查实施的监督管理与质量控制

1. 调查实施的进度管理与经费预算

调查实施的进度安排首先考虑的是客户的要求。在满足客户要求的同时，还需要考虑调查员的数量以及实施督导的数量。因为每个督导所能监督的调查员的数量有限，超过其能管理的人数会导致调查实施的质量下降。所以在实施督导数量一定的情况下，要合理安排参加调查实施的调查员的总数量，以保证调查实施的质量。此外，对于每个调查员每天完成的工作量也要有一个合理的规定，工作量规定过低，会影响整个项目的完成进度；工作量规定的过高，则会影响收集数据的质量，督导也会因为工作量过大而影响管理效果。所以，在编制调查实施的进度计划时，要综合考虑各个方面的因素，并根据实际工作效率及工作难度在合理范围内进行计划的修订。

调查实施所需要的经费主要包括正式工作人员的薪金、兼职调查员的劳务费、受访对象的礼品费用、交通费、材料费、印刷费以及其他办公费用等。在各种费用支出中，由于调查员的劳务费可以选择不同的支付方式，其对整个预算的影响也不相同，所以在经费预算中主要讨论调查员的劳务费用的估计和支付方法。

调查员的劳务费用可以有以下两种支付方法：按完成的有效访问份数计算或者按照工作时间的小时数计算。这两种支付方法各有利弊，可以根据项目实施的具体情况进行选择。

第一种支付方法是按照有效访问的份数计算劳务费。其优点在于：能够提高调查员的工作效率，鼓励多劳多得；能够保证调查问卷的完整性，因为不合乎条件的问卷将不计酬；计酬方法比较简单。但是它也有不可避免的缺点，采用该种计酬方法，容易产生问卷弄虚作假的行为，因为调查员单纯为了追求完成问卷的数量，会通过伪造数据等方法人为提高问卷的完成数，从而获得比较高的报酬。另外，如果访问的难易程度不同，则调查员也倾向于访问简单的受访对象而放弃比较困难的对象，因为选择简单的受访对象可以节约时间从而提高报酬。综合此种计酬方式的优缺点可以得出，本方法适用于访问难度比较平均或者已经根据访问任务的难易程度作出平均划分的调查项目。

第二种支付方法是按照工作时间计算劳务费用。其优点在于：能够克服上一种计酬方法中调查员会趋易避难的缺陷。因为是按照工作时间计算报酬，访问的难易程度对酬劳的影响基本消除，避免了调查员为追求访问的数量而忽略问卷质量的行为。此种计酬方法比较适用于调查的地区差异比较大的项目，这样对于分配到不同地区进行调查的调查员计酬比较公平。但是这种计酬方法也有弊病，一方面此种计酬方法对于总体的项目花费的估计比较困难；另一方面是需要更加严格的监督管理，因为按照时间长短计酬，调查员容易偷懒，影响工作效率。

综上所述，在具体的调查项目实施过程中，需要按照项目的具体情况来选择合适的调查员劳务费用的支付方式。

2. 调查实施的质量控制

(1) 质量控制的方法

质量控制的方法主要包括督导和复核两种。

督导是指实施督导在调查实施的过程中和调查结束后对调查员的工作进行监督与检查的过程。主要的工作内容如下。

① 检查已经完成的问卷，具体项目包括记录是否规范，有无漏答问题，书写是否清晰等，发现问题要及时采取补救措施。

② 对各种文档进行有效管理，在调查实施的各个阶段都要建立相应的文档，包括人

员出勤表、问卷收放表、陪访报告、复核记录等。

③ 调查员的报告。在项目实施的过程中，调查员应该按照一定的周期定时提交工作报告，把具体工作情况以及在调查中遇到的各种问题记录下来，交由实施督导进行审阅。督导在必要时可根据问题的严重程度召集全体调查员进行座谈，这种方式有助于提高现场工作的质量，并能够及时发现工作中或者问卷中所存在的问题。

复核是指实施督导对调查员完成的工作进行抽查，即对受访对象进行二次访问来确定调查员工作的真实性。复核的比例可以根据项目实施的具体情况自由设定，一般比例在10%～20%之间。对于存在质量问题的调查员也可酌情增加复核比例。复核的主要内容包括以下方面。

① 核实访问情况。向受访对象核实调查过程，例如是否接受过调查，调查的时间地点是否与问卷所记录的相符等。

② 核实问卷内容的真实性。调查员在实际调查的过程中，为了减少劳动量，可能会伪造问卷中某些复杂问题的数据，而只选择比较简单的问题进行调查访问。为此，复核人员需要对问卷中的一些关键性问题和比较复杂的问题对受访人员进行二次询问，核实其是否与调查员的记录相符合。

③ 核查调查员的工作态度。具体包括调查员的谈吐是否有礼貌，是否赠送了礼品等，并让受访对象对调查员的表现进行评价。

(2) 质量控制的内容

调查实施的质量直接决定了调查数据的可靠性和有效性。在调查实施阶段，随机误差和系统偏差是对所收集数据的质量的最大威胁，随机误差会使数据的可靠性降低，而系统误差则会减小数据的有效性。所以，在调查实施阶段，质量控制的主要任务就是尽量减小由于调查员和被访对象所造成的随机误差和系统误差。

在调查实施过程中，随机误差主要有以下几种。

① 由于调查员的措辞产生的误差。访问误差主要来自于调查员对于问卷中相关问题的理解不到位和对自身措辞没有足够的重视。对于访问过程中，调查员所用的语言与问卷上的问题的微小偏差都会导致受访对象的答案产生偏差。

② 由于答案提示而产生的误差。在访问中，有明确的规定调查员在特定的情况下应该对受访对象出示对应的卡片或者告诉受访对象可供选择的答案。如果调查员并未在规定的情况下就出示了卡片或提供了答案，或者在应该出示的时候未出示，则会引起误差。

③ 由于调查员的记录产生的误差。由于调查员的记录速度有限，不可能完全把受访对象口述的内容完全记录下来，因此也会产生记录误差。

④ 由于调查员的理解偏差而产生的误差。在某些开放型问题中，调查员不能直接告诉受访者备选答案，而是需要其根据受访对象的回答自行选择答案，此时由于受访对象的答案可能和备选答案不完全对应，这就可能因为调查员的理解偏差而选择不符合受访者

原意的答案,从而产生误差。

为了尽可能减小以上的误差,在调查实施的整个过程中都要进行相应的质量控制措施。首先,在调查员培训时,就要对调查员的模拟访问进行仔细的监督,及时发现并纠正调查员的练习与问卷中的要求之间的微小偏差。然后是实地陪访,检验调查员是否能够准确地表达调查材料中所表示的含义。为了减少答案提示误差,问卷中应该把用于指导说明的文字清楚的放在括号内,来说明供选择的答案是否要告诉受访者。值得一提的是,记录误差是无法在监控访问过程当中发现的,只有当实施督导在实地监控调查员的工作时,通过自己亲自记录答案与调查员所记录的答案相比较,才能确定是否存在记录误差。防止记录误差的一个有效的方法就是认真构造问题的答案,使其能简单、快速、清楚地记录。另外,要尽量避免使用答案可供选择但不允许告诉受访者的开放式问题。

调查实施中产生的系统误差主要来自于受访人员的回答偏差。由于调查过程是调查员与受访对象的交互过程,因此在调查员与受访对象的相互影响之下,会使受访者的回答产生偏差。产生回答偏差的原因主要有:受访者限于社会公认准则的规范作用,作出遵循社会规范而非自我真实想法的回答;受访者可能根据各种不同的原因,比如希望得到尊重的愿望,由于对调查的内容等感到某种威胁而产生心理恐惧或者对调查的内容有敌意等,使其回答的问题产生偏差。此外,由于调查员的语言或非语言的动作也会使受访人员感到某种不安或其他心理感受,从而也可能产生回答偏差。

通过以上的介绍可以了解到,调查实施是直接收集数据的工作阶段,此阶段工作质量的高低直接影响到后续的数据处理,最终对调查结果的准确程度甚至正确与否都存在十分深远的影响。所以,在调查实施的过程当中,调查团队的负责人以及实施督导需要对调查实施的现场以及收集到的数据进行及时有效的管理和审查,争取最大程度上减少随机误差和系统偏差对所收集到数据的影响。

1.7 数据的收集与处理

原始的调查数据是零散的、不系统的,为了使大量的零散的数据实现有序化、综合化,并进而获得准确有用的信息,必须对调查数据进行科学的收集和处理,具体包括数据(主要指调查问卷)的回收、审核、编码、数据录入、清理和分组等。数据经过处理后才能保证其真实性、完整性和准确性,才能被用于进一步的分析和统计。

1.7.1 数据的回收与审核

1. 数据的回收

数据的回收工作是数据收集与处理阶段的开始,完整有序的数据回收能为后续工作打下可靠的基础。数据回收阶段应注意的事项如下。

(1) 回收的每一份问卷都要记录一个唯一的、有顺序的识别号码,作为原始文件。

(2) 在收回的问卷上记录下问卷完成的日期和接收的日期,以便必要时在分析过程中对先接收的资料和后接收的资料作比较。

(3) 回收的问卷应分别按照不同调查人员和不同地区放置,否则大量问卷混在一起容易丢失,不易查找。

(4) 要让所有参与数据整理工作的人员都保证工作质量,还负有保证不丢失任何原始数据的责任。

总之,数据回收是一项繁杂琐碎但又非常重要的工作,应该认真对待。

2. 数据的审核

对调查数据进行审核是保证数据分析工作质量的关键,具体包括以下工作。

(1) 完整性审核

即审核所收集到的数据是否比较完整地反映了所调查的事物的内容。包括审核数据总体的完整性和每份调查数据的完整性。

审核数据总体的完整性即审核应该调查的项目是否都调查到了,审核调查过程是否都按设计的要求完成了;如果是抽样调查,则应审核问卷的回收率以及有效问卷是否达到要求等。如果发现项目漏查的情况,必须查明原因,采取切实有效的措施补全应填而未填的空白表格或项目;如果问卷中出现"不知道"的答案所占比重过大,应采取适当的处理措施并加以说明。

审核每份调查数据的完整性,即审查每份调查表或问卷表上的每个问题是否都按要求填写了,是否有漏填或少填的情况等。

(2) 真实性审核

审核调查数据能否真实地反映调查对象的属性或特点。在审核数据的真实性时,要着重审核那些含糊不清的、笼笼统统的以及相互矛盾的数据。例如,问卷调查中的笔误与记忆误差,访问调查中被访对象所提供的大概数字或猜测数字,是否存在伪造问卷或调查表的行为等,这些情况在调查过程中是经常会发生的。如果在某些关键性问题上有怀疑,就应再次对照客观事实进行审核,以对数据进行补充修正。

审核人员一般采用抽样复检的办法进行核实,即从回收的全部问卷或调查表中随机抽取一部分,然后用电话或派人上门与被调查者联系,核实访问员是否到访,以及访问的时间、地点等。如果发现问卷或调查表是伪造的,则应作废弃处理,并派员重访。

(3) 一致性审核

审核被调查者的回答是否前后不一致,即要对数据进行逻辑检验。例如,当问卷当中询问是否购买过某种类型的商品时回答为否，但是在随后的询问该类商品的使用感受时仍然填写了相关内容，如满意或不满意等，准确情况到底如何，需要对此问卷认真分析，然后进行修正，以得到准确的数据，而有时实在无法确定时，只能将二者都作为缺失值处理。

(4) 及时性审核

审核各个被调查单位是否都按规定的日期填写和送达调查问卷或调查表，填写的数据是否是最新的数据。一般来说，访问员应在规定的访问期限内完成所有样本单位的访问，如果因某种原因延迟了访问，则应作出不同情况的处理。若延迟访问对调查结果没有什么影响，则问卷仍然是合格的；若延迟访问影响到数据的时间属性（时点数的时点、时期数的计算时距）不一致时，则应废弃这样的调查表或问卷。现代社会变化越来越快，只有反映社会活动最新状态的数据才具有最高的使用价值。

参加审核工作的人员应采用适当的方法审核数据是否满足以上要求，审核的方法主要有以下几种。

(1) 对照核实法

就关键性的或有怀疑的数据再次对照客观事实进行调查检验。

(2) 加总法

对数据中的可以相加的指标和有关项目进行加总，看是否等于合计数。

(3) 对比法

把有相互联系的数字进行对比，看是否合理。例如，将一个企业的规模与销售量对比。

(4) 平衡法

把有平衡关系的指标数字联系起来进行平衡计算，看是否平衡。例如，一个企业的销售收入需要与销售的商品数量，收到的货款数额和赊账货款数额进行平衡计算。

(5) 观察法

把统计数据和人们的经验、业务活动的实际情况进行比较观察，看数字是否符合实际情况。

(6) 遗缺审核

审核数据是否齐全，是否有遗漏的地方。

调查数据审核是一项原则性强而又细致的工作，审核人员应认真对待，为将来的统计分析工作提供完整、真实的数据。

1.7.2 数据的编码与录入

1. 数据的编码

编码是指设计一套规则，并按照规则把以文字形式记录的数据，转化成数码符号形式的数据的全部过程。编码方案应能使转化后的数据完全保持原始数据特性，并为将来的分析和统计工作打下基础。

例如，2006 年调查某班级 10 名同学的性别、年龄、考试成绩以及成绩所属级别的数据如表 1.7.1 所示，如果想用计算机处理这套数据，就必须把表中所载数据转换成数码符号形式的数据。为此，可以规定这样一套规则：

员工编号——按原数码形式；性别——"男"以"1"表示，"女"以"2"表示；年龄——按原数码形式；考试成绩——原数码形式去掉小数点；考核成绩——"优"以"1"表示，"良"以"2"表示，"中"以"3"表示，"及格"以"4"表示，"不及格"以"5"表示。再按这套规则将表载数据转换成编码符号，如表 1.7.2 所示。

表 1.7.1　某公司年终考核表

员工编号	性别	年龄	考试成绩	考核成绩
001	女	22	92.50	优
002	男	23	83.00	良
003	男	22	98.00	优
004	女	21	84.00	良
005	女	24	81.00	良
006	女	21	66.00	及格
007	女	23	59.00	不及格
008	男	21	93.00	优
009	女	24	75.00	中
010	男	21	77.50	中

表 1.7.2　某公司年终考核编码表

员工编号	性别	年龄	考试成绩	考核成绩
001	2	22	9 250	1
002	1	23	8 300	2
003	1	22	9 800	1
004	2	21	8 400	2
005	2	24	8 100	2
006	2	21	6 600	4
007	2	23	5 900	5
008	1	21	9 300	1
009	2	24	7 500	3
010	1	21	7 700	3

编码与分组有密切的关系。当完成了编码的数码转换工作，并将这些数码输入到计算机内形成数据文件后，计算机的数据处理软件就可以对所输入的数据进行分组和汇总工作。

2. 数据的录入

通过上述的编码处理，回收问卷中的具体答案都已经系统地转换成了由 0～9 这 10 个阿拉伯数字构成的数码，接下来的任务就是将这些数码输入计算机内，以便进行统计分析。数据录入的方式主要有直接录入和间接录入两种。

直接录入是指直接从问卷上将编好码的数据输入计算机。这种录入方式避免了转录中可能出现的差错，减小了录入结果的误差，但是由于录入时要不断翻动问卷，录入进度相对要慢一些。

间接录入是指先将问卷上编好码的数据转录到专门的登录表上，再从登录表上将数据输入计算机。尤其是当问卷内容较多时，直接输入的效率很低，而采用间接录入方式则可以大大加快录入速度。但是，在转录过程中，增加差错的风险也随之增大。两种方式各有利弊，在实际操作中可视具体情况选择不同的录入方式。

无论是直接输入计算机还是间接录入计算机，都有一个数据输入软件的选择，以及最终建立一个什么样的数据文件以便于统计分析的问题。目前运用较普遍的统计分析软件主要有 SPSS、SAS、SYS-STAT 等。

1.7.3 数据的清理与分组

1. 数据的清理

数据清理的目的是为了尽量减少正式统计分析前调查数据中存在的差错。数据清理工作大多安排在问卷编码后至统计分析前这段时间，通常在计算机的帮助下进行。

数据清理工作同上文所述的数据审核工作类似，区别在于这一阶段所清理的数据已不是原始数据，而是经过编码、录入等处理后的数据。具体方法请参照上文，不再赘述。

2. 数据的分组

数据分组是数据收集与处理阶段的一项必不可少的工作，其实在调查的设计阶段就应该考虑数据的分组问题，必须根据数据分组的要求设计调查项目，从而为数据收集与处理时的分组提供依据。

数据分组是指按照一定的标志，将所调查的事物或现象区分为不同的类型或组。它的最基本的原则就是要将不同性质的事物区别开来，将性质相同的事物联系起来，从而能够认识事物的现象和本质特征以及它们的内部结构。缺乏科学根据的分组不但无法提示现象的本质，甚至还会把不同性质的事物混淆在一起，歪曲实际情况。

数据分组的关键是选择分组标志。标志是指反映事物属性或特征的名称，它有品质标志和数量标志之分。品质标志是反映事物属性的标志，如进行残疾人生活状况调查时，残疾人的性别、婚姻状况、文化程度都属于品质标志，它只能用文字语言表示。数量标志是反映事物数量特征的标志，残疾人的年龄、家庭人口、工资收入都是数量标志，它可用数值表示。

分组标志是数据分组的依据，能否正确地选择分组标志，对于分组的价值以及分组的合理性都有直接的影响。要正确地选择分组标志，必须遵循以下基本原则。

(1) 要根据调查研究的目的与任务选择分组标志

调查研究对象往往具有众多特征，如何从这些特征中选择作为分组依据的标志，应根据社会调查目的和任务来确定。调查研究的目的不同，选择的分组标志也会不同。

例如，研究的目的是为了分析不同地区家庭的收入情况，就应该选择家庭月收入或年收入作为分组标志；若研究目的在于研究某学校专业的比例及平衡关系，则需要按专业分类，划分为管理学、工学和理学等；若对某企业员工满意度进行调查研究，员工基本信息有性别、年龄、学历、司龄等特征，要研究不同学历间员工满意度是否存在差别，就应该选择学历作为分组标志等。

(2) 要选择能够反映研究对象本质的标志

在研究对象的诸多标志中，有的标志是主要的、本质的；有的则是次要的、非本质的。只有选择了主要的、本质的标志作为分组标志，才能达到反映现象本质或主要特征的目的。

例如，在调查某企业员工对公司福利的意见和态度时，必须抓住员工的心理期望(如可能越高学历的员工的心理需求会越高)作为分组的标志，才能揭示出员工对福利的不同态度的主要原因。

(3) 应考虑时间和空间条件

同一分组标志，在某一时期、地点适用，在另一时期、地点就不一定适用。因此，应针对各种具体情况进行具体分析。

(4) 应多角度地选择分组标志

将事物的本质特征作为分组标志是重要的，但不是唯一的。除了反映事物本质特征的标志外，还有一些反映事物非本质特征的，但又能提供许多有价值的信息标志，因此，多角度的选择分组标志，能更加全面地认识客观现象的总体内部结构以及各部分之间的差别。

例如，调查研究在校大学生的英语学习现状时，可以男女性别、文理科、家庭背景、爱好等多角度进行分组研究。这种广泛透视的结果，会使得调查所得到的信息更加丰富，内容更加充实，分析更为全面，更有说服力。

选择好分组标志后，可以进行数据分组。根据所使用的分组标志的数量，可以将分组分为简单分组和复合分组两类。

简单分组是对调查对象只按一个标志进行的分组。表 1.7.3 是简单分组的例子，总体仅按“专业”这一标志分类。

表 1.7.3　某校专业人数统计

专　业	人　数
信息管理与信息系统	60
市场营销	31
工商管理	29

当数量标志值的变动范围较大，标志值的项数又较多时，就可以将一些邻近的标志值合并为一组，作为分组的依据，以减少组的数量。这种以标志值的一定变动范围为分组依据的方法叫作组距式分组，如表 1.7.4 所示。

表 1.7.4　某班级学习成绩统计表

分　数	人　数	百分比/%
60 以下	10	6.67
60～69	30	20.00
70～79	50	33.33
80～89	20	13.33
90～100	40	26.67
合计	150	100.00

复合分组是用两个或两个以上的标志对调查对象一次分组，它能表现两个以上分组标志之间的关系。在社会调查中，复合分组比较常见。如表 1.7.5 所示。

表 1.7.5　某班级学生性别和数学成绩统计表

性　别	数学成绩		
	80 分以上	80 分以下	合计
男	45	30	75
女	32	50	82
合计	77	80	157

复合分组并不是分组越细越好。因为，每多分一次组，组数都将成倍地增加，而分到各组的单位数却大大减少，这将造成分析的困难。复合分组一般以 2～3 个标志分组较为适宜。

数据的清理和分组是数据统计分析的准备工作，该部分工作的质量高低决定了后续数据统计分析结果的准确与否，而且由于此部分数据的量比较大，工作比较复杂，需要工作人员具有细心的工作态度和严谨的研究精神，只有这样才能保证工作的效率和质量。

1.8　调查报告的撰写

尽管调查研究的复杂程度和规模各不相同，但在最后阶段都需要提供完整有效的调查报告，说明调查的内容和问题。调查报告是调查员对某个问题进行深入的细致调查后，经过认真分析研究而形成的一种报告格式，是调查工作的最终成果。此外，调查报告也是专业的调查员和报告使用人员进行沟通的最有效形式，因此，调查报告在整个调查研究工作中有十分重要的意义。

1.8.1　调查报告写作的基本要求

1. 遵守“用事实说话”的原则

调查报告是调查研究的成果，其最基本的要求就是要尊重客观事实。但是想真正做到实事求是并不容易，因为：第一，调查中的技术问题和偶然问题会影响数据的准确性，使结果偏离事实；第二，在调查中有些地方是凭借人的主观认识来确定的，例如抽样调查的设计，但是人们认识能力是有局限性的，因而肯定会存在偏差；第三，有些调查员为了追求工作效率或出于其他目的而弄虚作假，虚报事实，为准确的反映客观事物带来障碍。因此，只有深入调查研究，力求尊重事实，摸清原因，才能真实地反映事物的本来面目。

2. 注意报告内容的多样性

多样性就是要求报告内容既要包含文字说明，又要注意数字和图表的运用。由于调查研究是以数据说话，调查资料中数据资料显得尤为重要。数据资料的特点就是具有很强的概括力和表现力，用数据证明事实的真相往往比长篇大论更能使人信服。但同时要注意的是运用数据要适当：过少不能说明问题，降低调查报告的可信度；过多地堆砌数字又太烦琐，反而使人眼花缭乱、抓不住重点，造成阅读困难。所以，恰当地运用调查数据，可以增强调查报告的科学性、准确性和说服力。一篇好的调查报告必须有数字资料、有分析观点。既要用数据说明观点，又要用观点统帅数据，通过定性分析与定量分析的有效结合，达到透过现象看本质的目的，从而研究调查对象活动的发展、变化过程及其规律性。

同时，为了使报告主题突出、文字简介，报告中尽量用表格、图表、照片或其他可视资料来补充正文中关键的信息。直观可视的图表可以有效地帮助读者理解报告撰写人的意图，增强报告的明了程度和效果。

1.8.2　报告撰写原则

撰写报告是一项严肃而认真的工作，因此撰写报告要遵从以下原则，以提高报告的质量：

(1) 根据报告提交对象或报告读者的特点，调整报告的语言风格和专业化程度，使调查过程和结论简单易懂；

(2) 严格按照调查报告文体规则撰写报告，防止遗漏调查报告的任何内容；

(3) 段落开头以主题句开始，使报告主题更加清晰；

(4) 报告前后文体、结论与建议态度一致；

(5) 语言简练且表达准确，在去掉不必要词语的同时准确表达调研意图和相关解释说明；

(6) 处理好报告内容的编排工作，令读者产生较高的阅读兴趣；

(7) 做好校对工作。

1.8.3 调查报告的文本格式

虽然任何一次调研的项目都不可能完全相同，每一篇调研报告也会因为项目的不同和读者的不同在内容上有所不同，但是调研报告的格式通常是固定的。这些格式是在调研人员在长期的实践中逐渐形成的，已经成为约定俗成的格式。

报告文本的结构具体如下所示。

1. 标题

标题记录调研项目的题目，是整篇调查报告的点睛之笔，应该符合以下两个原则：第一，标题必须准确揭示调查报告的主题思想，做到题文相符；第二，标题要简单明了，高度概括，并且具有较强的吸引力。

此外标题还应记录委托方、报告方和报告日期。

2. 目录

目录主要包含了报告所分章节和辅助图表及对应的起始页码。具体包括以下几个部分：

(1) 报告目录；

(2) 统计表目录；

(3) 统计图目录；

(4) 附件目录；

(5) 展示品目录。

3. 调查概要

调查概要是对整个调查情况以及调查结论的概括描述。为了使读者对调查报告有一个整体上的认识，在调查报告的正文之前应该撰写一份调查概要，使读者对报告内容一目了然。因此，调查概要对整篇调查报告起着提纲挈领的作用。调查概要应该包括以下几个部分：

(1) 简要说明调查目的，即简要说明调查的由来或者委托调查的原因；

(2) 简要介绍调查对象和调查内容，即说明调查时间、地点、对象、范围和调查所要解决的问题；

(3) 简要介绍调查研究的方法，即对调查研究所用的方法进行简短叙述，并说明选用此方法的原因，以增强调查结果的可信性；

(4) 简要的说明调查结果，包括结论和发现以及相应的建议。

4. 正文

正文是调查报告的主要部分。正文必须准确阐明全部有关论据，包括问题的提出，引出的结论，论证的全部过程，分析研究问题的方法等。具体来说，正文应该包括以下几项内容：

(1) 调查研究的背景与现实意义，给出调查项目形成的背景及相关数据的收集过程；

(2) 调查方案的设计，详细给出调查的目的和内容、调查对象、调查项目和调查方式、方法、问卷设计及测试和抽样技术的描述；

(3) 数据分析，按照调查方案的思路，利用相关软件完成对数据的统计和分析，以文字和图表相结合的方式展示数据分析的结果；

(4) 调查结论，主要描述基本结果、分组结果、关联性分析结果。

此外，由于没有任何一份调查报告是完美无瑕的，撰写报告的人员应该注意指出报告的局限性。特别是当研究报告的委托方将要依据此报告作出重大决策时，报告撰写人有义务提醒委托方在作出决策时对报告的局限性有所考虑。

5. 附件

附件是指为了叙述清晰，在调查报告正文中不宜包含或包含不了，但与正文有关且必须加以说明的部分。它是对正文报告的补充或更加详细的说明，包括数据汇总表、原始数据及其相应的必要的工作技术报告、调查问卷的样式、抽样技术、编码表、参考文献、相关的网络资料及其来源出处。

调查报告是调查研究工作的最终成果，它将专业的调查资料转化为更加便于阅读和理解的文档。因此，调查报告要严格构思、认真选材，做到简洁明了、针对性强、可读性强和尊重事实。要撰写好一份出色的调查报告，必须遵守调查报告的特点，掌握整个调查报告的结构和撰写方法，使调查报告在实际工作或理论研究中发挥应有的作用。

CHAPTER 2 第2章 案例分析汇编

2.1 某4S店售后服务质量分析

参与者：马宝龙、白海燕、赵磊、薛延秋、余永庆、张莉、刘华、张楠、刘博、黄哲
起止时间：2006年10月—2007年1月

学习目的

(1) 理解如何将生活中的实际问题或现象转化为可以用统计方法加以解决的问题。

(2) 了解信度分析的基本原理，能够对回归分析的结果作出正确的判断，并能够结合实际问题给出合理的解释。

(3) 进一步学习调查研究方法及调查工作的实施过程。

(4) 能够根据不同的分析目的及不同的条件选择数据适用的分析方法。

(5) 通过实际计算机操作，掌握信度分析、回归分析等的实现方法，能够熟练的运用SPSS进行相应分析。

2.1.1 案例研究背景与现实意义

近年来，随着国内汽车消费市场的逐渐成熟，汽车消费者不再仅仅关注价格、配备，对售后服务的关注程度也在逐渐上升。国内众多的汽车厂家也开始认识到，汽车业竞争与售后服务的密不可分，服务将是主宰企业未来的关键。

随着中国加入WTO，汽车服务业、汽车维修市场的开放，国内汽车维修和售后服务业虽然有了一定的发展，但仍处在无序竞争阶段。汽车生产厂家要想获得持续发展，就要不断地根据市场竞争环境的变化及时作出自己的应对策略。经验告诉我们，要留住一个顾客所要花费的人力、财力和物力远远比争取一个新顾客要少很多，而企业的利润主要是从长期顾客的身上获取的。对于汽车企业而言，要真正树立"以顾客为中心"的观念，开展"满意度工程"活动，建立一套发现问题、持续改进的动态机制是极其必要的。

4S店售后服务质量分析，是对特定4S店的售后服务质量进行量化性评估，其核心是通过对顾客的调查，获得顾客对企业服务质量的综合性评定，并判断在企业总体资源有限的状况下，为提高顾客满意度与忠诚度，企业服务所应改善的关键环节和因素。最终可以

帮助该企业回答以下一些问题：什么样的服务能够让顾客在公司持续消费？什么因素可以保证4S店在服务上是令人满意的？4S店若开展新的服务活动切入点是什么？4S店管理的重点应该是什么？有限的资源如何利用才能发挥最大作用？

该案例便是基于以上的目的，运用管理统计学的相关知识，对北京清伦汽车4S店（应企业要求略去其真实名称，以北京清伦汽车4S店代替企业名称）售后服务质量进行了分析。

2.1.2　调查方案设计

1. 调查研究的思路及过程

在明确调查研究主题后，首先通过实地走访进一步了解北京清伦汽车4S店售后服务的流程设置、人员结构、附属服务、增值服务等诸多因素，发现在实际的4S店售后服务中，影响汽车售后服务满意度的因素有很多；之后通过查阅相关文献并结合北京清伦汽车4S店的实际情况，最终确定从服务流程、个性化服务、服务态度、促销活动等几个方面对该4S店的售后服务质量进行分析，并同时考虑这些因素与顾客满意度、忠诚度的关系。该案例的具体调查研究过程如图2.1.1所示。

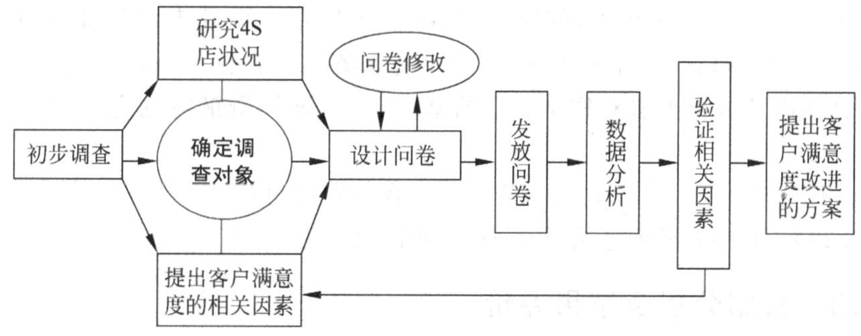

图2.1.1　调查研究过程

2. 问卷设计

(1) 问卷的结构

围绕初步设定的服务流程、个性化服务、服务态度、促销、顾客满意度及顾客忠诚度等几个变量，在前期访谈与预调研的基础上进行了调查问卷的初步设计，并通过两次小范围的试发放对问卷进行了相应修改，最终确定了使用的问卷（见附录）。调查问卷在结构上包括四个部分：

第一部分为标题；

第二部分为该调研的目的和注意事项，旨在引起被调查者的注意，提高问卷的有效性，减少无效问卷的数量；

第三部分是问卷的主体部分，主要围绕所设计的变量和顾客对4S店服务满意度的相关问题展开调查；

第四部分为被调查者的基本信息，包括性别、年龄、受教育程度和所拥有车的品牌等几个方面的问题。

(2) 问卷设计的特点和原则

① 由于调查的对象是特定4S店的顾客，所以提问的方式和选项的设计都力争符合顾客的特点，力求使得问卷的问题既有针对性，又能反映出顾客的心理。

② 问卷与调查主题紧密相关，问题的设计紧紧围绕着相关变量展开。

③ 在问题的编排上，从调查对象自身感兴趣的问题入手，逐渐深入到对4S店售后服务的看法和存在的问题等方面，问卷整体循序渐进，由浅入深，易于理解，问卷的系统性也为后期的数据分析统计提供了便利条件。

④ 问卷设计基于简洁、精练的原则，篇幅控制在2页内，被调查者在5～10分钟左右可回答完毕。避免了繁杂冗长，不会使被调查者产生厌烦而随意回答问题，这样也保证了数据的真实性和有效性。

(3) 调查形式与样本量的确定

调查问卷采用全封闭方式，问题选项采用李克特五级量表，即"非常同意"、"同意"、"不确定"、"不同意"、"非常不同意"五个备选答案。根据调查研究的主要目标、调研对象的总体以及分析方法对样本容量的基本要求，该调研最终确定样本规模为不小于100份。

通过委托北京清伦汽车4S店，该店向其顾客共发放问卷178份，回收问卷134份，回收率为75.28%，其中有效问卷为102份，有效回收率为76.12%。

2.1.3 数据分析及结果评价

1. 基本信息统计分析

(1) 性别分布状况

就性别分布来看，男性顾客85人，占总人数的85.29%；女性顾客17人，占总人数的14.71%，见图2.1.2。通过前期与该4S店高层管理人员的访谈得知，很多北京出租车也是该公司的顾客，因此顾客中的男性顾客居多，调查样本的性别分布也基本符合这一实际情况。

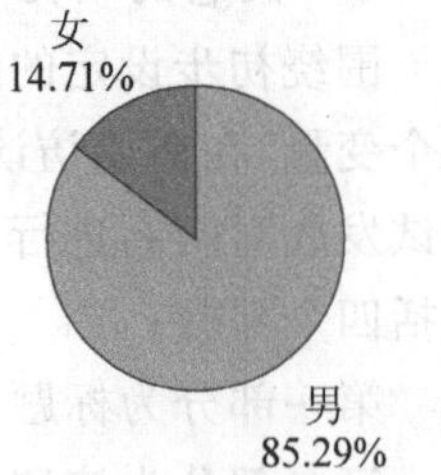

(2) 年龄分布状况

就年龄分布情况来看，26～45岁之间的样本占大多数，某种程度上也可以说明这一年龄段的顾客为该4S店的主要顾客。具体见图2.1.3。

女
14.71%
男
85.29%

图2.1.2 性别分布情况

（3）受教育程度分布状况

就受教育程度分布状况来看，被调查者大专学历的 51 人，占总人数的 50.00%；其次为本科学历的 18 人，占总人数的 17.65%。其分布情况见图 2.1.4。

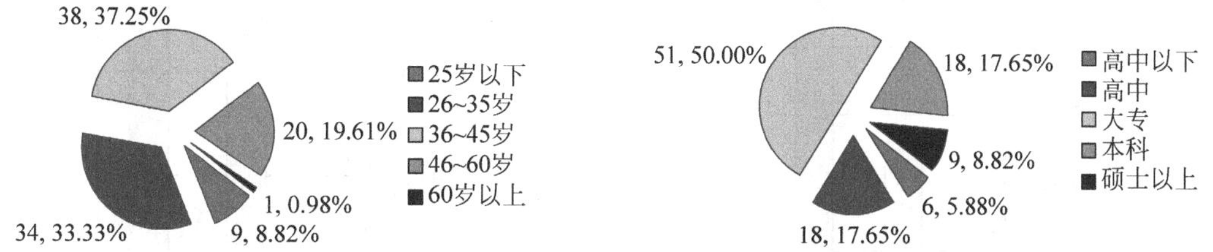

图 2.1.3　年龄分布情况　　图 2.1.4　受教育程度分布情况

（4）车辆品牌分布表

就顾客所使用的车辆品牌来看，伊兰特和索纳塔是该店服务的主要车型，这可能也和部分顾客为出租车司机相关。具体数据见图 2.1.5。

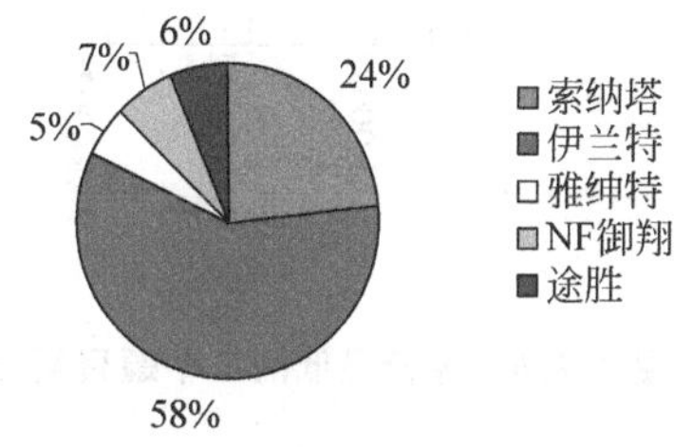

图 2.1.5　车辆品牌分布情况

（5）总体评价最低的三个题目

在对 4S 店各个方面服务评价的所有题目中，第 21 题（VAR00021）“您经常参与我们所组织的促销或联谊活动”、第 22 题（VAR00022）“您了解我们所组织的促销或联谊活动”和第 25 题（VAR00025）“您对我们的促销或联谊活动总体感觉满意”的平均得分最低（见图 2.1.6），这三个题目主要是评价 4S 店促销服务方面的内容，由此可见，整体上 4S 店在促销活动的开展与服务方面还有待提高。

（6）总体评价最高的三个题目

所有被调查的顾客在对 4S 店各个方面服务评价的所有题目中，第 4 题（VAR00004）“工作人员能够快速有效登记来维修保养的车辆”、第 8 题（VAR00008）“所有维修保养项目都取得了您的同意”、第 2 题（VAR00002）“您抵达后服务人员能够在第一时间主动接待您”的平均得分最高（见图 2.1.7），这三个题目主要是评价 4S 店工作人员服务方面的内容，由此可见，整体上 4S 店的工作人员还是提供了令人满意的服务。

2. 信度分析

为了更进一步细化影响 4S 店服务满意度与顾客忠诚度的因素，有必要将问卷中与各个变量相关的问题作为其相应变量的度量（测量）项目，对影响顾客满意度和忠诚度的因素进行深度分析。因此，首先需对测量各个变量的量表的信度做进一步的分析，如果所设立的度量项目无法获得相应变量的同一特征，则表示该量表可靠性差，即信度低。也就是说，需要了解量表中各度量项目之间的一致性（同质信度考核）。

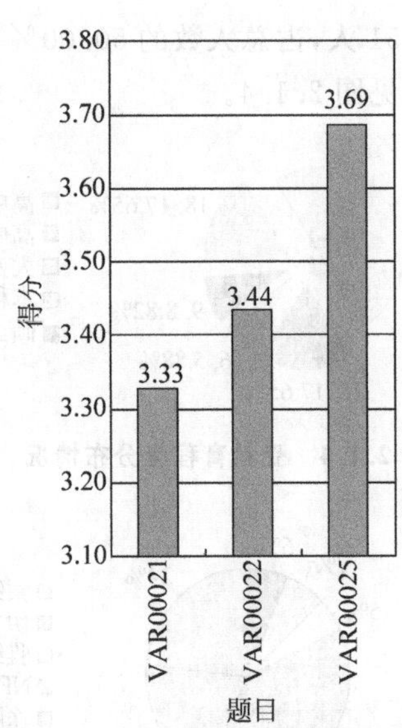

图 2.1.6 评价最低的三个题目得分情况

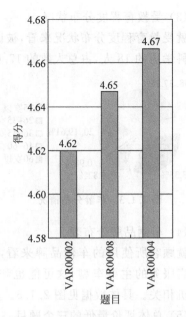

4.68
4.66
4.64
4.62
4.60
4.58
得分
4.62
4.65
4.67
VAR00002
VAR00008
VAR00004
题目

图 2.1.7 评价最高的三个题目得分情况

该案例将使用内部一致性系数(Cronbach's α)来进行信度分析,检验数据的可靠性。通过 SPSS 软件,计算出各个层面变量的内部一致性系数,计算结果如表 2.1.1～表 2.1.6 所示。表 2.1.1～表 2.1.6 列出了该案例所涉及的 6 个变量:服务流程、个性化服务、服务态度、促销活动、顾客满意度和顾客忠诚度的内部一致性系数(表中为 Alpha);以及若将某一项目从量表中剔除,则相应的 Cronbach's α(Alpha if Item Deleted)会是多少,若删除该项目可以使 Cronbach's α 值得到显著提高,则应将该项目从问卷量表中删除。一般而言 Alpha 值大于 0.7,表明数据可靠性较高。从表 2.1.1～表 2.1.6 可以看出,个性化服

表 2.1.1 个性化服务度量项目可靠性系数

项 目	项已删除的刻度均值	项已删除的刻度方差	校正的项总计相关性	项已删除的 Cronbach's Alpha 值
VAR00012	17.147 1	8.384 1	0.486 4	0.759 1
VAR00014	17.156 9	9.480 1	0.401 8	0.780 1
VAR00015	17.117 6	8.421 7	0.587 3	0.723 5
VAR00017	17.049 0	7.492 6	0.665 8	0.692 3
VAR00024	16.941 2	8.214 3	0.621 0	0.711 9

信度系数

项数＝5

Alpha ＝0.776 6

务和顾客忠诚度中如果将第 14 题和第 30 题删除会使得二者的可靠性系数得到显著提高，因此在后续正式的数据分析过程中，没有包含相应题目的数据。删除相应题目后所有变量的内部一致性系数均大于 0.70，表明各个变量的度量都比较可靠。

表 2.1.2 服务态度度量项目可靠性系数

项 目	项已删除的刻度均值	项已删除的刻度方差	校正的项总计相关性	项已删除的 Cronbach's Alpha 值
VAR00002	13.352 9	3.933 6	0.737 8	0.804 5
VAR00003	13.421 6	3.870 0	0.657 7	0.828 2
VAR00005	13.588 2	3.175 3	0.720 5	0.806 8
VAR00010	13.549 0	3.438 2	0.699 7	0.811 3

信度系数
项数=4
Alpha =0.852 9

表 2.1.3 顾客忠诚度量项目可靠性系数

项 目	项已删除的刻度均值	项已删除的刻度方差	校正的项总计相关性	项已删除的 Cronbach's Alpha 值
VAR00028	8.000 0	2.760 0	0.654 8	0.461 9
VAR00029	7.901 0	2.750 1	0.589 3	0.512 2
VAR00030	8.831 7	2.101 4	0.379 0	0.871 5

信度系数
项数=3
Alpha = 0.686 2

表 2.1.4 促销活动度量项目可靠性系数

项 目	项已删除的刻度均值	项已删除的刻度方差	校正的项总计相关性	项已删除的 Cronbach's Alpha 值
VAR00021	15.010 3	13.239 5	0.683 2	0.870 1
VAR00022	14.876 3	12.338 7	0.836 9	0.828 1
VAR00023	14.597 9	13.659 6	0.739 7	0.853 0
VAR00026	14.546 4	14.937 9	0.710 1	0.861 8
VAR00027	14.329 9	15.598 4	0.664 9	0.872 1

信度系数
项数=5
Alpha = 0.883 1

表 2.1.5 服务流程度量项目可靠性系数

项　目	项已删除的刻度均值	项已删除的刻度方差	校正的项总计相关性	项已删除的 Cronbach's Alpha 值
VAR00002	39.891 1	29.078 0	0.757 6	0.893 9
VAR00004	39.851 5	28.247 7	0.774 8	0.891 4
VAR00005	40.128 7	28.053 3	0.623 5	0.900 0
VAR00006	40.079 2	28.333 7	0.628 5	0.899 4
VAR00007	40.148 5	28.367 7	0.620 7	0.899 9
VAR00008	39.861 4	28.560 6	0.708 7	0.894 9
VAR00009	40.178 2	27.127 9	0.785 9	0.889 2
VAR00011	40.069 3	28.945 1	0.585 4	0.901 8
VAR00013	40.009 9	29.889 9	0.577 1	0.902 2
VAR00018	40.415 8	25.525 3	0.703 7	0.897 5

信度系数
项数=10
Alpha =0.906 4

表 2.1.6 顾客满意度量项目可靠性系数

项　目	项已删除的刻度均值	项已删除的刻度方差	校正的项总计相关性	项已删除的 Cronbach's Alpha 值
VAR00019	8.647 1	2.171 2	0.748 3	0.863 4
VAR00020	8.803 9	2.020 6	0.872 7	0.744 8
VAR00031	8.784 3	2.547 1	0.719 6	0.885 4

信度系数
项数=3
Alpha = 0.884 4

3. 各个层面满意度的 t 检验

由于问卷中是通过李克特五级量表对4S店的服务流程、个性化服务、服务态度、促销活动、顾客满意度和顾客忠诚度等层面因素进行的评价，因此通过单样本 t 检验来检验各个层面获得的评价均值是否显著高于常数 3。SPSS 分析结果如表 2.1.7 和表 2.1.8 所示。

表 2.1.7　各层面变量的描述性统计

项　目	N	均　值	标准差	均值的标准误差
个性服务	102	4.289 2	0.769 74	0.076 22
服务态度	102	4.492 6	0.617 86	0.061 18
忠诚度	102	4.392 2	0.759 84	0.075 24
促销活动	102	3.654 9	0.904 57	0.089 57
总体满意度	102	4.372 5	0.728 63	0.072 15
服务流程	102	4.448 1	0.585 19	0.057 94

表 2.1.8　单样本 t 检验的结果

项　目	检验值 = 3					
	t	df	Sig.（双侧）	均值差值	差分的 95%置信区间	
					下限	上限
个性服务	16.915	101	0.000	1.289 2	1.138 0	1.440 4
服务态度	24.399	101	0.000	1.492 6	1.371 3	1.614 0
忠诚度	18.504	101	0.000	1.392 2	1.242 9	1.541 4
促销活动	7.312	101	0.000	0.654 9	0.477 2	0.832 6
总体满意度	19.025	101	0.000	1.372 5	1.229 4	1.515 7
服务流程	24.993	101	0.000	1.448 1	1.333 2	1.563 1

从表 2.1.8 可以看出，所有层面变量的双边 P 值(Sig. 双侧)均非常小(小于 0.001)，进而可知道单边 P 值也很小(小于 0.002)。这说明顾客对该 4S 店的服务流程、个性化服务、服务态度、促销活动、总体满意度和忠诚等层面因素的评价均值都显著不等于 3，而表 2.1.7 中均值说明均显著大于 3，说明顾客对该 4S 店的各个层面的服务还是满意的，同时也表现出了一定的忠诚度。

4. 总体满意度的驱动因素分析

由于有可能顾客所表现出来的满意行为是由到该 4S 店的交通便利程度这一店方无法改善的因素造成的，所以有必要首先判断出交通便利程度是否会对顾客总体满意度造成影响，因此，在分析影响该 4S 店总体满意度的影响因素之前，为了控制顾客到该 4S 店的交通便利程度对其总体满意度的影响，有必要首先判断出交通便利程度是否会对顾客总体满意度造成影响。

因此首先将交通便利程度作为自变量，总体满意度作为因变量进行一元线性回归分析，结果见表 2.1.9，由于回归模型中变量交通便利程度的系数没有通过显著性检验($P=0.439>0.1$)，即说明交通便利程度并没有对顾客的总体满意度造成影响。

表 2.1.9 交通便利程度对总体满意度的影响分析结果

模 型	非标准化系数		标准系数	t	Sig.
	B	标准误差	试用版		
(常量)	4.043	0.431		9.377	0.000
交通便利程度	0.074	0.095	0.077	0.777	0.439

a. 因变量：总体顾客满意度。

由于交通便利程度并不对顾客总体满意度造成影响，因此可以直接将服务流程、个性化服务、服务态度、促销活动等变量作为自变量，而将顾客的总体满意度作为因变量进行多元回归分析，进一步分析影响该4S店总体满意度的驱动因素。多元回归分析结果见表2.1.10。

表 2.1.10 总体满意度主要驱动因素的分析结果

模 型	非标准化系数		标准系数	t	Sig.
	B	标准误差	试用版		
(常量)	−0.630	0.257		−2.451	0.016
个性服务	0.277	0.057	0.292	4.833	0.000
服务态度	0.106	0.122	0.090	0.869	0.387
促销活动	0.049	0.045	0.060	1.079	0.283
服务流程	0.711	0.146	0.571	4.876	0.000

a. 因变量：总体顾客满意度。

由表2.1.10可以看出个性化服务和服务流程显著地影响了顾客的总体满意度，即个性化服务与服务流程两个因素是该4S店顾客总体满意度的主要驱动因素，并且服务流程是相对最重要的驱动要素(0.711>0.277)。说明该4S店要想进一步提升其顾客的总体满意度，应重点从个性化服务与服务流程的完善等方面进行工作的改善。同时多元回归分析结果显示调整后的判定系数 R^2 为0.797，说明回归方程中服务流程、个性化服务、服务态度、促销活动等变量的变化能够解释顾客总体满意度变动的79.7%，同时也说明所建立的回归方程具有较好的拟合效果。

5. 顾客忠诚度的驱动因素分析

同理，由于有可能顾客所表现出来的忠诚行为是由于其到该4S店的交通便利程度这一店方无法改善的因素造成的，所以有必要首先判断出交通便利程度是否会对顾客忠诚度造成影响，如果证明有影响那么在后面的分析中就应将该变量加以控制来进一步分析顾客忠诚度的驱动因素。

表 2.1.11　交通便利程度对顾客忠诚度的影响分析结果

模　型	非标准化系数		标准系数	*t*	Sig.
	B	标准误差	试用版		
(常量)	4.249	0.451		9.428	0.000
交通便利程度	0.032	0.099	0.032	0.321	0.749

a. 因变量：顾客忠诚度。

从表 2.1.11 的分析结果可以看出，交通便利程度并未对顾客忠诚度造成影响。因此直接将服务流程、个性化服务、服务态度、促销活动等变量作为自变量，而将顾客忠诚度作为因变量进行多元回归，进一步分析影响该 4S 店顾客忠诚度的驱动因素。多元回归分析结果见表 2.1.12。从表中可以看出同样个性化服务和服务流程是该 4S 店顾客忠诚度的主要驱动因素，且服务流程是相对最重要的驱动因素。同时在显著性水平为 0.1 的情况下，促销活动也可算是该 4S 店顾客忠诚度的一个驱动因素。

表 2.1.12　顾客忠诚度主要驱动因素的分析结果

模　型	非标准化系数		标准系数	*t*	Sig.
	B	标准误差	试用版		
(常量)	−0.140	0.375		−0.375	0.708
个性服务	0.225	0.083	0.228	2.690	0.008
服务态度	0.129	0.177	0.105	0.728	0.469
促销活动	0.110	0.066	0.131	1.671	0.098
服务流程	0.582	0.212	0.448	2.739	0.007

a. 因变量：顾客忠诚度。

6. 是否满意的顾客就会忠诚

对于该 4S 店而言是否满意的顾客就会变为忠诚的顾客呢？本部分将顾客的整体满意度作为自变量，顾客忠诚度作为因变量建立回归方程来判断是否对于该 4S 店而言令人满意的服务就会有助于培养顾客的忠诚度。

表 2.1.13　总体满意度对顾客忠诚度的影响分析结果

模　型	非标准化系数		标准系数	*t*	Sig.
	B	标准误差	试用版		
(常量)	0.918	0.299		3.067	0.003
总体顾客满意度	0.794	0.068	0.762	11.759	0.000

a. 因变量：顾客忠诚度。

从表 2.1.13 的分析结果可以看出，对该 4S 店而言满意度对顾客忠诚度具有积极的正作用，即越满意的顾客越容易成为忠诚顾客。由此可见，为了培养顾客的忠诚度该 4S 店的管理可围绕着提高顾客的满意度来展开。

2.1.4 结论

从此次调查研究的数据分析，可以得出以下一些结论。

(1) 男性，25～45 岁，大专学历，驾驶伊兰特的顾客是北京清伦汽车 4S 店的主要顾客。

(2) 顾客对北京清伦汽车 4S 店的服务流程、个性化服务、服务态度、促销活动等各个层面的服务均表示了满意，但相对评价较低的项目主要集中于促销活动方面。

(3) 个性服务与服务流程是顾客总体满意度与忠诚度的主要驱动因素。说明丰富个性化服务项目在提高顾客的满意度与忠诚度方面均起到十分重要的作用，此外，分析表明服务流程是相对重要的驱动因素，即对该 4S 店而言建立完善与高效的服务流程对提高顾客的满意度与忠诚度有更显著的作用。

(4) 对该 4S 店而言，越满意的顾客越容易成为忠诚的顾客。因此对于该 4S 店而言完全可以采用以满意度为核心的服务理念来引导其各项工作。

该案例的不足主要集中在对该 4S 店的服务满意度的量表开发上面，案例中从服务流程、个性化服务、服务态度、促销活动等几个方面考虑了其与该 4S 店的满意度与忠诚度之间的关系，虽然通过可靠性检验分析了问卷量表的信度，但并没有对问卷的效度进行检验；此外只是用简单的多元回归模型研究了服务流程、个性化服务、服务态度、促销活动与满意度和忠诚度，以及满意度和忠诚度之间的关系，并没有考虑满意度在各变量对忠诚度的影响过程中可能起到的中介作用。为了使研究结论更加科学，其实还可以考虑使用如结构方程模型等方法建模，进行深入的分析。

附录：调查问卷

北京清伦汽车 4S 店售后服务调查问卷

尊敬的顾客：

您好！为了了解您对我们所提供服务的满意状况，我们 4S 店与北京理工大学管理与经济学院管理统计学实践小组联合进行了此次 4S 店售后服务调查，您的意见将对我们更好地为您服务提供依据，本次调查数据仅用于统计分析，我们会对您所填信息进行保密，非常感谢您的大力支持！

请根据您的真实感受，就我店的服务质量给予客观的评价，在您认为相应的方框里画“√”。

	5分 非常 同意	4分 基本 同意	3分 不能 确定	2分 不太 同意	1分 非常 不同意
Q1. 您到本店交通十分便利	☐	☐	☐	☐	☐
Q2. 您抵达后服务人员能够在第一时间主动接待您	☐	☐	☐	☐	☐
Q3. 工作人员能够耐心、细致地了解您的要求	☐	☐	☐	☐	☐
Q4. 工作人员能够快速有效地登记来维修保养的车辆	☐	☐	☐	☐	☐
Q5. 工作人员努力给您提出中肯的建议及信息	☐	☐	☐	☐	☐
Q6. 工作人员能够比较准确地预计维修时间并及时告知您	☐	☐	☐	☐	☐
Q7. 实际维修保养费用和时间与服务顾问预先告知的一致	☐	☐	☐	☐	☐
Q8. 经销商所有维修保养项目都取得了您的同意	☐	☐	☐	☐	☐
Q9. 当您遇到维修不满意时，服务顾问能够出面积极与您沟通，并合理的解决问题	☐	☐	☐	☐	☐
Q10. 当您遇到维修不满意时，服务人员没有推卸责任，并且时刻保持积极乐观，礼貌亲切	☐	☐	☐	☐	☐
Q11. 维修保养后您收到我4S店电话回访了解效果，并适时提醒您定期保养	☐	☐	☐	☐	☐
Q12. 您在大厅等候时需要单独设置一位维修技术顾问帮助解答您的问题	☐	☐	☐	☐	☐
Q13. 维修前，服务人员能够清楚地解释将要维修保养的工作内容	☐	☐	☐	☐	☐
Q14. 维修保养后车辆比较整洁	☐	☐	☐	☐	☐
Q15. 我店的营业时间符合您的要求	☐	☐	☐	☐	☐
Q16. 您对您所购买车辆的性能比较满意	☐	☐	☐	☐	☐
Q17. 我4S店顾客休息室娱乐休闲设施能满足您的要求	☐	☐	☐	☐	☐
Q18. 维修后，工作人员在交车时向您详细解释了维修项目及使用注意事项	☐	☐	☐	☐	☐
Q19. 我们的工作人员的服务态度让你感到满意	☐	☐	☐	☐	☐

	5分 非常 同意	4分 基本 同意	3分 不能 确定	2分 不太 同意	1分 非常 不同意
Q20. 我们的工作过程让您感觉到高效、流畅	□	□	□	□	□
Q21. 您经常参与我们所组织的促销或联谊活动	□	□	□	□	□
Q22. 您了解我们所组织的促销或联谊活动	□	□	□	□	□
Q23. 我们的工作人员向你详细解释了我们的促销或联谊活动内容	□	□	□	□	□
Q24. 我们的休息室的环境让您满意	□	□	□	□	□
Q25. 您对我们的促销或联谊活动总体感觉满意	□	□	□	□	□
Q26. 您对我们所提供的促销活动或联谊活动内容感觉有兴趣	□	□	□	□	□
Q27. 我们所提供的服务相较于其他店的服务更具特色	□	□	□	□	□
Q28. 您很愿意向其他人推荐本店	□	□	□	□	□
Q29. 需要服务时您会优先选择本店	□	□	□	□	□
Q30. 即使本店略微提高服务费用，您也不会选择其他店	□	□	□	□	□
Q31. 总之，您觉得本店的服务很好	□	□	□	□	□

为了更好地提供您所需要的服务，我们需要根据您的一些基本信息来进行服务细分，谢谢您的支持！

Q32. 性别：□男　□女

Q33. 请问您的年龄段：

□25岁以下　□26～35岁　□36～45岁　□46～60岁　□60岁以上

Q34. 您的教育程度为：

□高中以下　□高中　□大专　□本科　□硕士及以上

Q35. 您车的品牌具体型号：

□索纳塔　□伊兰特　□雅绅特　□NF御翔　□途胜

2.2　A企业员工满意度调查分析

参与者：马宝龙、张越、薛延秋、王志峰、向阳、张楠、纪含沁、赵磊、余永庆、张少增
起止时间：2006年4月—2006年6月

学习目的

(1) 系统地学习调查研究方法，掌握调查实施的工作过程以及调查工作的各个环节。

(2) 理解如何利用统计学知识解决企业管理中的实际问题，并把学过的统计方法进行灵活运用。

(3) 会对分析结果的现实意义进行解释和说明，并提高分析问题、解决问题的能力。

(4) 通过实际的计算机操作，熟练掌握单因素方差分析与多元回归分析的实现方法。

2.2.1　案例调查研究背景与现实意义

知识经济时代，人力资源的重要性日益突出，现代企业管理已经从强调对物的管理转向强调以人为中心的人本主义管理，即如何调动人的积极性，使组织更富有活力，并达到资源的有效配置。人力资源的培育、开发和应用，是直接构成企业核心竞争力的关键性战略资源。用现代企业人力资源科学管理方法提升传统的企业人事管理，已成为21世纪企业管理的新思路。

员工满意度管理体现了知识经济时代“以人为本”的现代企业管理理念，员工满意是整个企业满意体系的核心和起点。据统计，20世纪90年代欧美有2/3的企业普遍采用员工满意度的管理来提高企业竞争力和绩效，并把员工满意度调查作为一项日常的管理工作，把由此形成的员工满意度调查报告作为人力资源发展年度报告的一部分，使其成为企业管理的一项重要内容。

员工满意度是员工通过对企业可感知的效果与他的期望值相比较后形成的感觉状态，即员工接受企业的实际感受与其期望值相比较的程度。员工满意度既是增强企业凝聚力、激发员工潜能、提高企业竞争力的有效手段，也是影响企业生产效率的关键。随着我国企业国际化进程的加快、知识经济的到来以及人力资本在企业总资本中的比重加大，企业必须关注和重视员工满意度这一人性化的管理手段，开展员工满意度调查，发挥员工满意度在企业管理中的功能和作用。

员工工作满意度和员工的需求结构有着紧密的联系，而员工需求复杂多样，同时又具有一定的特点和规律，所以在从事具体工作的时候，会对企业有诸多的期望和要求，这些期望和要求往往就是影响员工工作满意度的因素。当然，企业对员工也有具体的期望和要求，如期望员工能够发挥自己的聪明才智、不断提高工作能力、努力工作、对企业忠诚、为企业的发展作出自己的贡献等。这种心理契约的形成可以说是人性和企业的性质所致。所以，深入分析影响员工工作满意度的因素，监控和掌握员工的满意水平，并采取有效的措施和员工进行沟通交流，协调好企业和员工的关系，对于提高员工的忠诚度、激励

和绩效有着非常重要的意义。

该案例是按照制造类A企业(按企业要求略去其真实名称)以人为本、提升绩效、愿景共建、共同发展的人力资源发展战略总体思路,通过员工满意度调查分析来实现对企业管理的全面审核,保证企业工作效率和最佳经济效益,减少和纠正低生产率、高损耗率、高人员流动率等问题。

2.2.2 调查方案的设计

1. 员工满意度影响因素分析

员工满意度是一个相对的概念,超出期望值满意,达到期望值基本满意,低于期望值不满意。企业管理的目的在于提高员工满意度,从而提高企业绩效。需要指出的是,员工满意度是指一种态度,而不是行为,但员工满意度与个体行为存在着密切关系,员工满意度的高低直接影响着员工行为。因此,为了更好的评价、测量员工满意度,首先有必要结合A企业的实际情况和员工满意度测量的相关研究成果确定A企业中可能会影响员工满意度的因素。在对A企业中高层领导的深入访谈,以及对A企业的各部门员工开展访谈的基础上,最终确定如下一些在A企业中可能会影响员工满意度的因素。

(1) 工作本身(培训与发展)

双因素理论认为工作本身的内容在决定员工的工作满意度中起着一定的作用,其中影响满意度的两个最重要的方面是挑战性的工作和培训。挑战性的工作能够为员工提供施展才能的机会,并能对员工工作的好坏提供反馈,这些特点使员工感到愉快和满意。培训可以提高员工的能力,增强员工应对挑战性工作的信心,使其人生价值在职业发展中得以实现。

(2) 绩效管理

绩效管理是员工成长所必需的。从需要层次理论看,员工在满足了基本需求以后,更多的高级需求有待于满足。员工内心希望能够了解自己的绩效,希望通过有效途径知道自己做得怎么样?别人怎样评价?员工希望自己的工作绩效能够得到他人的认可与尊重;也需要了解自己有待于提高的地方,使自己的能力得到提高,技能更加完善。员工需要从一个有效的途径得到其绩效表现的反馈,而不是只凭自己的猜测来了解。总之,员工希望了解自己的绩效表现,更多的是为了提高自己的绩效,提高自己的能力。因此,企业的绩效管理是影响员工满意度的重要方面。

(3) 团队合作

融洽的、有凝聚力的工作团队是保证和谐工作氛围的重要条件之一。这主要是指员工与其同事之间相互的了解和理解,有良好的合作、支持和人际关系;有良好的士气和团队精神;上下级之间的相互尊重、信任、支持等。

(4) 创新氛围

创新氛围是通过对A企业实际情况的调查而确定的影响因素。A企业是一个将创新作为企业文化重要组成部分的大型制造企业，企业已将创新氛围的营造融入了企业人力资源总体战略之中，并且创新氛围已体现在了企业管理的方方面面，如研发、采购、生产及销售。企业绩效管理的流程当中处处体现了创新理念的重要性，因此，对A企业而言创新氛围也应作为影响员工满意度的重要方面。

(5) 结构与岗位

主要是指能够为员工提供机会使用自己的技术和能力，提供各种各样的任务，有一定的自由度，并能对他们的好坏提供反馈，即具有适当挑战性的工作；与自己的个性特征相匹配，使自己的才能和能力能够适应工作的要求，即个人能够胜任的工作；能够使个人在工作中获得成功，带来成就感并获得了较大的工作发展空间。

(6) 薪酬福利

主要指薪酬的绝对和相对公平程度。薪酬是影响员工满意度的基本因素，它不仅能满足员工生活和工作的基本需求，而且还是企业对员工所做贡献的尊重；社会保险和假期等福利制度的合理和齐全程度会影响员工从工作中体验到满意感的程度。

(7) 沟通

沟通的渠道及方式对员工整体的满意度也有影响。公司高层能不能很好的沟通，沟通的管道畅不畅通；员工是否参与决策；还有就是跨部门横向的沟通；总体的信息，这些都是沟通会影响员工整体满意度相关比较大的方面。

基于以上分析，针对A企业员工满意度的调查分析，建立如图2.2.1所示的概念模型来全面衡量其员工的满意度。

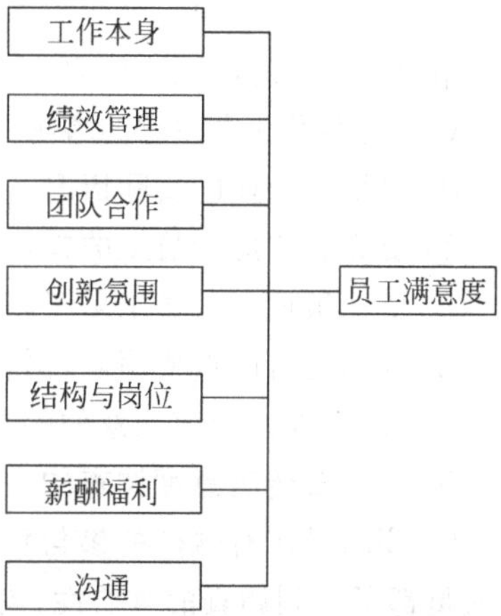

图 2.2.1 员工满意度调查概念模型图

2. 调查的流程

此次调研的整个调查流程及时间安排见图2.2.2。

3. 问卷设计方案及样本量的确定

(1) 问卷的结构及其内容

最终所确定的员工满意度调查问卷由两大部分，共55个问题组成。

第一部分：答卷者的基本信息。共由7个小问题组成。

第二部分：调查问卷的核心部分。该部分问卷共由员工整体满意度、工作本身(培训与发展)、绩效管理、团队合作、创新氛围、结构与岗位、薪酬福利、沟通8个部分组成，而每一部分实际上对应一个变量的测量。各变量测量项目的确定是参考已有相关研究及A企业的

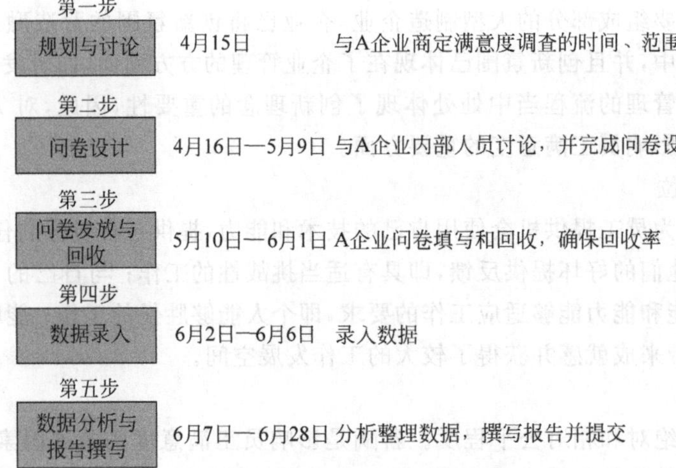
第一步
规划与讨论
4月15日
与A企业商定满意度调查的时间、范围、方式
第二步
问卷设计
4月16日—5月9日 与A企业内部人员讨论，并完成问卷设计
第三步
问卷发放与回收
5月10日—6月1日 A企业问卷填写和回收，确保回收率
第四步
数据录入
6月2日—6月6日 录入数据
第五步
数据分析与报告撰写
6月7日—6月28日 分析整理数据，撰写报告并提交

图 2.2.2 调查流程及时间安排

实际情况而设计的，每个测量项目均采用李克特五级量表进行测量(具体问卷见附录)。

(2) 问卷设计中注意的事项

① 要切合企业的实际情况；

② 要充分考虑到员工的知识水平，问题的提出应容易被调员工所理解；

③ 要让被调查的员工乐于回答，易于回答；

④ 询问的着眼点要明确，语言要简洁，避免专业化的用语。

(3) A 企业方面应注意的问题

① 积极宣传满意度调查的重要性；

② 要求员工有强烈的参与意识，因此在进行员工满意度调查的时候，需要让每个相关人员都了解到调查的重要性，同时需要得到部门经理的支持。

(4) 样本量的确定

该研究是对 A 企业员工满意度进行调查分析，因此调查对象总体即为该企业的所有员工。根据该企业各部门、各岗位相应员工占总人数的比例情况，调研小组设计了相应的抽样原则，同时在参考类似问题已有相关研究所确定的样本容量的基础上，结合本研究设计中分类比较的程度，最终确定本次抽样调查的最低样本量为 200 份。

2.2.3 数据分析

1. 基本信息的统计分析

该调查共发放问卷 370 份，回收 358 份，有效问卷 349 份，有效回收率为 97.5%。其中男性 244 人，女性 105 人(见图 2.2.3)；40 岁以上 70 人，35～40 岁 44 人，31～35 岁 46

人，26～30岁139人，21～25岁50人(见图2.2.4)；司龄方面(即已在企业工作年限)，已在A企业工作12年以上的员工112人，6～12年员工81人，3～6年员工80人，1～3年56人，1年以下员工20人(见图2.2.5)；此外被调查员工部门、学历、岗位等基本信息分别见图2.2.6、图2.2.7和图2.2.8。从样本信息的基本情况分析，各类别样本分布情况基本符合该企业实际情况，但需要注意的是由于该企业市场部门的员工长期驻外，且市场部门办公地点也不在公司总部内，因此市场部门的抽样比例并没有达到要求，但这不影响其他部门样本的代表性。

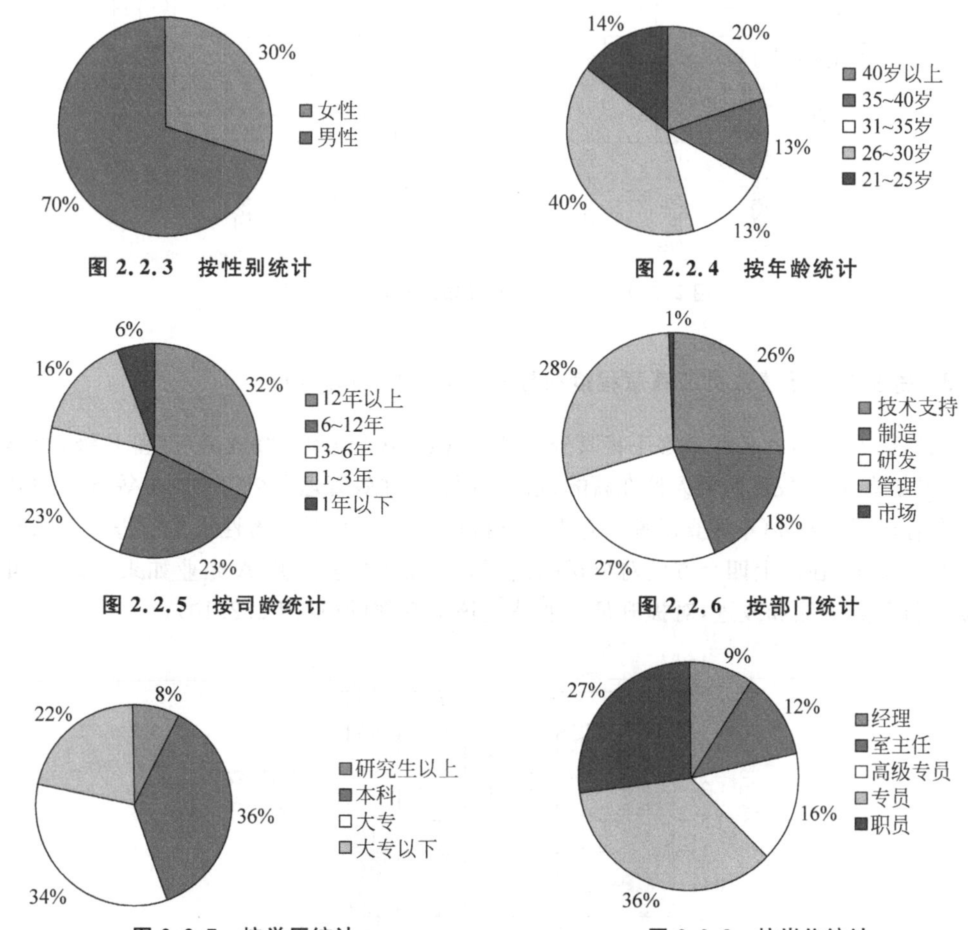

图 2.2.3　按性别统计

图 2.2.4　按年龄统计

图 2.2.5　按司龄统计

图 2.2.6　按部门统计

图 2.2.7　按学历统计

图 2.2.8　按岗位统计

2. 在所有人力资源领域的得分统计

所有A企业的被调查员工对公司整体满意程度评价均值为3.14，即满意度为62.8%，表示基本满意。此外，在七个人力资源领域的得分统计表明，员工在“团队合作、组织结构与岗位、创新氛围”等方面，满意程度较高。员工评价较低的因素为薪酬，并且员工评价为不满意（均值小于3），表明目前员工在薪酬方面的需求强度较高。最满意的因素为团队合作，表明公司具有较好的工作氛围，其次为组织结构与岗位，说明公司有着明确的组织结构和岗位职责及分工（具体统计得分见图2.2.9）。

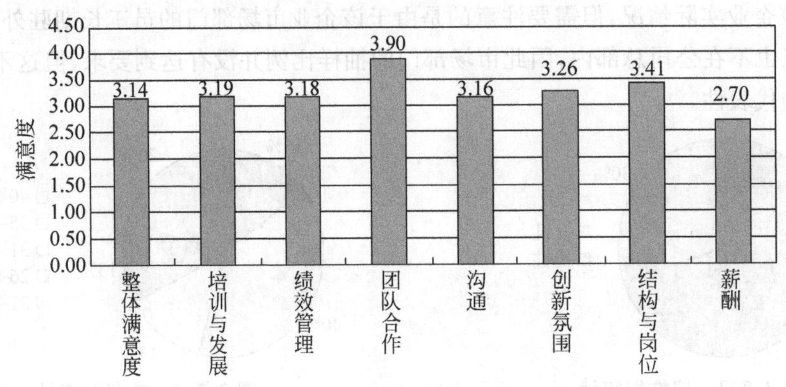

图2.2.9 各人力资源领域满意度评价结果

3. 高绩效和低绩效员工满意程度有显著性差异的因素分析

根据员工2005年的绩效水平将其分为高绩效者（A级）和低绩效者（D和E级）两类人群，运用方差分析，发现两类人群在薪酬、培训与发展、绩效管理和结构与岗位等方面的满意程度有着显著性差异（本调查研究所有方差分析均是在0.05的显著性水平下进行的判断）。绩效高的员工，在以上四个方面对公司的满意程度更高，这表明，A企业如果在以上四个方面进行重点关注和改进，对提升员工业绩应该会有帮助（见图2.2.10）。

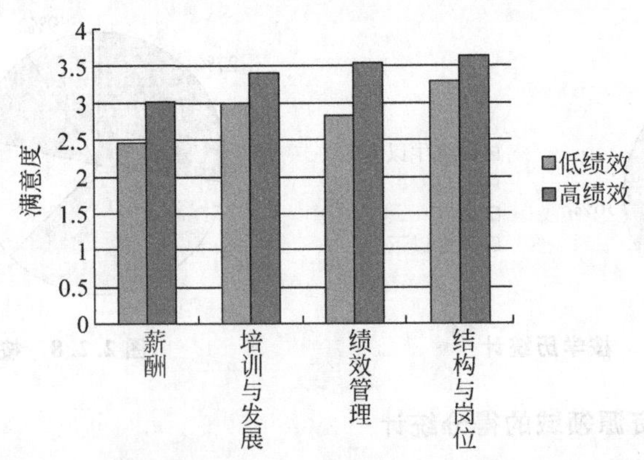

图2.2.10 高绩效和低绩效员工满意程度有显著性差异的因素分析

4. 不同教育程度员工满意程度有显著性差异的因素分析

同理，通过方差分析发现，不同教育程度的员工除在团队合作以外，其他所有方面因素的评价均有着显著性差异，这说明员工学历的高低在其个人对公司的期望与需求方面是有显著差异的(方差分析结果见表 2.2.1)，从图 2.2.11 的结果可以看出：学历为大专以下的员工对公司各方面的满意程度都相对高于其他学历的员工，而本科和硕士类的员工对公司各方面的满意程度都相对大专及大专以下员工的满意度要低，硕士以上学历员工在薪酬方面的满意度例外。经过调研分析发现，A 企业的大部分硕士学历员工都从事研发工作，而 A 企业为吸引技术类的高科技人才，在薪酬待遇方面对从事研发工作的高学历员工实施了特殊的相对较高的薪酬福利政策。

表 2.2.1 不同教育程度员工各因素满意程度是否有差异的方差分析

项目		平方和	df	均方	*F*	Sig.
培训与发展	组间	17.149	3	5.716	15.230	0.000
	组内	129.489	345	0.375		
	总数	146.638	348			
绩效管理	组间	4.994	3	1.665	3.019	0.030
	组内	190.224	345	0.551		
	总数	195.218	348			
团队合作	组间	4.953	3	1.651	1.759	0.155
	组内	323.735	345	0.938		
	总数	328.688	348			
沟通	组间	21.349	3	7.116	12.243	0.000
	组内	200.533	345	0.581		
	总数	221.882	348			
创新氛围	组间	16.709	3	5.570	9.712	0.000
	组内	197.859	345	0.574		
	总数	214.569	348			
结构与岗位	组间	10.103	3	3.368	12.678	0.000
	组内	91.640	345	0.266		
	总数	101.743	348			
薪酬	组间	4.808	3	1.603	3.205	0.023
	组内	172.514	345	0.500		
	总数	177.323	348			
整体满意	组间	4.638	3	1.546	4.028	0.008
	组内	132.421	345	0.384		
	总数	137.059	348			

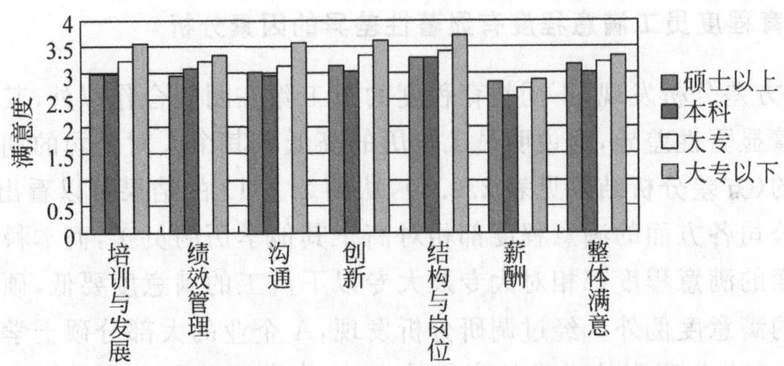

图 2.2.11 不同教育程度员工满意程度有显著性差异的因素分析

5. 不同司龄员工满意程度有显著性差异的因素分析

经过方差分析(见表 2.2.2),在 0.05 显著性水平下不同司龄的员工在对"组织结构与岗位"、"薪酬"方面的评价有着显著性差异(见图 2.2.12),在其他方面的差异不显著。而如果是在 0.1 显著性水平下不同司龄的员工在对"整体满意度"方面的评价也可认为是有显著性差异的(方差分析结果见表 2.2.2)。

表 2.2.2 不同司龄员工各因素满意程度是否有差异的方差分析

项目		平方和	df	均方	F	Sig.
培训与发展	组间	3.364	4	0.841	2.019	0.091
	组内	143.274	344	0.416		
	总数	146.638	348			
绩效管理	组间	3.842	4	0.961	1.727	0.144
	组内	191.375	344	0.556		
	总数	195.218	348			
团队合作	组间	1.895	4	0.474	0.499	0.737
	组内	326.792	344	0.950		
	总数	328.688	348			
沟通	组间	5.695	4	1.424	2.265	0.062
	组内	216.187	344	0.628		
	总数	221.569	348			
创新氛围	组间	2.238	4	5.560	0.907	0.460
	组内	212.330	344	0.617		
	总数	214.569	348			

续表

项　目		平方和	df	均方	F	Sig.
结构与岗位	组间	3.676	4	0.919	3.224	0.013
	组内	98.067	344	0.285		
	总数	101.743	348			
薪酬	组间	9.143	4	2.286	4.675	0.001
	组内	168.180	344	0.489		
	总数	177.323	348			
整体满意	组间	3.575	4	0.894	2.303	0.058
	组内	133.484	344	0.388		
	总数	137.059	348			

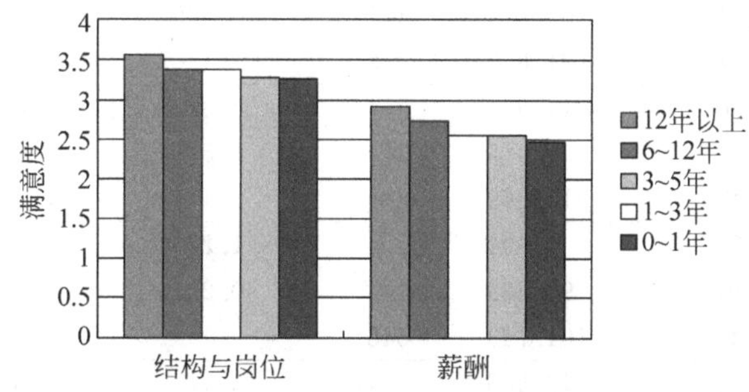

图 2.2.12　不同司龄员工满意程度有显著性差异的因素分析

就总体趋势而言，司龄越短的员工对组织结构与岗位、薪酬两个方面的满意程度越低，这表明新员工对薪酬和组织结构与岗位等管理要素的需求较强。新员工刚刚走上工作岗位往往工作热情高涨，渴望能尽快在特定的岗位上发挥才干并且对薪酬看得较重，这对管理层提出了更高的要求，要加强对新员工的正确引导。

6. 不同部门员工满意程度有显著性差异的因素分析

经过方差分析(方差分析结果见表 2.2.3)，不同部门的员工仅对“团队合作”一个因素的评价没有显著性差异，而对其余因素的评价均有显著性差异(图 2.2.13)。

就总体趋势而言，制造部门的员工对各方面的评价总体均值相对较高，而管理部门员工对各方面的总体评价的均值相对较低，主要的不满意因素在于薪酬方面；此外技术支持、研发部门员工和管理部门员工均对结构与岗位因素最满意，而对薪酬最不满意，但对其他因素的评价各部门间还是有差异的，因此公司应针对不同部门关注工作重点；由于市场部门的样本仅占样本总量的 1%，所以其数据不具有代表性。

表 2.2.3 不同部门员工各因素满意程度是否有差异的方差分析

项目		平方和	df	均方	*F*	Sig.
培训与发展	组间	16.301	4	4.075	10.756	0.000
	组内	130.337	344	0.379		
	总数	146.638	348			
绩效管理	组间	13.960	4	3.490	6.623	0.000
	组内	181.258	344	0.527		
	总数	195.218	348			
团队合作	组间	8.699	4	2.175	2.338	0.055
	组内	319.989	344	0.930		
	总数	328.688	348			
沟通	组间	15.969	4	3.992	6.670	0.000
	组内	205.912	344	0.599		
	总数	221.882	348			
创新氛围	组间	15.514	4	3.878	6.703	0.000
	组内	199.055	344	0.579		
	总数	214.569	348			
结构与岗位	组间	4.904	4	1.226	4.355	0.002
	组内	96.839	344	0.282		
	总数	101.743	348			
薪酬	组间	12.686	4	3.172	6.627	0.000
	组内	164.637	344	0.479		
	总数	177.323	348			
整体满意	组间	8.752	4	2.188	5.867	0.000
	组内	128.306	344	0.373		
	总数	137.058	348			

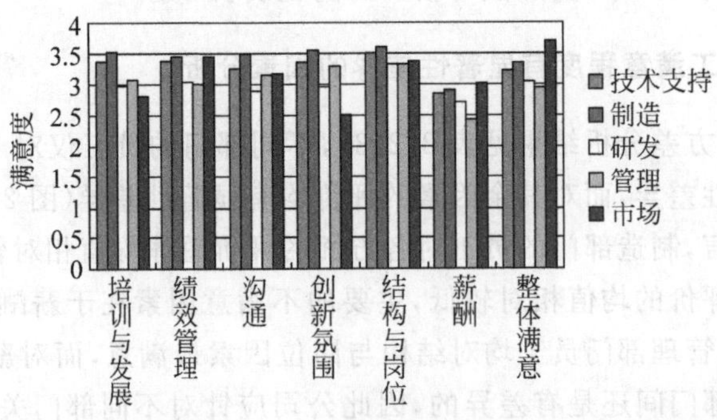

图 2.2.13 不同部门员工满意程度有显著性差异的因素分析

7. 不同岗位员工满意程度有显著性差异的因素分析

经过方差分析(方差分析结果见表 2.2.4),不同岗位的员工对培训发展、沟通、创新氛围、组织结构与岗位以及整体满意度等因素的评价有着显著性差异,而对其余因素的评价没有显著性差异(图 2.2.14)。

表 2.2.4 不同岗位员工各因素满意程度是否有差异的方差分析

项　目		平方和	df	均方	F	Sig.
培训与发展	组间	5.963	4	1.491	3.645	0.006
	组内	140.675	344	0.409		
	总数	146.638	348			
绩效管理	组间	3.765	4	0.941	1.691	0.151
	组内	191.452	344	0.557		
	总数	195.218	348			
团队合作	组间	4.541	4	1.135	1.205	0.309
	组内	324.147	344	0.942		
	总数	328.688	348			
沟通	组间	8.082	4	2.021	3.251	0.012
	组内	213.800	344	0.622		
	总数	221.882	348			
创新氛围	组间	6.642	4	1.660	2.747	0.028
	组内	207.927	344	0.604		
	总数	214.569	348			
结构与岗位	组间	3.852	4	0.963	3.384	0.010
	组内	97.891	344	0.285		
	总数	101.743	348			
薪酬	组间	2.547	4	0.637	1.253	0.288
	组内	174.776	344	0.508		
	总数	177.323	348			
整体满意	组间	3.885	4	0.971	2.509	0.042
	组内	133.174	344	0.387		
	总数	137.059	348			

经理层不满意的因素主要在沟通方面,职员在各个因素上的满意水平都相对较高;总体趋势而言,专员级别的员工对各方面因素评价的平均满意度相对其他岗位员工较低,公司应重点关注这一群体员工的需求。

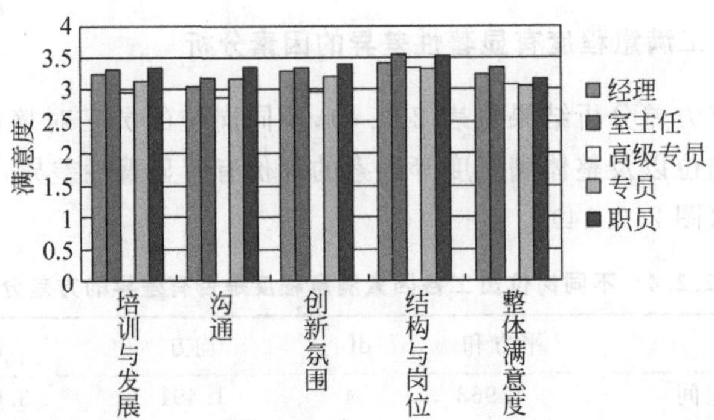

图 2.2.14　不同岗位员工满意程度有显著性差异的因素分析

8. 让员工满意度提高的关键驱动因素分析

将本项研究中涉及的员工满意度影响因素，即培训与发展、绩效管理、团队合作、创新氛围、结构与岗位、薪酬福利、沟通作为自变量，而将员工整体满意度作为因变量建立回归方程来分析让员工满意度提高的关键驱动因素。使用逐步回归法，主要结果如表 2.2.5 和表 2.2.6 所示。

表 2.2.5　模型判定系数的改变过程

模　型	R	R^2	调整 R^2	标准估计的误差
1	0.618[a]	0.382	0.380	0.494 07
2	0.713[b]	0.509	0.506	0.441 04
3	0.732[c]	0.536	0.532	0.429 43
4	0.736[d]	0.542	0.536	0.427 35
5	0.742[e]	0.551	0.544	0.423 58

a. 预测变量：(常量)，培训发展。
b. 预测变量：(常量)，培训发展，薪酬。
c. 预测变量：(常量)，培训发展，薪酬，绩效管理。
d. 预测变量：(常量)，培训发展，薪酬，绩效管理，结构岗位。
e. 预测变量：(常量)，培训发展，薪酬，绩效管理，结构岗位，团队合作。

由表 2.2.5 中的调整后的 R^2 可知，模型五的拟合效果最佳，因此从表 2.2.6 中可知在 0.05 的显著性水平下，显著的能让员工满意度提高的关键驱动因素分别为培训与发展、薪酬、绩效管理和结构与岗位(见图 2.2.15)。需要注意的是虽然团队合作变量的参数同样通过了检验，但其值为负值(−0.068)，这与我们预测的相反，并且也违背了常理，这可能与使用单项目测量了团队合作变量有关，因此不将其作为满意度的关键驱动因素。

表 2.2.6 模型中各个系数的检验结果

模型		非标准化系数		标准系数	t	Sig.
		B	标准误差	试用版		
1	（常量）	1.241	0.133		9.366	0.000
	培训与发展	0.598	0.041	0.618	14.645	0.000
2	（常量）	0.847	0.125		6.749	0.000
	培训与发展	0.425	0.041	0.439	10.416	0.000
	薪酬	0.351	0.037	0.399	9.459	0.000
3	（常量）	0.690	0.127		5.430	0.000
	培训与发展	0.349	0.043	0.361	8.082	0.000
	薪酬	0.300	0.038	0.341	7.922	0.000
	绩效管理	0.168	0.038	0.201	4.467	0.000
4	（常量）	0.522	0.150		3.487	0.001
	培训与发展	0.306	0.048	0.317	6.439	0.000
	薪酬	0.267	0.041	0.303	6.524	0.000
	绩效管理	0.152	0.038	0.181	3.964	0.000
	结构与岗位	0.131	0.062	0.113	2.093	0.037
5	（常量）	0.652	0.156		4.175	0.000
	培训与发展	0.318	0.047	0.329	6.725	0.000
	薪酬	0.251	0.041	0.286	6.139	0.000
	绩效管理	0.139	0.038	0.166	3.635	0.000
	结构与岗位	0.183	0.065	0.157	2.815	0.005
	团队合作	−0.068	0.025	−0.105	−2.674	0.008

a. 因变量：整体满意。

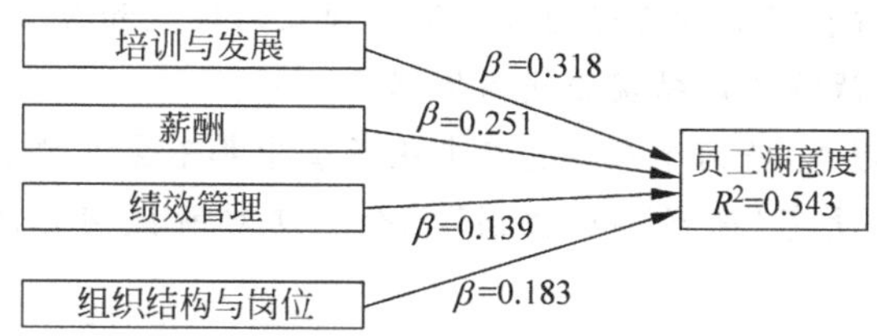

图 2.2.15 让员工满意度提高的关键驱动因素分析结果

2.2.4 结论

本案例通过对A企业员工满意度的调查分析，了解了员工对企业的管理现状和人力资源各方面的观点，从而帮助企业寻找提升员工满意度的方法，主要结论如下。

A企业员工对公司整体满意度评价均值为3.14，表示基本满意，但还有较大的空间需要A企业加以提升。公司员工认为他们整体的团队合作较好，具有较好的创新氛围，并且公司有着明确的组织结构与岗位职责及分工等。员工不满意的地方主要表现在薪酬待遇、绩效管理和培训与发展等方面。

各部门在人力资源各个领域的评价表现出较大的差异性：员工满意度相对较高的部门是制造部门，员工满意度相对较低的部门是管理部门。

绩效高的员工，在薪酬待遇、培训与发展、绩效管理和组织结构与岗位五个方面与低绩效员工相比，对公司的满意度相对更高。因此A企业应从以上五个方面进行重点关注和改进，它们对提升员工业绩可能存在直接影响。另外，受教育程度越高的员工对培训与开发、绩效管理以及薪酬方面的评价越低，这表明教育程度越好的员工在个人发展方面，以及对薪酬要求方面的要求更高。司龄越短的员工对薪酬和组织结构与岗位两个方面的满意度越低，表明新员工对上述两要素的需求较强。需要加以正确的引导。

不同岗位员工在人力资源多数领域的评价表现出很大的差异性：职员岗位的员工满意度相对较高，专员岗位的员工满意度相对较低。

通过驱动因素分析，发现对该企业而言，提升员工满意度的关键驱动因素是：工作本身(培训与发展)、薪酬、绩效管理、组织结构与岗位。其中工作本身(培训与发展)及薪酬是影响员工整体满意度最大的因素。

附录：调查问卷

××公司员工意见调查

本调查主要的宗旨在了解贵公司的人力资源管理的现状和员工对于提高人力资源管理的期望，为人力资源战略的成功实施提供依据。

调查采取不记名形式，任何个人信息在本次调查中都不会被披露。

在所有的问题中，没有“正确”和“错误”之分。您对所提问题的第一判断就是最佳回答。

本问卷大约需要您30分钟左右的时间进行回答。

您的想法对我们的调查至关重要，因此我们十分感谢您积极参与此次调查。

问卷主体

个人情况

请回答下列问题，并选择所需答案。您的答案将保密并匿名处理。

1	您的性别（　　）	A 男性	B 女性		
2	您的年龄（　　） A. 40岁以上	B. 35～40岁	C. 31～35岁	D. 26～30岁	E. 21～25岁
3	您在本公司工作的时间（　　） A. 工作12年以上	B. 6～12年	C. 3～6年	D. 1～3年	E. 1年以下
4	您所在的部门属于（　　） A. 市场	B. 管理	C. 研发	D. 制造	E. 技术支持
5	您的岗位属于（　　） A. 职员	B. 专员	C. 高级专员	D. 主任	E. 经理
6	您的学历是（　　） A. 大专以下	B. 大专	C. 本科	D. 研究生	
7	您2005年的绩效等级是（　　） A. A　B. B　C. C　D. D　E. E				

工作情况

请回答下列问题并选择所需答案。您的答案将保密并匿名处理。

注：以下问题中设计的"本公司"指您所在的A企业。

答案详细解释为：

1	2	3	4	5
非常不同意	不同意	无所谓	同意	非常同意

您对目前工作的感受

8	目前的职位层级设置是否合理	
9	您是否明确您的职业发展方向和通道	
10	您对目前公司给予的培训是否满意	
11	公司的绩效考评是否有效	
12	相对于您对公司创造的价值而言，个人所获得的薪酬是否合理	
13	总体来看，您对公司是否满意	

有关员工发展的问题

14	您是否得到了很好的学习和提高个人能力的机会	
15	您是否认为自己在公司中拥有成长和发展的机会	
16	公司一般会提升最有能力、有责任心、态度积极向上的员工	
17	关于公司提供的培训机会	

续表

18	a) 您的直接上级会积极鼓励您参加这些培训	
18	b) 您能够从工作中抽出时间来参加培训	
19	总体来说,您对在公司中实现自己的长期职业发展目标是否很有信心	
20	公司在以下方面做得很好:	
21	a) 开发员工的全部潜力	
21	b) 留住最好的员工	

有关绩效管理的问题

22	您了解您的工作绩效是如何评定的	
23	您是否拥有明确定义的绩效目标和任务	
24	本公司能够很好的将报酬与绩效相结合	
25	您的直接上级是否定期指导您改进工作绩效	
26	当您很好地完成工作时,您的表现	
27	a) 能得到本公司或直接上级认可	
27	b) 得到奖励或表扬	
28	本公司的绩效考核系统能很好的甄别优秀员工和普通员工	

有关团队合作与沟通的问题

29	在工作中,同事们能很好地相互帮助(团队合作)	
30	本公司能够很好的让员工知道哪些会影响员工利益的决策	
31	本公司在了解员工的意见方面作出了大量努力	
32	公司领导会利用不同渠道向员工描述公司未来的发展	

有关创新的问题

33	提出新的和更好的做事方法会受到激励或鼓励	
34	公司有一个鼓励大家创新的氛围和机制	
35	您在工作中失败的创新尝试公司能够给予理解	

组织结构与岗位的问题

36	您的岗位说明书描述清晰,岗位职责明确	
37	您所在部门与本公司其他部门间的合作很好	
38	您的工作职责是由直接主管与您沟通并达成共识的	
39	您了解部门内岗位之间的职责分工	
40	您的部门和岗位没有因人设岗和因事设岗的现象	
41	在工作中不会出现多个领导向您分派任务的情况	

续表

42	您认为本公司把合适的员工配备到了合适的岗位上	
43	您的工作使您能够充分发挥自己的能力和才干	
44	总体来说您的工作量是合理的	
45	在本公司里员工往往能够保持工作与生活的平衡	
46	领导善于对您授权,有利于您完成工作任务	
47	公司会提供您工作上所需要的资源和工具	
48	您的上级主管经常让您参与到解决问题当中	
49	您的领导有足够的权限去有效地管理您的部门	

有关薪酬待遇的问题

50	本公司在福利方面与员工有很好的沟通(如休假、养老金、保险、医疗保险、公积金、交通费、节日福利等)	
51	本公司为员工提供的福利不低于同行业的平均水平	
52	您知道您的报酬是如何确定的	
53	与本公司中其他相似岗位的同事相比,您觉得您所得的报酬是公平合理的	
54	您在本公司中得到的报酬是否具有竞争力	
55	a) 本地区内	
55	b) 本行业内	

注:个人情况部分中,答案与数据文件中对应情况为:A—5;B—4;C—3;D—2;E—1。

2.3 北京理工大学足球队影响力研究

参与者：马宝龙、陈倩、李其儒、赵颖冬、陈亚男、刘志强、安晶梅、杨文智、彭群真、李君、李海峰

起止时间：2006 年 10 月—2007 年 1 月

学习目的

(1) 通过具体调查研究，掌握管理统计学在实际问题中的应用思路。

(2) 理解并能够运用管理统计学的一些基本原理和分析方法。

(3) 通过自行设计问卷并进行统计分析，使读者对调查有更加全面地了解，初步掌握抽样设计的方法，具备独立组织调查项目的能力。

(4) 提高用统计原理来解决实际问题的能力，并培养独立进行统计分析的能力。

(5) 掌握统计分析报告的撰写方法。

2.3.1 项目调查研究的背景与现实意义

2006 年 10 月 31 日，一场对北京足球乃至对中国足球有着特殊意义的比赛在重庆举行，北京理工大学队最终靠点球战胜天津火车头队，晋级本年度乙级联赛的决赛，并且获得了明年参加中甲联赛的资格，完全由在校大学生组成的北京理工大学队就此创造了中国足球史上的一个奇迹！在这一年发生的体育大事中，这一件绝对不会被人们忽视。然而，北京理工大学在足球上的成功，却引发了不少关于学校体育是否应该进军职业联赛的讨论。高校体育如何向职业变换？高校体育特有的模式是否符合职业体育？教育界的专家又有什么样的观点？该案例的背景主要基于社会上对此事件的不同声音。

正方：足协的声音——北理工的成功证明了知识的力量。

反方：教育界说——高校体育变职业违背初衷。

在这个背景下，北京理工大学冲甲事件一方面对当时的教育界、体育界造成了不小的震撼；另一方面也对北理工如何运作冲甲后的球队提出了新的挑战。北京理工大学创造历史，是一直所倡导的“体育回归教育”的回报。但是，“北理模式”如何才能继续发扬光大，却值得深入地研究和探讨，进行北京理工大学足球队的影响力分析显然是十分必要的。因此开展此次调查研究具有以下的研究意义：

(1) 通过描述性统计分析，对社会认可度的相关指标进行展示；

(2) 运用统计方法对调查结果进行分析，找出北理工足球队对北京理工大学知名度的影响因素，以及对各种因素影响的程度；

(3) 揭示出北京理工大学足球队“体育回归教育”的现实意义；

(4) 分析社会对“北理工模式”的认可程度；

(5) 将舆论对北理工足球队球员未来职业发展的看法作出展示。

2.3.2　调查方案的设计

1. 调查思路

项目的研究思路如图 2.3.1 所示。

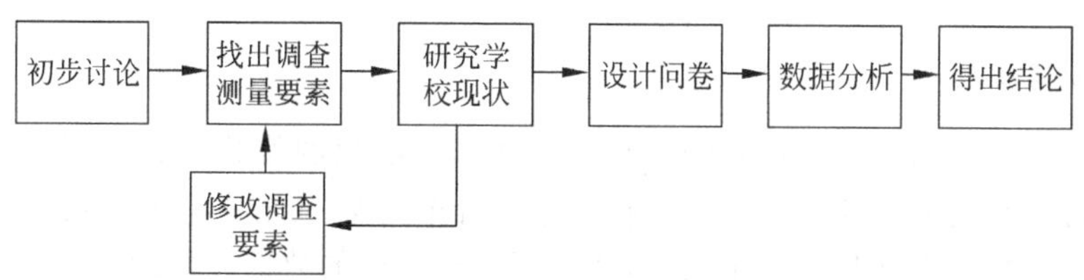

图 2.3.1　调查研究的步骤

在确定选题后，研究小组对北理工足球队的领队及队员进行了访谈，讨论了很多研究方向，例如：冲甲后企业赞助的双赢研究、学校招生率是否有所提高、北理工足球队的社会认可度研究等。经过讨论，确定了最终的调查要素，围绕冲甲后的影响力问题和队员的职业发展进行研究。

最后，将研究方案定为：北京理工大学足球队影响力的调查分析，如图 2.3.2 所示，影响力包含对学校的影响力和对中国足球发展的影响力分析，以及社会对大学生参加职业联赛的认可程度。

具体研究方案如图 2.3.2 所示。

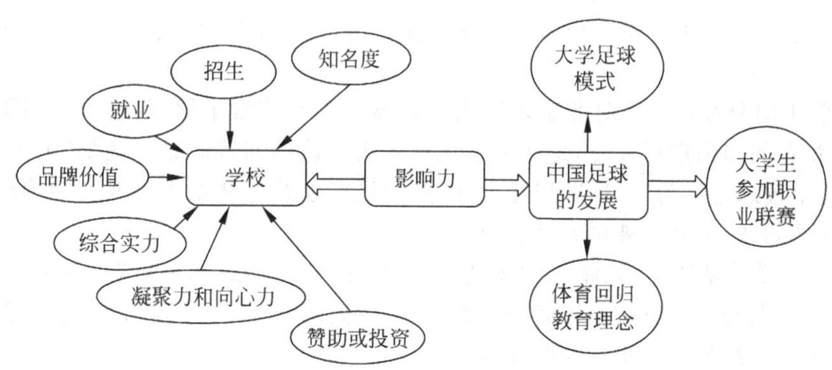

图 2.3.2　研究问题的分解

在研究中，将对学校的影响力分为对学校的知名度影响、对学校招生的影响、对学校品牌价值的影响、对学校学生凝聚力和向心力的影响、对学校学生毕业就业情况的影响、对学校综合实力的影响以及企业对学校投资赞助的影响 7 个方面，如图 2.3.2 所示。通过数据分析和处理将对以下的问题给予阐述：北京理工大学足球队冲甲成功是否对提高北京理工大学的知名度、学校的招生质量和学生就业有一定的影响；能否增加企业对学校的投资或赞助；本校学生的凝聚力和向心力、学校的品牌价值和综合实力是否能得到相应的提升等。而且，在问卷设计中将对大学足球模式在社会上的认可程度，社会对北京理工大学足球队参加职业联赛的看法，"体育回归教育"理念的社会影响力和社会对大学生参加职业联赛的看法等几个方面进行分析和研究。

2. 问卷设计方案

此案例的调查问卷采用封闭型问卷方式，这样标准化的作答方式适用于此次的研究方式，调查材料利用率较高。研究小组在问卷设计的时候就充分考虑到后续的数据统计和分析工作，题目的设计是容易录入的，并且可进行具体的数据分析的，便于统计和分析。

在答题方式上采用了选择式和等级式两种方式。

第一部分是常规问题的设计，也采用了选择式和等级式备选答案。问题的答案采用了"非常同意"、"同意"、"不确定"、"不同意"、"非常不同意"五个维度来给予度量，并在录入数据时分别采用5、4、3、2、1来代表各个选项，其他各引导问题使用了选择式答案。

第二部分是一般问题，在对受访人员基本信息的调查中采用了选择式备选答案，除"性别"外其他问题都有五个选项，每道问题的选项都具有一定的关联性和阶梯性。

该案例问卷设计特点及其原则如下。

(1) 此次调查的目标人群为社会群众，充分考虑到了大学生足球的普及推广程度，因此在设计调查问卷时回避了一些专业术语，用通俗的语言有针对性地进行设计。同时，此次调查没有遵循调查表一些刻板的格式，这样有一种轻松感，易于被年轻人接受。

(2) 问卷与调查主题紧密相关，问题的设计围绕着指标变量展开，充分体现了问卷的合理性。

(3) 鉴于部分被调查者对北京理工大学足球队不是非常了解，问卷中利用引导式问题对被调查者的知识进行补充，这样利于其更真实准确的回答问题。例如"关于'体育回归教育'这个理念您认为"，"球队依托大学，大学足球模式将从根本上改变中国球员职业素养"等这些问题，更便于被调查者的回答。

(4) 问卷设计基于简洁、精练的原则，篇幅控制在2页纸内，一般在5～10分钟左右可回答完毕。在提问时也避免了繁杂冗长，不会使被调查者产生厌烦而随意回答问题，这样也保证了调查结果的真实性和有效性。

样本量的确定也是调查研究中的一个重要环节，关于样本容量的确定，遵循如下的样本容量基本公式：

$$n = Z^2\sigma^2/d^2 \tag{2.3.1}$$

式中：n代表所需要样本量；Z为置信水平的Z统计量，如95%置信水平的Z统计量为1.96，99%的Z为2.68；σ是总体的标准差；d是置信区间的1/2，在实际应用中就是容许误差，或者调查误差。

经小组讨论并与老师及球队相关领导和队员沟通，确定该次调查的置信度为 90%，抽样误差不超过 5%，查表得 $Z=1.64$，$\sigma=0.5$，$d=5\%$，则将上述数值代入公式(2.3.1)，可计算的该次调查所需的最小样本量是 269 份。

确定样本容量后，研究小组一方面在社会范围内发放了 405 份问卷；另一方面联合新浪网一同开展此项调查。最终收回问卷 383 份，其中有效问卷 347 份，符合最小样本容量为 269 份的要求。

2.3.3　数据分析及结果

1. 描述统计部分

1）调查对象的年龄分布

调查对象的年龄分布见图 2.3.3。从年龄分布上来看，被调查者在 26～35 岁之间人数最多有 183 人，其次为 18～25 岁有 110 人，其余各区间的人数相对较少，分别为 36～45 岁 38 人，46～55 岁 10 人，17 岁及以下 4 人，56～65 岁 2 人和 66 岁及以上 0 人。从中可以看到，被调查者主要集中在 18～35 岁，这个现象可能和调查小组成员自身的年龄区间有关，说明在路拦调研选择调查对象时的倾向性，为了避免因为调查对象的选择偏差，将新浪网的数据作一对比，见图 2.3.4。

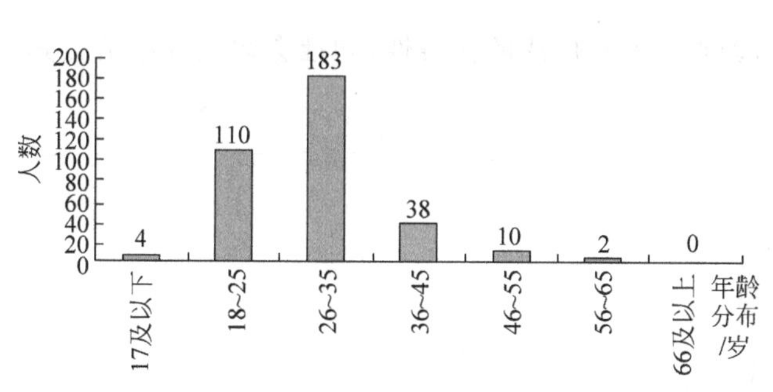

图 2.3.3　调查对象的年龄分布图（问卷）

您的年龄是：

选项	比例
1. 18~25岁	47.9%
2. 26~35岁	38.71%
3. 36~45岁	8.66%
4. 46~55岁	2.23%
5. 17岁及以下	1.05%
6. 56~65岁	1.05%
7. 66岁及以上	0.39%

图 2.3.4　调查对象的年龄分布图（新浪网）

可以看出，新浪网上被调查者自由填写问卷中，愿意参与调研的人的年龄大部分仍然集中在 18～35 之间。显然，社会上对于此次事件关心的群体大部分是年轻人，知名度和影响力的受众也将是这样的群体。这是北理工球队及学校品牌宣传建设时要考虑的问题。

2）调查对象的性别分布

从性别分布上来看，调查对象的男女比例（见图 2.3.5）是比较均衡的，这和新浪网上的调查反差极大，如图 2.3.5 和图 2.3.6 所示。说明真正关心体育事业的还是男性居多，愿意花时间来填写问卷。在路拦调研的时候，侧重选择一些女性作为调查对象，避免了此种现象的发生从而避免了社会影响力调查受众的片面性。

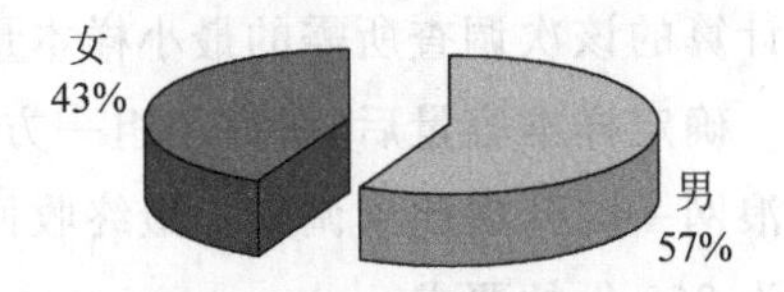

图 2.3.5　调查对象的性别分布图（问卷）

3）调查对象是否为本校人员情况

调查对象的 1/3 为北京理工大学在校学生或教师，2/3 为社会上的人员（见图 2.3.7）。这样的样本分布比较合理，可以从校内和校外两个不同的群体，听到对北京理工大学足球队的不同的声音，以此也可以比较出来自校内和校外的意见是否有差异。

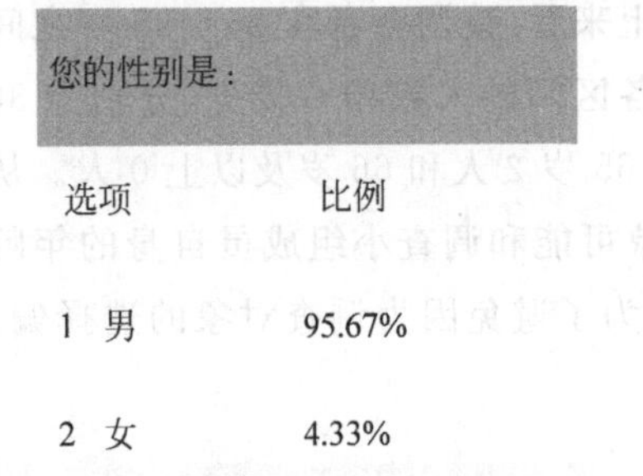
您的性别是：

选项	比例
1 男	95.67%
2 女	4.33%

图 2.3.6　调查对象的性别分布图（新浪网）

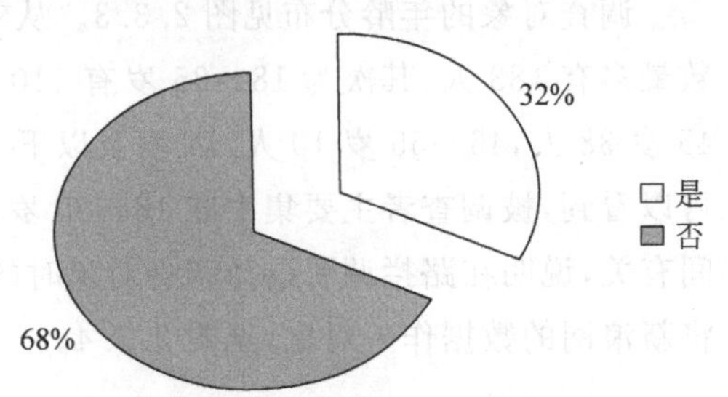

图 2.3.7　调查对象是否为本校人员情况

4）调查对象的职业情况

从职业分布情况（图 2.3.8）来看，调查样本有广泛的代表性，和社会职业分布情况其本一致。

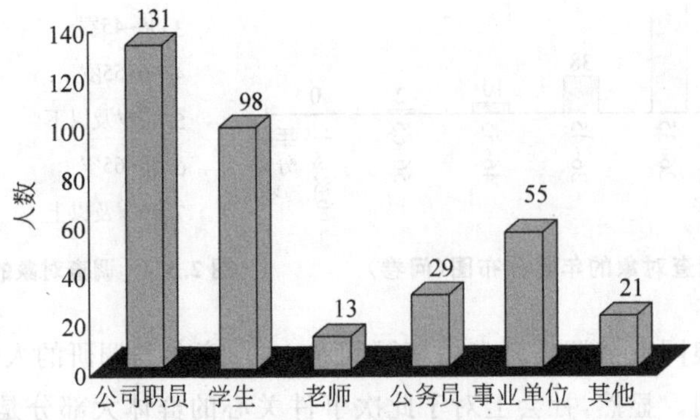

图 2.3.8　调查对象的职业情况

5）调查对象的学历情况

从学历分布(图 2.3.9)来看，基本上符合以本科学历为均值的正态分布。这也是与现在我国受过高等教育的人越来越多的情况相符合的，尤其是在北京，受过高等教育的人数比例是比较大的。

6）调查对象了解北京理工大学足球队的渠道分析

有关北理工足球队冲甲成功的消息，在网络上、电视上、报纸上报道得都非常详细，内容也各式各样，但是从调查的样本情况来看，反而是从朋友或者是同事间谈论的这个渠道了解到北理工足球队的比例最高(见图 2.3.10)，说明在电视、报纸和网络上对北理工足球队的宣传还有很大的上升空间。

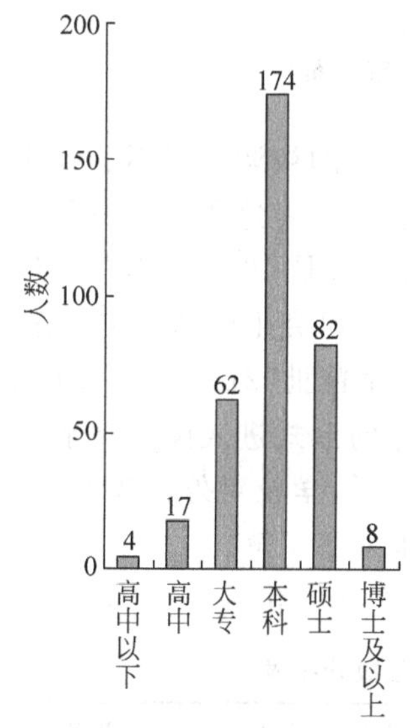

图 2.3.9 调查对象的学历分布情况

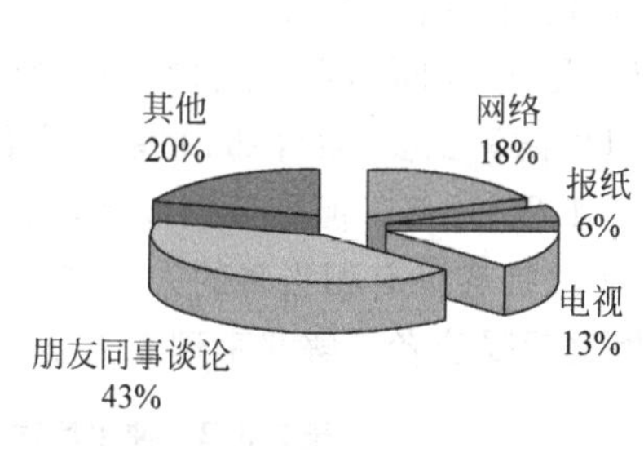

图 2.3.10 调查对象了解北理工足球队的渠道分布

2. 足球队冲甲前后社会对学校了解程度的对比分析

冲甲前受访人群了解北京理工大学的数据分析如表 2.3.1 和图 2.3.11 所示。

表 2.3.1 冲甲前对学校了解程度的频数分布表

态度	频数	百分比	有效百分比	累积百分比
1	36	10.4	10.4	10.4
2	67	19.3	19.3	29.7
3	92	26.5	26.5	56.2
4	105	30.3	30.3	86.5
5	47	13.5	13.5	100.0
总计	347	100.0	100.0	

注：表中 1 代表“非常不同意”，2 代表“不同意”，3 代表“不确定”，4 代表“同意”，5 代表“非常同意”，后文中各表中数值的定义与此相同。

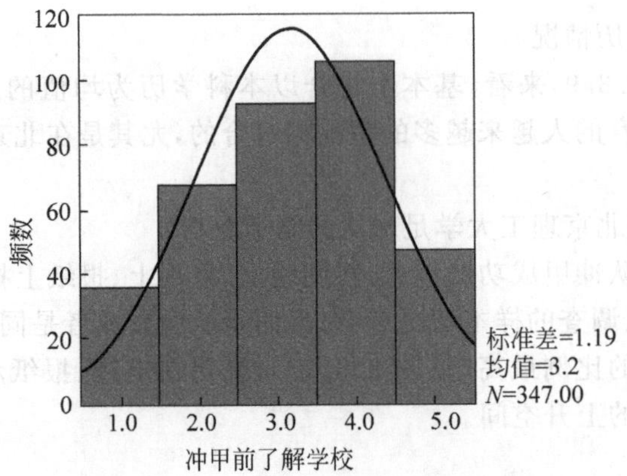

图 2.3.11 冲甲前对学校了解程度直方图

表 2.3.1 的数据分析结果显示：冲甲成功前，有 29.7%的被调查者不了解北京理工大学。北京理工大学是中国共产党创立的第一所理工大学，有着悠久的历史和严谨的学风，是以理工为主，工理文协调发展的全国重点大学。其前身是 1940 年创办的延安自然科学院，是我国首批颁布的全国重点大学；是全国首批建立研究生院的高校；是"七五"、"八五"和"九五"期间国家重点投资建设的学校；也是国家首批"211 工程"建设的高校；2000 年以国防科工委、教育部、北京市人民政府重点共建的形式进入国家高水平大学建设的"985 工程"行列。但是长期以来，由于学校的特殊性质，学校对外比较低调，宣传力度不够，所以社会上有相当多的人对这所著名的高等学府并不了解。

冲甲之后受访者了解北京理工大学的数据分析如表 2.3.2 和图 2.3.12 所示。

表 2.3.2 冲甲后对学校了解程度的频数分布表

态度	频数	百分比	有效百分比	累积百分比
1	23	6.6	6.6	6.6
2	57	16.4	16.4	23.1
3	86	24.8	24.8	47.8
4	123	35.4	35.4	83.3
5	58	16.7	16.7	100.0
总计	347	100.0	100.0	

足球队冲甲成功后，知道北京理工大学的人有所增加，不了解的比例由 29.7%下降为 23.1%，下降了 6.6%。这表明北京理工大学足球队的冲甲成功从正面上促进了学校的宣传工作，扩大了学校的知名度。

为了证实上述数据所反映结果的真实性，将冲甲前后社会对北京理工大学的了解程度均值做配对样本 t 检验(单侧)，来分析是否北理工足球队冲甲后对学校的了解程度显著的大于冲甲前对学校的了解。北理工足球队冲甲前后被调查者对北京理工大学的了解程度的对比分析条形图如图 2.3.13 所示。

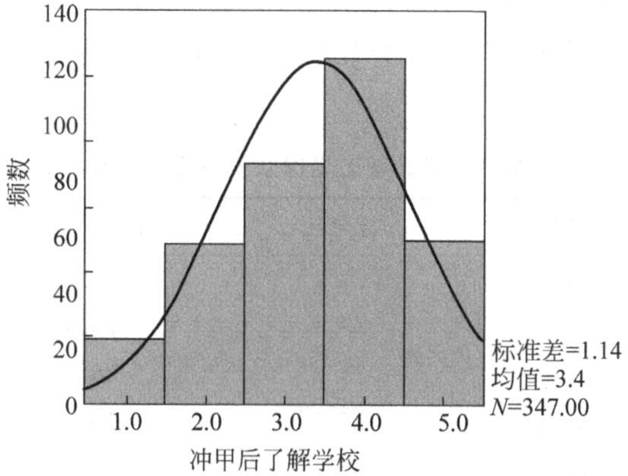

图 2.3.12 冲甲后对学校了解程度直方图

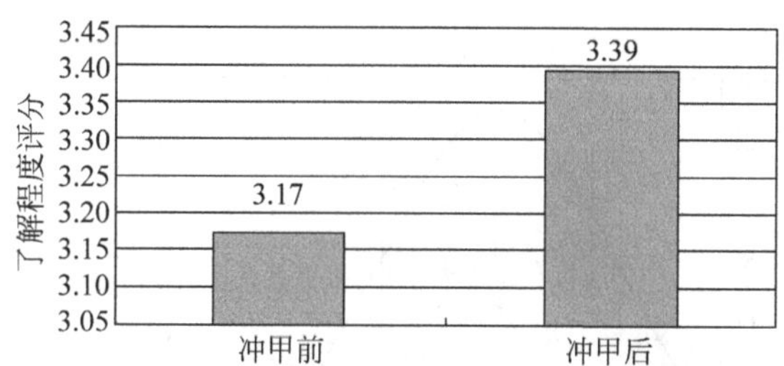

图 2.3.13 冲甲前后对学校了解程度的对比图

配对样本 t 检验结果如表 2.3.3。

表 2.3.3 配对样本 t 检验结果输出表

项目	成对样本检验	t	df	Sig.(双侧)
对 1	冲甲前了解学校-冲甲后了解学校	−5.321 82	346	1.85E-07

因为在 SPSS 中，系统默认是进行双侧检验的，故若想得单侧检验的 P 值，只需将表中相应 P 值乘以 2 即可。从表 2.3.3 可以看出，配对样本 t 检验(双侧)的 P 值为 1.85E-07，则可知配对样本 t 检验(单侧)的 P 值＝1.85E-07×2＝3.7 E-07＜显著性水平 0.05，说明二者差异显著。即北理工足球队冲甲后，社会对北京理工大学的了解程度显著大于冲甲前，即球队冲甲前后社会对学校的了解程度显著提升了。

3. 北理工足球队冲甲前后社会对学校足球队了解程度的对比分析

北理工足球队冲甲前被调查者了解北理工足球队的数据分析如表 2.3.4 和图 2.3.14 所示。

此数据分析结果显示，冲甲成功前，有53.6%的被调查者不了解北京理工大学足球队。北京理工大学足球队作为唯一的一只学生军参加了去年的全国足球乙级联赛，最后取得了冠军。但是在比赛的过程中，社会普遍对这支球队不看好，所以有一半以上的被调查者不了解这支队伍。

表 2.3.4 冲甲前对北理工足球队了解程度的频数分布表

态度	频数	百分比	有效百分比	累积百分比
1	70	20.2	20.2	20.2
2	116	33.4	33.4	53.6
3	98	28.2	28.2	81.8
4	52	15.0	15.0	96.8
5	11	3.2	3.2	100.0
总计	347	100.0	100.0	

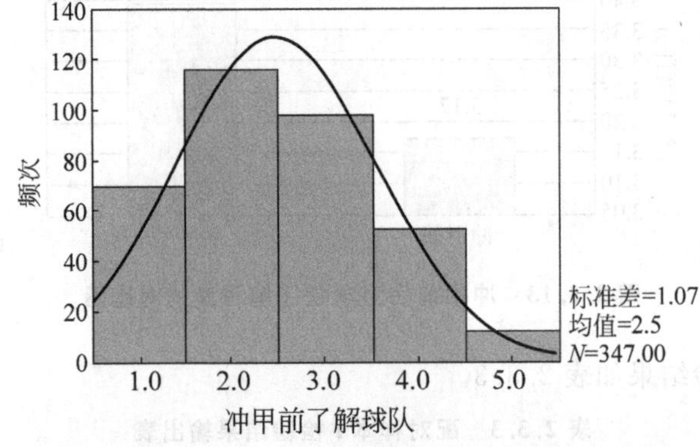

图 2.3.14 冲甲前对北理工足球队了解程度直方图

冲甲后被调查者了解北理工足球队的数据分析如表 2.3.5 和图 2.3.15 所示。

表 2.3.5 冲甲后对北理工足球队了解程度的频数分布表

态度	频数	百分比	有效百分比	累积百分比
1	40	11.5	11.5	11.5
2	78	22.5	22.5	34.0
3	109	31.4	31.4	65.4
4	89	25.6	25.6	91.1
5	31	8.9	8.9	100.0
总计	347	100.0	100.0	

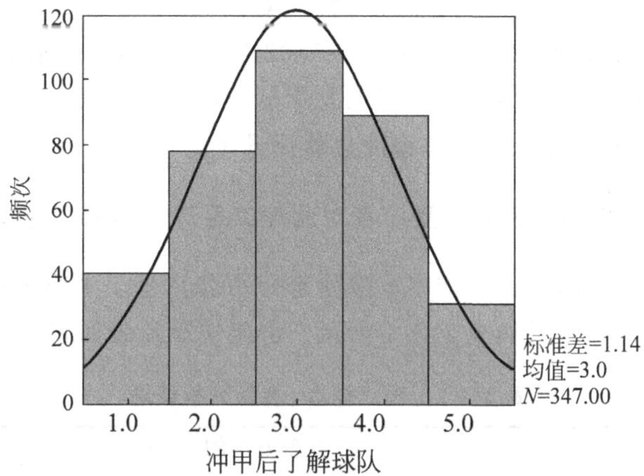

图 2.3.15　冲甲后对足球队了解程度直方图

足球队冲甲成功后，对北理工足球队不了解程度由冲甲前的 53.6%下降为 34%，下降了 22.6%。下降的幅度非常大，这和社会对这支队伍的关心程度普遍提高有关。再加上新闻媒体对球队夺冠和冲甲成功的正面报道的作用，调查者的了解程度普遍提高。

为了证实上述数据所反映结果的真实性，将冲甲前后的对北理工球队的了解程度均值做配对样本 t 检验(单侧)，来分析是否足球队冲甲后社会对北京理工大学足球队的了解程度显著的大于冲甲前对球队的了解。足球队冲甲前后社会对北京理工大学足球队的了解程度作对比分析如图 2.3.16 所示。

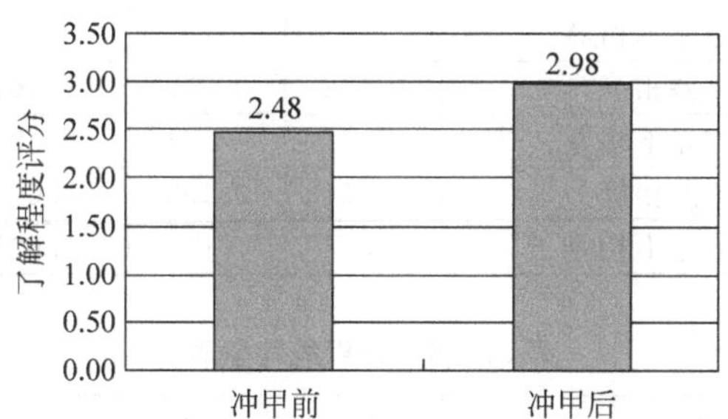

图 2.3.16　冲甲前后对北理工足球队了解程度的对比图

配对样本 t 检验结果如表 2.3.6 所示。

表 2.3.6　配对样本 t 检验结果输出表

项目	成对样本检验	t	df	Sig.(双侧)
对 1	冲甲前了解足球队-冲甲后了解足球队	−12.095	346	2.51E-28

根据配对样本 t 检验结果可以看出，t 检验(双侧)的 P 值＝2.51E－28，则可知配对样本 t 检验(单侧)的 P 值＝2.51E－28×2＝5.02 E－28＜显著性水平 0.05，说明二者差异显著。即足球队冲甲后，社会对北京理工大学足球队的了解程度显著大于冲甲前，即球队冲甲前后社会对学校足球队的了解程度显著提升了。

4. 北京理工大学校内和校外的受访者对北理工足球队影响力的看法分析

使调查更具有说服性，用独立样本 t 检验来分析北京理工大学校内和校外的受访者的看法是否有显著差异，结果如表 2.3.7 所示。分组统计量表如表 2.3.8 所示。

表 2.3.7　独立样本 t 检验分析结果

项　目		方差方程的 Levene 检验		均值方程的 t 检验		
		F	Sig.	t	df	Sig.(双侧)
知名度	假设方差相等	0.140	0.709	1.164	344	0.245
招生质量	假设方差不相等			1.242	255.051	0.215
	假设方差相等	0.003	0.954	−0.164	344	0.870
投资或赞助	假设方差不相等			−0.163	211.937	0.871
	假设方差相等	2.474	0.117	2.412	344	0.016
就业率	假设方差不相等			2.573	254.971	0.011
	假设方差相等	0.006	0.940	−0.641	344	0.522
凝聚力和向心	假设方差不相等			−0.647	220.413	0.518
	假设方差相等	1.102	0.295	−0.192	344	0.848
品牌价值	假设方差不相等			−0.204	250.064	0.839
	假设方差相等	0.092	0.762	1.266	344	0.206
综合实力	假设方差不相等			1.301	231.539	0.194
	假设方差相等	2.050	0.153	−1.643	344	0.101
	假设方差不相等			−1.622	209.001	0.106

表 2.3.8　分组统计量表

项　目	BIT	N	均值	标准差	均值的标准误
投资或赞助	是	111	4.08	0.740	0.070
	不是	235	3.85	0.888	0.058

从表 2.3.7 可以看出，在投资或赞助方面校内和校外受访者 P 值＝0.016＜显著水平 0.05，故拒绝原假设，即认为校内和校外受访者对北理工足球队冲甲后能为增加学校的投资或赞助的认可程度是存在显著差异的。其余 6 个方面的 P 值均大于显著水平 0.05，故不能拒绝原假设，即认为校内和校外受访者对这 6 个方面的认可程度是不存在显

著性差异的。因此可以认为校内校外受访者的意见除了在投资或赞助的看法上有区别外，其余方面的看法是没有显著性差异的，即不能说明北京理工大学校内的教工和学生就更加认可北理工足球队对冲甲成功所产生的影响力，从而进一步说明社会上对北理工足球队冲甲成功所产生的影响力是普遍认可的。

5. 社会对北京理工大学的了解是否会提升学校的品牌价值

为了研究社会对北京理工大学的了解是否会提升学校的品牌价值，该调查尝试研究提升社会对学校的了解程度与学校品牌价值的提升之间是否具有一定的回归关系。且因为北理工足球队冲甲成功已为既定事实，故球队冲甲后了解学校的程度才是对此时受访者对学校了解程度的真实度量。因此在分析中选用的回归自变量是球队冲甲后了解学校的程度，回归分析结果见表2.3.9。

表2.3.9　回归模型系数表

模　型		非标准化系数		标准系数	t	Sig.
		B	标准误差	试用版		
1	（常量）	3.038	0.100		30.514	0.000
	冲甲后了解学校	0.200	0.028	0.360	7.173	0.000

a. 因变量：品牌价值。

经回归分析（见表2.3.9）可以看出：回归方程中自变量的 P 值＝0.000＜显著性水平0.05，故可得到在0.05显著性水平下，社会对学校的了解对北京理工大学的品牌价值影响显著。说明对学校越了解就越会增加北京理工大学的品牌价值，而北京理工大学足球队冲甲成功显著地提升了社会对北京理工大学的了解，从而必然会提升北京理工大学的品牌价值。

6. 社会对北京理工大学足球队的了解是否会提升学校的品牌价值

为了研究社会对北京理工大学足球队的了解是否会提升学校的品牌价值，该调查尝试研究提升社会对球队的了解程度与学校品牌价值的提升之间是否具有一定的回归关系。回归分析结果见表2.3.10。

经回归分析可知，回归方程中自变量的 P 值＝0.000＜显著性水平0.05，故可知在0.05的显著水平下，社会对北京理工大学足球队的了解对北京理工大学的品牌价值的影响是显著的。说明对球队越了解就越会增加北京理工大学的品牌价值，而北京理工大学足球队冲甲的成功显著地提升了社会对球队的了解，从而必然会显著提升北京理工大学的品牌价值。

表 2.3.10　回归模型系数表

模　型		非标准化系数		标准系数	t	Sig.
		B	标准误差	试用版		
1	（常量）	3.007	0.086		34.988	0.000
	冲甲后了解球队	0.237	0.027	0.429	8.809	0.000

a. 因变量：品牌价值。

7. 社会对北京理工大学足球队的了解是否会加深社会对“体育回归教育”理念的认可

对于中国足球的发展，社会上提出一种“体育回归教育”的理念。希望调查社会对这一理念是赞成还是反对的，同时希望研究对北京理工大学足球队了解和社会对“体育回归教育”理念之间的认可情况间是否有一定的线性关系。故该案例研究了社会对“体育回归教育”理念的认可情况与社会对北京理工大学足球队的了解程度之间的回归关系，回归分析结果见表 2.3.11。

表 2.3.11　回归模型系数表

模　型		非标准化系数		标准系数	t	Sig.
		B	标准误差	试用版		
1	（常量）	3.101	0.089		35.004	0.000
	冲甲后了解球队	0.219	0.028	0.391	7.890	0.000

a. 因变量：理念。

经回归分析可知，回归方程中，自变量的 P 值＝0.000＜显著性水平 0.05，故可知在 0.05 的显著水平下，社会对北京理工大学足球队的了解对“体育回归教育”理念的认可的影响是显著的。说明对球队越了解就越会加深社会对“体育回归教育”理念的认可，可以说明北京理工大学足球事业的发展将对中国足球理念的探索作出重要贡献。

8. 社会对北京理工大学“体育回归教育”理念的认可是否有助于中国足球职业联赛的发展

为了研究“体育回归教育”理念的提出是否会有助于中国足球职业联赛的发展，该案例研究了“体育回归教育”理念与中国足球职业联赛发展之间的回归关系，回归分析结果见表 2.3.12。

表 2.3.12 回归模型系数表

模型		非标准化系数		标准系数	t	Sig.
		B	标准误差	试用版		
1	(常量)	1.215	0.172		7.083	0.000
	理念	0.663	0.045	0.621	14.725	0.000

经回归分析可知，回归方程中，自变量的 P 值＝0.000＜显著性水平0.05，故可知在0.05 的显著水平下，社会对北京理工大学“体育回归教育”理念的认可对职业联赛的发展的影响是显著的。说明社会普遍认为北京理工大学“体育回归教育”理念的探索将有助于中国职业联赛的发展。

9. 社会对足球在校园发展所起作用认可情况分析

将足球在校园的发展可能对足球及球员的发展带来的几个方面的影响的调查中，将受访者对问题的认可度均值与 3 做单样本 t 检验，若得到“均值显著大于 3”，则说明社会对该方面的影响是普遍认可的。

表 2.3.13 单样本 t 检验结果输出表

项目	检验值＝3					
	t	df	Sig.(双侧)	均值差值	差分的 95%置信区间	
					下限	上限
足球普及	30.081	346	0.000	1.16	1.09	1.24
球员自身发展	19.382	346	0.000	0.88	0.79	0.97
新的人才培养模式	14.987	346	0.000	0.77	0.67	0.87
足球质的飞跃	−0.832	346	0.406	−0.05	−0.16	0.07
探索新的出路	7.801	346	0.000	0.43	0.32	0.53

从表 2.3.13 的数据可知：社会大众广泛认为北京理工大学足球队在校园的发展对足球普及、球员自身发展、中国足球一种全新的人才培养模式形成、为中国足球探索新的出路(P 值均小于显著性水平 0.05)都有显著的影响。

但是，是否能为中国足球带来一个质的飞跃(P 值均大于显著性水平 0.05)这一项未能通过显著性检验，说明社会大众认为足球在校园的发展对提高中国足球水平的效果不大。

10. 社会对球队依托大学的模式所起作用认可情况的分析

在球队依托大学的发展模式可能对球员带来的几个方面影响的调查中，将受访者对问题的认可度均值与 3 做单样本 t 检验，若检验结果均值显著地大于 3，则说明社会对该方面的影响是普遍认可的。

表 2.3.14 各因素认可度的均值输出表

项　目	*N*	均值	标准差	均值的标准误
改变职业素养	347	3.43	1.041	0.056
改变职业结构	347	3.32	0.988	0.053
改变文化水准	347	3.55	1.031	0.055
改变道德素质	347	3.35	1.109	0.060

表 2.3.15 单样本 *t* 检验结果输出表

项　目	检验值＝3					
	t	df	Sig.（双侧）	均值差值	差分的 95％置信区间	
					下限	上限
改变职业素养	7.683	346	0.000	0.43	0.32	0.54
改变职业结构	6.085	346	0.000	0.32	0.22	0.43
改变文化水准	9.997	346	0.000	0.55	0.44	0.66
改变道德素质	5.955	346	0.000	0.35	0.24	0.47

从表 2.3.14 和表 2.3.15 的数据可知：社会大众广泛认为球队依托大学，大学足球模式对从根本上改变中国球员职业素养、职业结构、文化水准、道德素质有显著的影响。

11. 对大学生参加职业联赛是否认可的分析

为了研究社会对大学生参加职业联赛的认可程度与大学生参加职业联赛能使更多的人关注体育赛事，大学生参加职业联赛对联赛产生了积极的影响，大学生参加职业联赛打破了中国职业球队现有格局和大学生参加职业联赛将改善中国的足球环境四个因素之间的关系，用认同参加职业赛与上面四个方面做回归分析，其分析结果如表 2.3.16 和表 2.3.17 所示。

表 2.3.16 回归模型方差分析输出表

模型	平方和	df	均方	*F*	Sig.
回归	85.699	4	21.425	50.146	0.000(a)
残差	146.117	342	0.427		
总计	231.816	346			

a. 预测变量：（常量），改善中国的足球环境，使更多的人关注体育赛事，打破了中国职业足球现有格局，足球队对联赛产生了积极的影响。

b. 因变量：认同参加职业赛。

表 2.3.17 回归模型系数表

模 型	非标准化系数		标准系数	t	Sig.
	B	标准误差	试用版		
(常量)	1.498	0.187		8.028	0.000
使更多的人关注体育赛事	0.378	0.052	0.383	7.278	0.000
足球队对联赛产生了积极的影响	0.288	0.054	0.313	5.358	0.000
打破了中国职业足球现有格局	8.599E-02	0.048	0.101	1.801	0.073
改善中国的足球环境	−0.100	0.045	−0.123	−2.206	0.028

a. 因变量：认同参加职业联赛。

用线性回归分析是否认同北京理工大学球队参加职业联赛与使更多的人关注体育赛事、对联赛产生了积极影响、打破了中国职业足球现有格局、改善中国的足球环境四个方面的影响后，可以知道是否认同北京理工大学球队参加职业联赛与使更多的人关注体育赛事、对联赛产生了积极影响、改善中国的足球环境这三个因素的认可度显著相关(P 值＜显著性水平 0.05)；而与打破了中国职业足球现有格局的关系不显著(P 值＞显著性水平 0.05)。即：是否认同北京理工大学足球队参加职业联赛取决于对打破中国职业足球现有格局的认同关系不显著。

剔出不相关变量后再进行回归分析，分析结果如表 2.3.18 所示，最终得到对北京理工大学足球队参加职业联赛是否认可的回归方程为：

认同参加职业联赛＝0.361 更关注体育赛事＋0.289 对联赛产生积极联赛＋1.527

表 2.3.18 回归模型系数表

模 型	非标准化系数		标准系数	t	Sig.
	B	标准误差	试用版		
(常量)	1.527	0.180		8.473	0.000
使更多的人关注体育赛事	0.361	0.051	0.366	7.077	0.000
足球队对联赛产生了积极的影响	0.289	0.047	0.315	6.091	0.000

a. 因变量：认同参加职业联赛。

12. 对“体育回归教育”的理念是否认同的分析

从表 2.3.19 的结果可以看出，关于是否认同“体育回归教育”的理念，受访者对问卷的回答结果不存在显著性差异(因为 P 值＜显著性水平 0.05，拒绝原假设)。即不管是否认同“体育回归教育”的理念，对问题的回答不存在显著性差异。

表 2.3.19 回归模型方差分析表

模型	平方和	df	均方	F	Sig.
回归	67.178	4	16.794	40.951	0.000(a)
残差	140.257	342	0.410		
总计	207.435	346			

a. 预测变量：(常量)，促进中国足球事业的发展，现行制度有弊端，未来培养人才的必然之路，促进大学生体育事业的发展。

b. 因变量："体育回归教育"值得借鉴。

用线性回归分析(见表 2.3.20)来研究是否认同"体育回归教育"的理念与现行制度有弊端、未来培养人才的必然之路、促进大学生体育事业的发展、促进中国足球事业的发展四个方面是否存在线性相关关系后，可以知道是否认同"体育回归教育"的理念与这四个因素的关系是显著相关的(各组的 P 值均小于显著性水平 0.05)。也就是说，是否认可"体育回归教育"取决于对现行制度、中国足球未来培养人才的道路、大学生体育事业的发展、中国足球事业的发展四个方面的认可。

表 2.3.20 回归模型系数表

模　型	非标准化系数		标准系数	t	Sig.
	B	标准误差	试用版		
(常量)	1.327	0.216		6.146	0.000
现行制度有弊端	0.119	0.042	0.135	2.822	0.005
未来培养人才的必然之路	0.184	0.046	0.211	4.015	0.000
促进大学生体育事业的发展	0.261	0.055	0.256	4.771	0.000
促进中国足球事业的发展	0.145	0.048	0.173	3.047	0.002

a. 因变量："体育回归教育"值得借鉴。

综合上面可以得到回归方程如下：

$$y = 0.119x_1 + 0.184x_2 + 0.261x_3 + 0.145x_4 + 1.327$$

式中：y 为体育回归教育程度；x_1 为现行制度弊端；x_2 为未来培养人才的道路；x_3 为促进大学生体育事业；x_4 为促进中国足球事业的发展。

2.3.4 结论

(1) 冲甲成功事件为北京理工大学和北京理工大学足球队作了很好的宣传

从问卷的分析上来看，不了解北京理工大学和北京理工大学足球队的人数在冲甲前后有了明显的变化，可以由此得知，冲甲事件为北京理工大学和北京理工大学足球队作了良好的宣传，学生参加职业联赛对整个学校的对外宣传产生了积极的影响。可以得出结论：今后北京理工大学在职业联赛每走一步，都会牵引更多的视线，每一次成功，都会引起社会上对该球队和北京理工大学的关注。因此，足球队已经成为北京理工大学对外宣传的一项重要内容，球队运作的成功与否与学校的对外影响力息息相关。

(2) 社会对北京理工大学的认可程度加强

通过社会对北京理工大学的认可度分析，可以看到：社会舆论普遍认为，北京理工大学足球队冲甲成功后不仅提升了学校的知名度，而且还将提高学校的招生质量，学校的凝聚力和向心力也将由此加强，同时学校的品牌价值和综合实力也都将得到提升，学校接受投资或赞助的渠道会因此拓宽。但是在对就业率的调查中发现，大多数的被调查者不太确定足球队冲甲成功的事件是否将会影响毕业生的就业率。

(3)"体育回归教育"的理念通过北京理工大学足球队传播并得到社会广泛的认可

社会上越来越多的人赞同"体育回归教育"的理念，并且认为北京理工大学足球队，向大家证明了北京理工大学"体育回归教育"的理念为中国足球职业联赛和足球事业探索了一套全新且成功的方式，这种方式得到了社会上绝大多数人的赞同和认可，很多人将会支持和期待这种方式在北京理工大学得以发扬，并能为我国足球、体育乃至文化事业的创新提供良好的借鉴。

同时，经过调查分析进一步表明，社会大众普遍认为"体育回归教育"的理念是值得借鉴的，这也证明了现有的体育人才培养方式的确存在弊端，不利于人才的发展，"体育回归教育"的理念可以成为未来培养体育人才的一种方式，这种理念必将促进大学生体育事业和中国足球事业的发展。

(4) 社会对职业球队依托大学能够产生好影响的认可

对于球队在校园发展，能够带来的效果，该案例设计了四个影响因素，通过分析得知社会上普遍认可足球的校园发展道路能够改变球员的职业素养，提高球员的文化水平和道德素质，同时能够改变球员今后发展的职业结构。这说明，"知识拯救足球"的说法在社会上有一定的影响力。而且，球队在校园发展，甚至体育在教育的前提下发扬，能够改变今后专业运动员的职业选择渠道，"世界冠军成为搓澡工"的悲剧，可以通过这种方式得以改善，在校园中发展体育会产生良好的结果，那就是能使运动员从只能从事体育和竞技的专才，转变为既能参加比赛又有一定知识结构的通才。

(5) 社会对北京理工大学参加中国足球职业联赛的支持

尽管社会上对北京理工大学参加足球职业联赛的反应在体育界、教育界有不同的声音，但是从问卷调研的结果上来看，社会上对北京理工大学参加足球联赛的支持率还是非常高的。因此，可以看出社会上认为，高校足球队参加职业联赛是一种全新的尝试，因为球队的特殊性，社会上会有更多的人关注体育赛事。北京理工大学足球队的学生军为整个联赛产生了积极的影响，大家对学生军能够进军甲级联赛产生了高度的兴趣，认为中国职业足球原有的格局被打破，足球环境正在因为新鲜血液的流入得以改善。

此案例还得到了其他的结论：比如，从样本发放的空间来看，并不是只有北京理工大学的学生或者老师才认可足球队的影响力，社会上对北京理工大学及其足球队的认可度十分相似，说明在社会上的影响是良性的。另外，研究还表明，无论是对北京理工大学的了解还是对北京理工大学足球队的了解都将对学校品牌价值的提升产生正面影响。重要的一点是，对高校足球队越了解就越会加深对“体育回归教育”的认识，高校足球队已经成为这个理念的代言。总之，这次研究的结果是成功而且令人欣喜的，北京理工大学足球队的成绩为学校的对外认可度作出了积极的贡献，今后，北京理工大学足球队的发展将与北京理工大学的发展形成相互促进的关系。最终的数据表明大多数人（无论是北京理工大学校内还是社会人员）普遍认可北理工学生军的这种形式，社会大众广泛认为北京理工大学足球队冲甲成功不仅大大增强了学校知名度，而且可以增加外来企业对球队运作的投资，增加学校同学的向心力与凝聚力，并且有助于提升学校的品牌价值及增强了学校的综合实力，而且对于北京理工大学大力提倡的“体育回归教育”的理念也给予了肯定。

附录：调查问卷

北京理工大学足球队影响力调查问卷

尊敬的女士/先生：您好！

我们是北京理工大学的学生，现在正在进行一项关于北京理工大学足球队影响力的问卷调查，目的是了解我们的足球队的知名度和影响力，以备我们学校在以后球队的运作中作参考，更好地为中国足球事业的发展探索一条可行之路。请您给予支持，谢谢！调查会耽误您 5 分钟左右的时间，请您谅解。

北京理工大学足球队的点滴进步离不开您的关注。感谢您的支持与合作！

一、与北京理工大学足球队相关的问题

请您对以下问题进行作答。本次调查问卷的答案没有正确错误之分，在每题的答案中选中您的答案（每题都只选一个答案）。

	非常同意	同意	不确定	不同意	非常不同意
1. 您喜欢足球这项体育运动	□5	□4	□3	□2	□1
2. 在北理工足球冲甲之前	非常同意	同意	不确定	不同意	非常不同意
(1) 您对北京理工大学很了解	□5	□4	□3	□2	□1
(2) 您对北京理工大学足球队很了解	□5	□4	□3	□2	□1
3. 在北理工足球冲甲之后	非常同意	同意	不确定	不同意	非常不同意
(1) 您对北京理工大学很了解	□5	□4	□3	□2	□1
(2) 您对北京理工大学足球队很了解	□5	□4	□3	□2	□1

4. 您认为北理工足球冲甲成功之后，将会	非常同意	同意	不确定	不同意	非常不同意
(1) 提高北京理工大学的知名度	□5	□4	□3	□2	□1
(2) 提高学校的招生质量	□5	□4	□3	□2	□1
(3) 增加企业对学校的投资或赞助	□5	□4	□3	□2	□1
(4) 提高学校毕业学生的就业率	□5	□4	□3	□2	□1
(5) 增强本校学生的凝聚力和向心力	□5	□4	□3	□2	□1
(6) 增加学校的品牌价值	□5	□4	□3	□2	□1
(7) 提升学校的综合实力	□5	□4	□3	□2	□1
5. 足球在校园发展，将	非常同意	同意	不确定	不同意	非常不同意
(1) 有利于足球普及	□5	□4	□3	□2	□1
(2) 有利于球员自身发展	□5	□4	□3	□2	□1
(3) 是中国足球一种全新的人才培养模式	□5	□4	□3	□2	□1
(4) 能为中国足球带来一个质的飞跃	□5	□4	□3	□2	□1
(5) 为中国足球探索新的出路	□5	□4	□3	□2	□1
6. 球队依托大学，大学足球模式将	非常同意	同意	不确定	不同意	非常不同意
(1) 从根本上改变中国球员职业素养	□5	□4	□3	□2	□1
(2) 从根本上改变中国球员的职业结构	□5	□4	□3	□2	□1
(3) 从根本上改变中国球员的文化水准	□5	□4	□3	□2	□1
(4) 从根本上改变中国球员的道德素质	□5	□4	□3	□2	□1
7. 对于北京理工大学球队参加职业联赛	非常同意	同意	不确定	不同意	非常不同意
(1) 您认同这样的做法	□5	□4	□3	□2	□1
(2) 会使更多的人关注体育赛事	□5	□4	□3	□2	□1
(3) 足球队对联赛产生了积极的影响	□5	□4	□3	□2	□1
(4) 打破了中国职业足球现有格局	□5	□4	□3	□2	□1
(5) 改善中国的足球环境	□5	□4	□3	□2	□1
8. 关于“体育回归教育”的理念您认为	非常同意	同意	不确定	不同意	非常不同意
(1) 这种模式值得借鉴	□5	□4	□3	□2	□1
(2) 从侧面反映了现行的培养体制并不利于人才的培养和涌现	□5	□4	□3	□2	□1
(3) 是中国足球未来培养人才的必经之路	□5	□4	□3	□2	□1
(4) 促进大学生体育事业的发展	□5	□4	□3	□2	□1
(5) 促进中国足球事业的发展	□5	□4	□3	□2	□1

二、个人基本信息

1. 您的年龄是：

□17 岁及以下 □18～25 岁 □26～35 岁 □36～45 岁 □46～55 岁

□56～65 岁 □66 岁及以上

2. 您的性别是：□男 □女

3. 您是否是北京理工大学的在校学生或教师？ □是 □否

4. 您的职业是：

□公司职员 □学生 □教师 □公务员 □事业单位 □其他

5. 您的学历是：

□高中以下 □高中 □大专 □本科 □硕士

□博士及以上

6. 通过何种方式知道北理工足球队？

□网络 □报纸 □电视 □朋友或同事谈论 □其他

再次感谢您的支持与合作！

2.4　北京市团购网现状调查分析

参与者：李金林、武燕、王聪丽、王统帅、牛睿方、崔竞、李坤、刘玉洁、赵彬
起止时间：2011年9月—2011年12月

学习目的

(1) 学习调查研究方法及调查工作的实施过程。

(2) 加强理论与实际结合的能力，学会利用统计学知识解决实际问题。

(3) 培养根据调研目的和数据特点选择适用的分析方法的能力。

(4) 通过计算机操作，掌握方差分析、相关分析、回归分析的实现方法，熟练使用Excel和SPSS进行分析。

(5) 通过自行设计问卷并进行统计分析，掌握统计分析报告的撰写方法。

2.4.1　案例调查研究背景与现实意义

团购是近几年新兴的一种消费形式，是指某些团体或者个人通过大批量地向供应商订购，以低于市场价格获得产品或服务的采购行为。随着电子商务的兴起和广泛应用，基于互联网的网络团购模式应运而生。网上团购作为一种新型消费方式，在当前市场运作中，正发挥着不可替代的作用。

据调查，小到图书、软件、玩具、家电、数码、手机、电脑等小商品，大到家居、建材、房产等价格不很透明的商品，都有消费者因网络聚集成团购买。不仅如此，网络团购也扩展到健康体检、保险、旅游、教育培训以及各类餐饮、美容、健身、休闲等服务类领域。

据领团网的数据显示，从2010年开始，短短一年多时间，团购网站如雨后春笋纷纷冒现，数量从个位数增加到5 753家。全国2011年1至10月团购网的销售总额高达143.27亿元，保守估计，2011年全国团购销售额有望突破200亿元；而2010年全年团购网的销售额仅为25亿元，短短一年间，销售额猛增至去年的8倍。

作为一向走在全国前沿的首都北京，网络团购正在如火如荼地发展，并以一种新鲜、夺目的方式闯入消费者的视线中，又逐步地渗入我们日常的生活，成为我们生活中重要的一部分。

目前蓬勃发展的团购网还属于"幼儿期"，虽然经过1年多的市场的规范，但还是在所难免地有着众多、纷乱的优缺点，截取其中一些说明团购网的特点，比如：

(1) 价格相对低廉。网络经营与大批量的购买从不同的方面降低了成本。而大部分的消费者购买商品时，价格因素总是占据着非常重要的地位，而网络团购正好符合了大部

分消费群体的要求。

(2) 物流配送方式非常便捷。目前高速发展的物流为网络团购提供了非常方便、及时、准确的物流，让其相对简化，同时也使成本大大降低。

(3) 满足消费者个性化的需求。在传统消费模式中，由于巨大的寻找成本，导致某些个性化的消费行为无法进行。但现在通过网络，消费者可以联合部分趣味相投的个性消费者，形成一定的市场规模，在合理的价格下享受最特别的产品和服务。

(4) 存在风险。网络虽然及时、快捷，但毕竟不是实体，也没有 3D 效果，所以对需要购买的商品只能通过商品描述及照片来查看，服装不能试穿、电子产品不能试用，很可能在一些方面与买家的理解产生偏差。

(5) 非理性消费和跟风。往往网络团购的商品价格都会比一般零售价格低，甚至是低很多。价格的诱惑会使一部分消费者进入一种消费误区，不乏消费者因为觉得便宜或者觉得大家都在买而产生冲动性购买，而这种消费冲动带来的是浪费。

而且，当前的舆论中也不乏对团购网行业的各种质疑，团购网站资金链断裂、减薪、裁员、转行、倒闭、卷钱等负面现象不断出现，2011 年 9 月我国已经有近 1 000 家团购网站倒闭、并购、转型；同时由于对产品或服务的不满，消费者的投诉也急剧上升；作为消费者，不禁要疑惑，网络团购是否已经进入寒冬？网络团购是否还值得信任？所以，我们觉得有必要对北京市的网络团购现状做一些调查和分析。

对于新兴的一种消费方式，有很多学者对它的营销模式、优势与劣势、发展前景等进行了初步的分析，也有人对如此红火的团购行为进行了一定的描述，但还没有文献详细地阐述团购行为与某些具体因素的关系如何，比如消费者年龄，性别等自身情况，以及教育程度，家庭收入，曾经的购买经历等上述变量是如何影响团购行为。我们希望通过我们的调查所得的结果对它们之间的关系进行分析，探讨人口学变量、商品性质、购买者对团购风险的感知等因素之间是否存在相互影响。对于目前人们的购买心理，团购网模式无疑是一种新的消费刺激，所以我们希望通过这项调查评估消费者目前对团购的认知程度，以及对他们消费观念的影响。本研究希望探讨在信息技术如此发达的背景下出现的这种新型的购物行为，并对其影响因素进行分析。

2.4.2 调查方案的设计

1. 调查研究的思路与过程

(1) 明确调查的主题，以及影响其选择的因素；

(2) 探讨参加团购网相关的因素，明确分析角度和思路；

(3) 编制初始调查问卷，确定调查范围；

(4) 发放调查问卷，回收问卷并进行数据整理和录入；

(5) 对数据进行相关统计分析，完成分析；

(6) 得出结论。

2. 调查方案设计

(1) 问卷设计的内容与结构

问卷设计分三部分内容。

第一部分：标题，内容。主要介绍该问卷调查的目的及注意事项，旨在引起被调查者的注意，以提高问卷的有效性，减少无效问卷的数量。

第二部分：被调查者的基本信息，包括性别、年龄、职业、学历等调研中作为被调查者特征的指标变量。

第三部分：正式问题，主要围绕消费者目前对团购的态度、满意程度，以及对其的影响的因素进行调查分析。(具体问卷见附件)

(2) 问卷设计特点和原则

由于该调查的对象主要有大学生、企业白领以及其他社会人群，涉及消费的大多数年龄段、行业、收入群体，具有很好的代表性。

在问题编排上，从获得团购信息的渠道，到团购的原因，再到团购的满意程度等，一环扣一环，由于问题的设计与被调查者息息相关，通过回答问卷也可以使被调查者清晰自己的团购目的，因此易于被调查对象接受。

问卷设计基于简洁、精练的原则，篇幅控制在 2 页内，且全部采用选择回答式答题，被调查者 5 分钟之内可以完成。避免了繁杂冗长，保证了调查结果的真实性和有效性。

3. 随机抽样原则和样本量的确定

(1) 抽样原则

调查的对象为大学生、企业白领以及其他社会人群等，其对象涉及北京市较多的行业、收入水平、年龄段，并且采取的是随机地发放调查报告，所以此报告对网络团购行业是具有参考价值的调研查报告。

(2) 样本量的确定

问卷发放 400 份，由于并不是所有的问卷都是全面有效的，所以我们做了简单的筛选，从回收的问卷里选择了有效的问卷作为样本，其数量为 384 份。

2.4.3 数据分析过程与结果评价

1. 被调查者的基本信息分析

由图 2.4.1 可知，参加本次团购调查的男女比例相当，无太大差距。在年龄方面

(图 2.4.2)，21～30 岁之间的人数最多，其次是 31～35 岁，20 岁以下的人员最少。在职业方面，图 2.4.3 显示，71.8%是企业职员，学生和政府事业单位的人数相当。由图 2.4.4 可以看出，被调查者接受教育程度为本科的最多，占 52.9%，其次为硕士，博士的最少。关于家庭月收入，图 2.4.5 显示，大部分集中在 2 001～20 000 之间，其中 1 万～2 万的最多，另外，2 000 以下的最少。

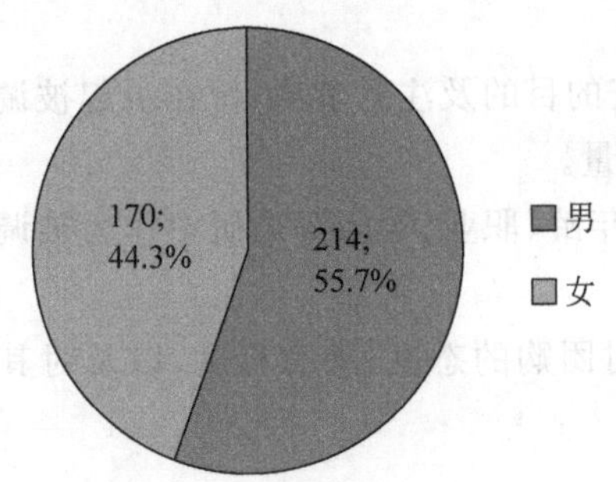

图 2.4.1 被调查者按性别分布

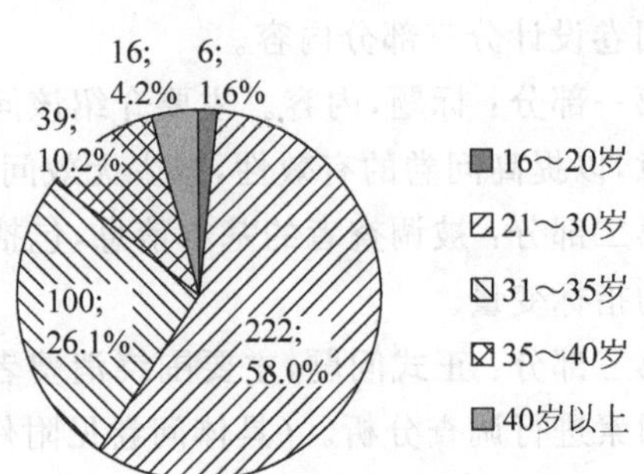

图 2.4.2 被调查者按年龄分布

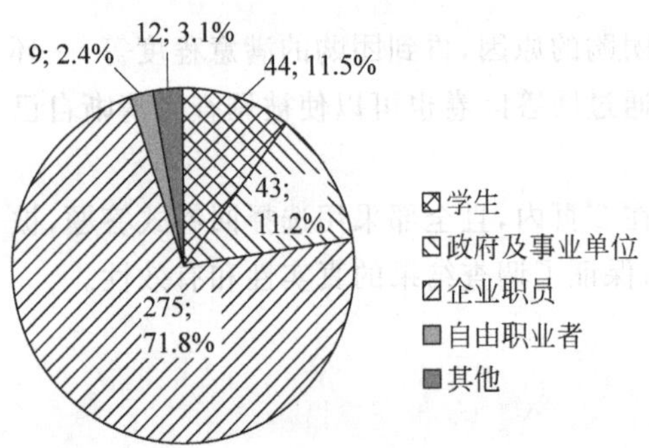

图 2.4.3 被调查者按职业分布

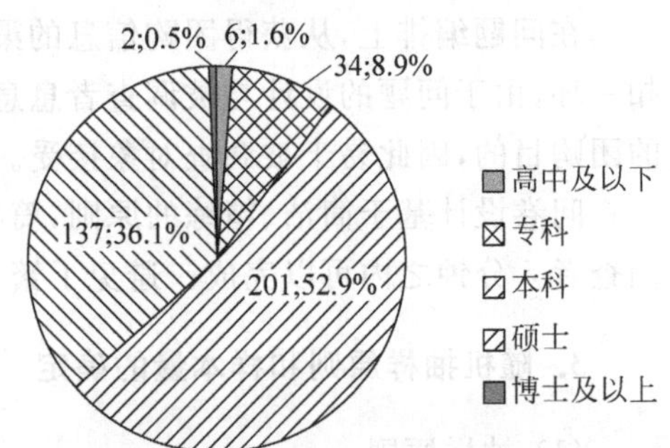

图 2.4.4 被调查者按教育程度分布

2. 被调查者获取团购信息主要途径分析

关于被调查者获取团购信息的主要途径，由图 2.4.6 可知，通过直接登录团购网站来获取团购信息的人最多，其次是通过朋友推荐，另外，通过团购搜索引擎，自己搜索和媒体广告的人数差别不大。

3. 被调查者是否参加过网络团购及其原因分析

(1) 被调查者参加过网络团购的比例

通过分析可知(图 2.4.7)，参加过团购的人的比例达到 73%，表明网络团购这一消费方式已经被大多数人接受。

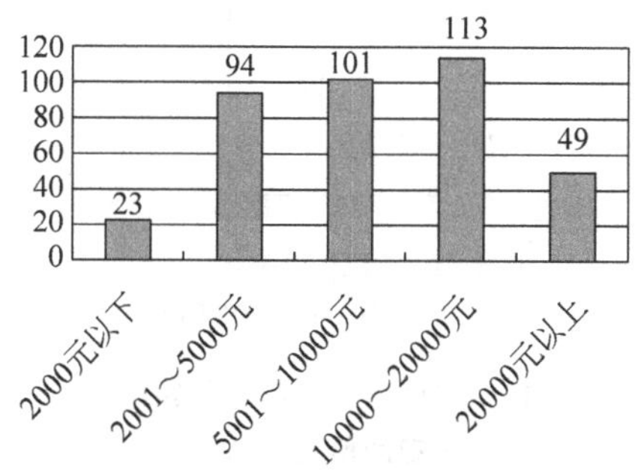

图 2.4.5　参加调查者的家庭月收入分布

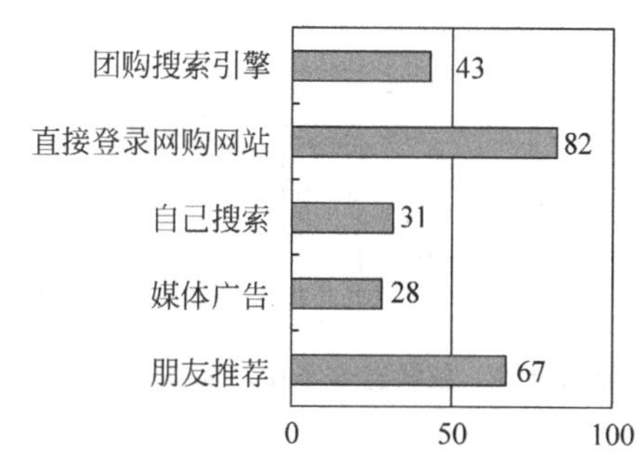

图 2.4.6　被调查者获取团购信息主要途径分布

(2) 参加网络团购消费的原因

由图 2.4.8 可以看出，被调查者中参加过网络团购的人员中，79.3%是因为物美价廉而参加团购的，其他原因所占比例很小，明显低于物美价廉的比例。

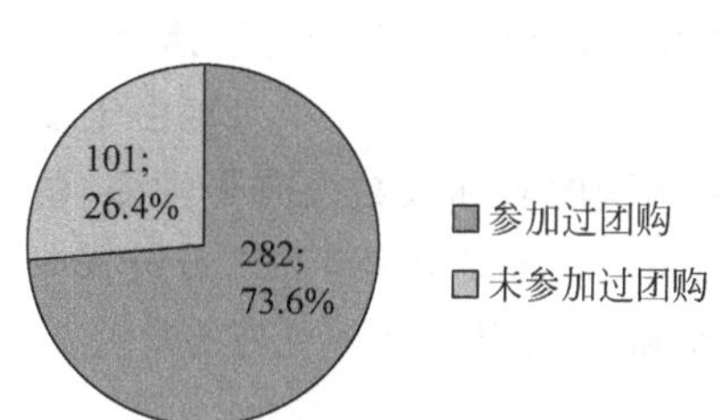

图 2.4.7　被调查者是否参加过网络团购的比例分布

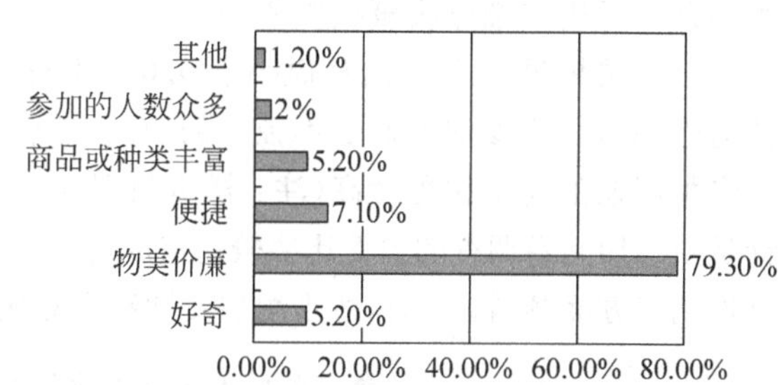

图 2.4.8　被调查者参加网络团购消费原因分布

(3) 未参加过网络团购的消费者不参加网络团购的原因

图 2.4.9 显示，被调查者中不参加团购的人员中，33%为喜欢原有消费方式，23%的原因不明确，认为团购不安全、商品和服务不合适的人群比例相当，大约为 17%，此外仅有 1%的人认为团购价格不合适。所以，团购网要想增加潜在用户，价格因素不是其决胜因素。

(4) 网络团购现存在的主要问题分析

分析结果见图 2.4.10，本次调查中，将近一半的参加团购的人最不希望团购中出现的情况是与描述不符，大约有 20%的人不希望出现隐性消费和假货，此外投诉无人处理的占 11%。

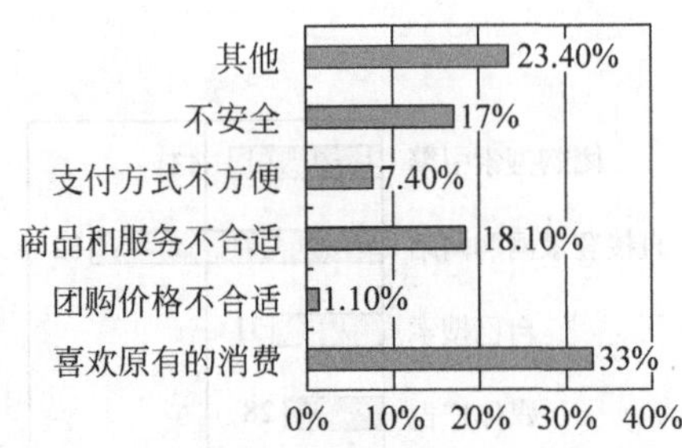

图 2.4.9 被调查者不参加团购原因分布

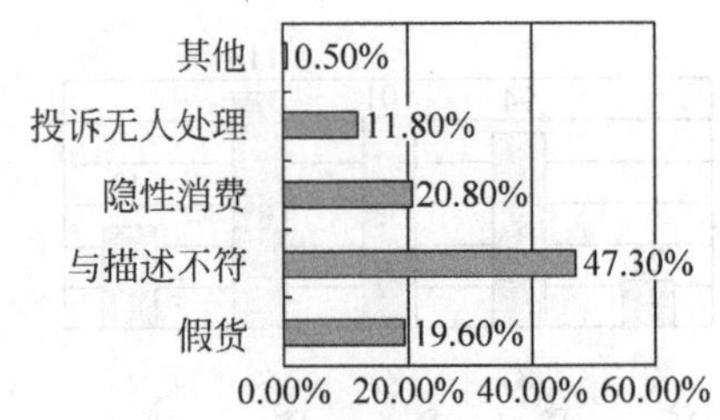

图 2.4.10 被调查者最不希望团购中出现的情况分布

4. 被调查者自身的两方面与网络团购以及团购网情况的相关性分析

(1) "性别"与"是否参加网络团购"的关系

采用列联表独立性检验方法，分析消费者的"性别"和"是否参加网络团购"有无关系，为团购目标用户细分决策提供依据。

分析结果见表 2.4.2，P 值小于 0.05，故我们拒绝原假设，即在 0.05 的显著水平下，认为性别与是否参加团购是不独立的，存在着依赖关系。更进一步(见表 2.4.1)，由于女性参加团购的比率比男性高(注：样本数据显示女性参加团购的实际人数没有男性多，估计是由参加问卷调查的男性比率较高造成的)，因此建议团购网站将促销策略和广告投入向女性消费方面倾斜；同时，适当增加女性和家庭用品的产品和服务，从而获得更高的收益。

表 2.4.1 性别与是否参加过团购的交叉制表

性别	项　目	是否参加过团购		合计
		是	否	
男	计数	143	71	214
	"性别"中的百分比	66.8%	33.2%	100.0%
	"是否参加过团购"中的百分比	50.7%	69.6%	55.7%
	总数的百分比	37.2%	18.5%	55.7%
女	计数	139	31	170
	"性别"中的百分比	81.8%	18.2%	100.0%
	"是否参加过团购"中的百分比	49.3%	30.4%	44.3%
	总数的百分比	36.2%	8.1%	44.3%
合计	计数	282	102	384
	"性别"中的百分比	73.4%	26.6%	100.0%
	"是否参加过团购"中的百分比	100.0%	100.0%	100.0%
	总数的百分比	73.4%	26.6%	100.0%

表 2.4.2　卡方检验

	值	df	渐进 Sig.(双侧)	精确 Sig.(双侧)	精确 Sig.(单侧)
Pearson 卡方	10.844[a]	1	0.001		
连续校正[b]	10.091	1	0.001		
似然比	11.119	1	0.001		
Fisher 的精确检验				0.001	0.001
线性和线性组合	10.815	1	0.001		
有效案例中的 N	384				

a. 0 单元格(0.0%)的期望计数少于 5。最小期望计数为 45.16。

b. 仅对 2×2 表计算。

(2)“家庭平均月收入”与“团购商品的价格区间”关系

利用列联分析法和回归分析法来分析“家庭月收入”与“团购商品的价格区间”之间的关系,分析不同收入人群对价格的敏感程度,为团购目标用户细分与商品决策提供依据。

① 关于“家庭平均月收入”与其“团购商品的价格区间”的独立性检验

通过分析,由表 2.4.4 可知,P 值小于 0.05,故拒绝原假设,因此,在 0.05 的显著水平下,认为“家庭收入”与其所团购商品的价格不独立,也就是说二者之间存在依赖关系。此外,由表 2.4.3 可以看出,“家庭收入”在“2 000～5 000 元”“5 001～10 000 元”和“10 001～20 000 元”这三个群体是网络团购的主流消费群体,其所“团购商品的价格”主要集中在“50～200 元”和“200～500 元”两个区间,而且随着家庭收入的增加必然会提高其所团购商品的价格,即参加团购的人的收入越高,就越可能购买价格高的物品或服务。另外,从样本数据来看,高收入群体可以说是团购尚未完全开发的一片“蓝海”,有理由相信,针对高收入群体的中高端团购市场将来一定会大有可为!

表 2.4.3　家庭月收入与团购价格区间的交叉制表

家庭月收入		团购价格区间					合计
		50 元以下	50～200 元	200～500 元	500～1 000 元	1 000 元以上	
2 000 元以下	计数	3	8	1	1	0	13
	“家庭月收入”中的百分比	23.1%	61.5%	7.7%	7.7%	0.0%	100.0%
	“团购价格区间”中的百分比	15.0%	4.7%	1.5%	5.3%	0.0%	4.6%
	总数的百分比	1.1%	2.9%	0.4%	0.4%	0.0%	4.6%
2 000～5 000 元	计数	8	48	9	1	0	66
	“家庭月收入”中的百分比	12.1%	72.7%	13.6%	1.5%	0.0%	100.0%
	“团购价格区间”中的百分比	40.0%	28.4%	13.4%	5.3%	0.0%	23.6%
	总数的百分比	2.9%	17.1%	3.2%	0.4%	0.0%	23.6%

续表

家庭月收入		团购价格区间					合计
		50元以下	50～200元	200～500元	500～1 000元	1 000元以上	
5 001～10 000元	计数	6	51	18	2	0	77
	“家庭月收入”中的百分比	7.8%	66.2%	23.4%	2.6%	0.0%	100.0%
	“团购价格区间”中的百分比	30.0%	30.2%	26.9%	10.5%	0.0%	27.5%
	总数的百分比	2.1%	18.2%	6.4%	0.7%	0.0%	27.5%
10 001～20 000元	计数	2	53	26	10	0	91
	“家庭月收入”中的百分比	2.2%	58.2%	28.6%	11.0%	0.0%	100.0%
	“团购价格区间”中的百分比	10.0%	31.4%	38.8%	52.6%	0.0%	32.5%
	总数的百分比	0.7%	18.9%	9.3%	3.6%	0.0%	32.5%
20 001元以上	计数	1	9	13	5	5	33
	“家庭月收入”中的百分比	3.0%	27.3%	39.4%	15.2%	15.2%	100.0%
	“团购价格区间”中的百分比	5.0%	5.3%	19.4%	26.3%	100.0%	11.8%
	总数的百分比	0.4%	3.2%	4.6%	1.8%	1.8%	11.8%
合计	计数	20	169	67	19	5	280
	“家庭月收入”中的百分比	7.1%	60.4%	23.9%	6.8%	1.8%	100.0%
	“团购价格区间”中的百分比	100.0%	100.0%	100.0%	100.0%	100.0%	100.0%
	总数的百分比	7.1%	60.4%	23.9%	6.8%	1.8%	100.0%

表 2.4.4 卡方检验

项　目	值	df	渐进 Sig.（双侧）
Pearson 卡方	75.409[a]	16	0.000
似然比	61.136	16	0.000
线性和线性组合	41.861	1	0.000
有效案例中的 N	280		

a. 12 单元格(48.0%)的期望计数少于 5。最小期望计数为 0.23。

5. 团购不同类型产品的用户满意度是否存在差异

探讨团购不同类型产品的用户满意度是否存在差异，问卷中对餐饮美食、服装饰品、数码家电、家居生活、休闲娱乐 5 类产品与服务进行了调查，现在利用方差分析的方法，对数据进行统计分析。方差分析的结果如表 2.4.5 和表 2.4.6 所示。表 2.4.5 根据不同类型产品给出了样本的描述性统计结果。

表 2.4.5 团购满意度描述性统计结果

类别	N	均值	标准差	标准误	均值的95%置信区间		极小值	极大值
					下限	上限		
餐饮美食	178	3.40	0.866	0.065	3.27	3.53	1	5
服装饰品	149	3.25	0.716	0.059	3.13	3.36	1	5
数码家电	134	3.38	0.744	0.064	3.25	3.51	1	5
家居生活	141	3.38	0.742	0.062	3.25	3.50	1	5
休闲娱乐	172	3.64	0.786	0.060	3.52	3.76	1	5
总数	774	3.42	0.786	0.028	3.36	3.47	1	5

从表 2.4.6 可以看出，在 0.05 的显著性水平下，对不同类型的团购的满意度进行检验，$P=0.000<0.05$，说明参加不同类型团购，用户的满意度不完全相等。

为了进一步确定不同类型的团购用户满意度是否存在着显著性差异，现利用最小显著性差异法(LSD)来进行多重比较。

经过 LSD 分析(见表 2.4.7)可知，在 0.05 的显著性水平下，用户满意度最高的团购类型为休闲娱乐类，满意度最低的为服装饰品类，居中的是餐饮美食、家居生活、服装饰品，且三者的用户满意度无显著性差异。

表 2.4.6 不同类型团购满意度的单因素方法分析结果

类型	平方和	df	均方	F	Sig.
组间	13.231	4	3.308	5.472	0.000
组内	464.811	769	0.604		
总数	478.041	773			

表 2.4.7 不同类型团购满意度的多重比较

(I)类型	(J)类型	均值差(I—J)	标准误	显著性	95%置信区间	
					下限	上限
餐饮美食	服装饰品	0.151	0.086	0.082	−0.02	0.32
	数码家电	0.018	0.089	0.837	−0.16	0.19
	家居生活	0.023	0.088	0.793	−0.15	0.20
	休闲娱乐	−0.241*	0.083	0.004	−0.40	−0.08
服装饰品	餐饮美食	−0.151	0.086	0.082	−0.32	0.02
	数码家电	−0.132	0.093	0.153	−0.31	0.05
	家居生活	−0.128	0.091	0.163	−0.31	0.05
	休闲娱乐	−0.391*	0.087	0.000	−0.56	−0.22

续表

(I)类型	(J)类型	均值差(I−J)	标准误	显著性	95%置信区间	
					下限	上限
数码家电	餐饮美食	−0.018	0.089	0.837	−0.19	0.16
	服装饰品	0.132	0.093	0.153	−0.05	0.31
	家居生活	0.005	0.094	0.960	−0.18	0.19
	休闲娱乐	−0.259*	0.090	0.004	−0.43	−0.08
家居生活	餐饮美食	−0.023	0.088	0.793	−0.20	0.15
	服装饰品	0.128	0.091	0.163	−0.05	0.31
	数码家电	−0.005	0.094	0.960	−0.19	0.18
	休闲娱乐	−0.264*	0.088	0.003	−0.44	−0.09
休闲娱乐	餐饮美食	0.241*	0.083	0.004	0.08	0.40
	服装饰品	0.391*	0.087	0.000	0.22	0.56
	数码家电	0.259*	0.090	0.004	0.08	0.43
	家居生活	0.264*	0.088	0.003	0.09	0.44

* 均值差的显著性水平为 0.05。

因此，建议参加团购的团友们可增加一些休闲娱乐类的项目，能够获得较好的服务，而减少服装饰品类，防止后悔。对于团购网站，应该继续保持并发展休闲娱乐类的项目，以取得更高的用户满意度。而对于服装饰品类的团购，应该根据实际情况作出相应的决策。另外从样本的数量上来看，参加餐饮美食的数量最大，而其满意度却没有表现出优势，因此团购网站通过提高餐饮美食类的用户满意度，能够获得更大的收益。

2.4.4 调查分析结论和相关建议

1. 网络团购分析的结论

由上述分析可知，有接近 80%的消费者选择网上团购的主要原因是因为物美价廉，其他原因占很小比例。同时，女性会选择团购的机会更大，年龄主要集中于 21～40 岁之间，其中 21～30 岁人员比例最大，此外这些人都有一定的教育背景和收入水平；另一方面将近一半参加团购的人员最不希望团购中出商品或服务现的情况是与描述不符，大约有 20%的人不希望出现隐性消费和假货，此外不希望出现投诉无人处理的人占 11%。

所以结合上述分析，我们可以得出以下结论：

(1) 团购这种新型的购物方式已为大多数消费者所接受；

(2) 团购与传统购物方式相比明显的优点在于物美价廉，以及便捷的物流；

(3) 团购存在的不足与隐患主要是产品的质量和商家欺诈；

(4) 消费者在进行团购时通常最关注产品质量、卖家声誉和价格；

(5) 团购市场有很大的发展潜力。

2. 对团购网站的建议

(1) 注重商家信誉

诚信经营，才能保证消费者成为网站的忠诚用户，从而保证团购网的长久盈利，才能保证整个行业的健康发展。

(2) 提升用户满意度

团购网的满意度是口碑相传的，这一特点决定了用户评价是一个双刃剑，有了用户的好评价、高满意度，团购网才能步入良性的循环，否则，将会面临众多的否定和质疑，对团购网的生存造成恶性的影响。

具体在调查的五类产品和服务中，餐饮美食类数量众多，消费比例高，但是满意度却一般，如果能在餐饮商家的选择和监督上做更多的工作，保证产品或服务与承诺一致，甚至要超越消费者的预期，提高这一类的满意度，将会给团购网带来很大的收益。

休闲娱乐类满意度最高，应保持其满意度，并针对主流消费群体，进行定位广告宣传，用高品质吸引更多的消费者购买，从而带来持续稳定的收益。

针对满意度最低的服装饰品类，不能听之任之，应根据用户反馈，严格谨慎地选择商家，并建立或完善监督服务和投诉处理服务，提升满意度，改善此类产品的现状。

(3) 明确市场定位

任何一家团购网站不可能包含所有的产品和所有的用户，所以，明确的市场定位，精准的目标用户细分，将带来事半功倍的效果；针对不同的收入群体，应相应地配置产品与服务，包括价格、品质的选择，例如本次调查中的20～30年龄段中的女性消费者即是一个细分群体，具有消费、购买能力，有购买意愿，不仅是产品或服务销售的对象，而且还可以为其他商家提供定位精准、目标明确的广告服务，形成新的盈利点。

(4) 团购网要“修炼内功”

团购网的爆发式增长，带来的不仅是行业的发展，还有充分的竞争。要想在激烈的竞争中成长发展，团购网必须要“修炼内功”，产品的种类、价格、品质的保证、服务的到位各个方面均需要用心经营，随着消费者变得越来越理性，必然在选择一家团购网时，会综合考察方方面面，所以团购网只有均衡健康发展，才能赢得消费者的长久青睐。

3. 调查报告的不足

需要提请报告阅读者注意的是，本次调查的抽样对象仅为北京地区的部分消费者，具有地域局限性，调查对象的职业相对集中，故而可能影响调研结果的精确度，所以，我们提出的上述建议难免会存在不足之处，其可行性也有待进一步验证和讨论，敬请谨慎使用上述建议。

附录：调查问卷

团购网现状调查表

尊敬的朋友：

您好！本调查旨在对北京市团购网消费现状进行分析研究。特邀请您参加本次调查，本次调查采用随机抽查不记名的方式，信息仅用于学术研究，不做任何商业用途。本问卷均为选择题，请您在最符合您的情况的选项前划“√”。

在此，我们小组全体成员对您的支持表示衷心的感谢！我们期待能收到您填写完整的问卷！

一、您的基本信息：

Q1. 您的性别： 1. 男 2. 女

Q2. 您的年龄： 1. 16～20岁 2. 21～30岁 3. 31～35岁 4. 35～40岁 5. 40岁以上

Q3. 您的职业： 1. 学生 2. 政府及事业单位 3. 企业职员 4. 自由职业者 5. 其他

Q4. 您的教育程度： 1. 高中及以下 2. 专科 3. 本科 4. 硕士 5. 博士及以上

Q5. 您的家庭月收入： 1. 2 000元以下 2. 2 001～5 000元 3. 5 001～10 000元 4. 10 000～20 000元 5. 20 000元以上

二、问卷部分：

Q6. 您是否参加过团购消费？

1. 是 2. 否(跳转Q18)

Q7. 您获取团购信息的主要途径：

1. 朋友推荐 2. 媒体广告 3. 自己搜索 4. 直接登录团购网站 5. 团购搜索引擎

Q8. 您参加团购消费的原因是：

1. 好奇 2. 物美价廉 3. 便捷 4. 商品或服务种类丰富 5. 参加的人数众多 6. 其他

Q9. 您参加团购的频率：

1. 每天1次 2. 每周1～2次 3. 每月1～2次 4. 每季度1～2次 5. 每半年1次

Q10. 请您选择参加过哪些类型的团购及其满意程度：

1. 非常不满意 2. 不满意 3. 一般 4. 满意 5. 非常满意

① 餐饮美食	☐	☐	☐	☐	☐
② 服装饰品	☐	☐	☐	☐	☐
③ 数码家电	☐	☐	☐	☐	☐
④ 家居生活	☐	☐	☐	☐	☐
⑤ 休闲娱乐	☐	☐	☐	☐	☐

Q11. 您最常参加团购产品的价格区间：

1. 不超过50元 2. 不超过200元 3. 不超过500元 4. 不超过1 000元 5. 1 000元以上

Q12. 您是否更换不同品牌的团购网？

1. 从未更换 2. 很少更换 3. 偶尔更换 4. 经常更换

Q13. 您最不希望团购中出现的情况是：

1. 假货 2. 与描述不符 3. 隐性消费 4. 投诉无人处理 5. 其他

Q14. 总体上来说，您对参加的团购消费活动的满意程度：

	1. 非常不满意	2. 不满意	3. 一般	4. 满意	5. 非常满意
① 整体评价	☐	☐	☐	☐	☐
② 价格	☐	☐	☐	☐	☐
③ 品质	☐	☐	☐	☐	☐
④ 网站服务	☐	☐	☐	☐	☐
⑤ 商家服务	☐	☐	☐	☐	☐

Q15. 您以后是否会继续参加团购消费？

1. 是 2. 否(转Q17)

Q16. 您在参加团购活动后否会向他人推荐？

1. 是 2. 否

Q17. 您不打算继续参加团购的原因是：

1. 优惠幅度不高 2. 商品或商家品质差 3. 消费流程烦琐 4. 权益无法保护 5. 个人信息泄露 6. 其他

Q18. 您不参加团购消费的原因是：

1. 喜欢原有消费方式 2. 团购价格不合适 3. 商品和服务不合适 4. 支付方式不方便 5. 不安全 6. 其他

Q19. 您在未来6个月中是否有兴趣参加团购消费？

1. 是 2. 否

2.5 会员积分计划的设计与分析

参与者：马宝龙、刘思、张灿琨、刘怡、李严、董微、高烨、王丹云、杜静依、吴芳茜、赵雅君、宋雪娜、孟翔鹏

起止时间：2006年4月—2006年6月

学习目的

(1) 对方差分析的基本原理有更深刻的认识。

(2) 能够对方差分析的结果作出正确的判断，并能够结合具体案例给出合理的解释。

(3) 通过实际计算机操作，掌握方差分析的实现方法，能够熟练的运用SPSS或Excel进行方差分析。

(4) 提高深入挖掘数据信息的能力，学会从不同的角度思考问题，培养独立进行统计分析的能力。

2.5.1 案例研究背景与现实意义

会员积分计划是指通过对利润来源的顾客提供购买刺激来建立顾客忠诚的一种市场营销手段，国外也称之为客户回报计划(reward programs)或客户忠诚计划(loyalty programs)。在我国，会员积分计划已越来越被人们熟知，在航空业、电信业、金融业及零售业都有广泛的应用，其常以俱乐部、会员积分制等形式出现。例如，携程旅行网(Ctrip.com，中国旅游业第一家在美国纳斯达克上市的公司)为其会员设立了“积分奖励计划”，会员可以通过多种方式积累积分，并根据积分多少随时兑换价值不等的奖励；在电信业，中国电信、中国移动、中国联通分别推出了自己的“积分计划”；在零售业，百盛(Parson)也为其客户在全国范围内提供“会员卡计划”，为年购买金额超过4000元人民币的会员提供回报；在汽车销售维修行业(4S店)、娱乐业、房地产业也有企业开始实施积分计划。在现在的竞争市场中，客户的忠诚是企业利润的主要来源：保持一个客户的营销费用仅仅是吸引一个新客户的营销费用的1/5；向现有客户销售的几率是50%，而向一个新客户销售产品的几率仅有15%；企业60%的新客户来自现有客户的推荐……同时根据20/80定律，企业的主要利润仅仅掌握在一部分客户手中，如果牢牢地抓住这部分客户，对于企业的利润增长和营销战略都有非同寻常的意义。而客户的忠诚不是天生的，必须要去赢得。因此，通过有效的会员积分计划来增强客户的忠诚，对企业有着重要的战略意义。尽管会员积分计划广泛流行，但却没有太多研究是着眼于会员积分计划是如何给客户带来价值的？什么样的会员积分计划更有吸引力？

该案例正是针对以上问题展开的，目的是通过研究不同类型的会员积分计划对商家

利益产生的不同影响，分析出什么特点的会员积分计划才能使客户感觉是有价值的，才会吸引客户、保持客户、培养客户的忠诚；同时帮助商家设计具有更强吸引力和效果的会员积分计划，用最低的营销成本取得最大的经济效益。

2.5.2　研究方案的设计

1. 研究思路的确定

该研究的主要目的是要明确会员积分计划是如何给客户带来价值的？确定什么样特征的会员计划更有吸引力？因此有必要首先明确会员积分计划的形式，以及应如何评价会员计划本身的价值，这样便于明确具体的调研方案。

(1) 会员积分计划的分类

该研究对会员积分计划的分类主要参考了国外成熟的相关研究，即 Dowling & Uncle(1997)基于积分回报类型和回报时间两个维度的分类方法。在他们的研究中，回报类型分为两种：直接回报和间接回报。直接回报是指与产品或服务高度相关的回报，即直接增强产品或服务价值的回报，而间接回报提供的激励与产品或服务不相关。回报的时间也分为两种：立即回报和延迟回报。立即回报是指为每次购买都提供回报，而延迟回报要在若干次购买后才提供。

Dowling & Uncle 定义的立即回报并没有将价格促销概念与会员积分计划的回报形式相区别，他们认为价格促销是回报的一种类型。但是，从企业实施会员积分计划的初衷考虑，二者应该有所区别。会员积分计划所提供的回报关注的是忠诚客户，适合从长期的角度来衡量客户的行为，应避免同竞争者的价格竞争；而价格促销只是解决库存过剩问题的手段，奖励的是对品牌价格敏感的客户而不是忠诚客户，其不能从长期的角度培养忠诚客户。Kim & Srinivasan(2001)认为会员积分计划通过为重复购买提供刺激来削弱价格竞争，从而获得更高的利润；而定位于价格促销的企业只能降低价格，获得较小的利润。考虑到会员积分计划起到了"竞争杠杆"或者"退出壁垒"的作用，把会员积分计划与短期促销区分开来是很有意义的。因此该研究强调立即回报是对忠诚客户的反复的立即的回报。例如，一家超市每次均会对参与会员积分计划的会员提供特殊的更低的价格或折扣，这种回报则属于立即重复的回报范围。它能成功的巩固客户的购买行为，并且有对目标客户的选择(仅是向会员客户提供回报)，而不是简单的价格促销，这样会员积分计划所提供的回报可以做到与忠诚客户的价值共享。

由此可以从回报的两个维度(图 2.5.1)将会员积分计划分为 4 种不同的形式(2 种回报类型×2 种回报时间)。

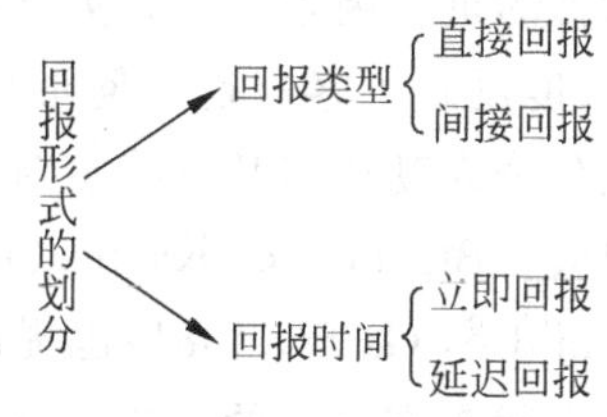

图 2.5.1　会员积分计划回报形式的分类

(2) 会员积分计划的感知价值

客户感知价值是客户从所购买的产品或服务中所得到的利益与购买和使用时所付出的总成本的比较，它是对产品或服务效用的整体评价。因此，会员积分计划的感知价值即是指客户从会员积分计划中所得到的利益与参与计划所付出的总成本的比较，是客户感知到的会员积分计划对客户自身的价值。消费价值理论认为客户感知到的消费价值影响了消费选择行为。

客户对会员积分计划的感知价值是通过会员积分计划培养客户忠诚的一个必要条件。也就是说，会员积分计划为了得到效果应该被客户认为是有价值的。O'Brien and Jones(1995)认为可以从回报的现金价值(cash value)、客户对回报的渴望(aspirational value)、回报的选择范围(redemption choice)、客户感知到回报的关己性(relevance)即与自己的相关程度和计划使用的方便性(convenience)五个方面来衡量会员积分计划的感知价值。

(3) 回报形式对感知价值的影响

不同形式的回报会对客户产生不一样的感知价值，该研究将着重对两个维度(回报类型、回报时间)的回报形式如何影响会员积分计划的感知价值进行实证分析，故提出如图 2.5.2 所示的研究概念模型。

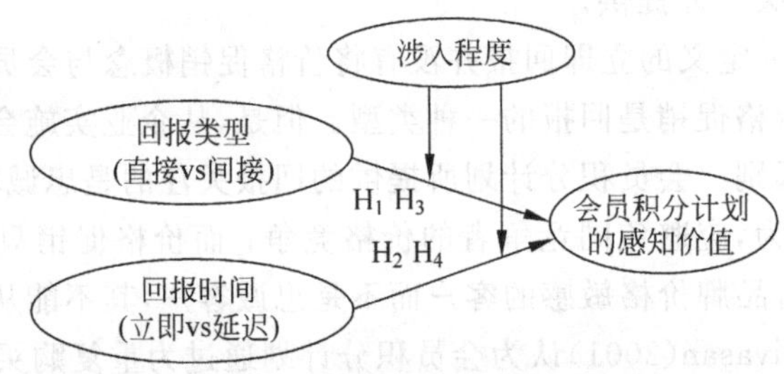

图 2.5.2 回报形式对感知价值的影响

在研究不同的回报类型和回报时间组成的回报形式对会员积分计划的感知价值产生不同影响的同时，还要考虑涉入度变量的调解影响。涉入度可以理解为产品或服务与客户自身的相关程度，或对客户自身的重要程度。在理解客户的购买行为时，涉入度是一个需要考虑的重要因素。尽管关于涉入度有各种各样的观点，但一般都认为在特定的环境下，涉入度反映了客户是如何形成较高的个人对产品或服务的感知关系的强烈动机的。依靠区分个人动机与某一特定对象提供的价值之间的感知联结的不同，涉入度从高到低差别很大。Bloemer & Kasper(1995)认为涉入度影响客户满意和客户忠诚之间的关系。Rothschild & Gaidis(1981)也提出了长期个人行为的改变过程在高涉入度环境和低涉入度环境之间是有差别的。总之，这些研究都提出了涉入度有可能调节不同的影响客户忠诚的变量之间的关系。

在高涉入度情形下，客户更关心相关的产品和服务信息，参与更多的信息搜集活动，因此有关回报的信息变的很重要，其对感知价值的影响也会较大。作为客户，在高涉入度的情形下会更多的关注产品和服务的购买，因此和产品价值相关的直接回报要比间接回报更有吸引力。

在低涉入度情形下，产品本身可能不是消费者最关心的，回报的时间在产生客户感知价值方面可能成为更重要的因素，立即回报可能比延迟回报更有效。总之，不同的回报类型和回报时间会给消费者带来不一样的感知价值，同时这种感知价值的大小会受到产品和服务对客户涉入度的调解。具体提出以下研究假设：

H_1：高涉入度下直接回报的会员积分计划的感知价值高于间接回报的；

H_2：高涉入度下延迟回报和立即回报之间，会员积分计划的感知价值没有差异；

H_3：低涉入度下间接回报和直接回报之间，会员积分计划的感知价值没有差异；

H_4：低涉入度下立即回报的会员积分计划的感知价值高于延迟回报的。

需要注意的是这里所提出的研究假设，与统计学假设检验中所提到的原假设与备择假设是不同的概念。研究假设实际上是该研究想要通过统计方法证实的研究结论。该案例通过实验设计收集数据，主要利用多因素方差分析的方法来验证上述研究假设。

2. 数据收集与变量测量的设计

为了同时研究回报类型、回报时间对会员积分计划感知价值的不同影响，并实现对涉入度的有效控制，该案例的数据完全通过实验设计进行收集。

由于在消费者个人层面去控制涉入度是十分困难的，因此研究中以产品或服务的类别为基础来实现对涉入度的控制。首先，通过对 30 名在校大学生的预测试，即对他们日常经常使用的 10 种产品或服务进行涉入度的评估来确定用于控制涉入度的产品或服务。根据 Zaichkowsky(1985)对涉入度的相关研究，使用 7 级的李克特(Likert)值来衡量服务或产品的涉入程度，主要量表如表 2.5.1 所示。

表 2.5.1 涉入度的测量量表

1	2	3	4	5	6	7
该服务/产品是自身不关心的		→				该服务/产品是自身所关心的
该服务/产品与我无关						该服务/产品与我息息相关
该服务/产品对自身没有重要意义						该服务/产品对自身具有重要意义
该服务/产品对我是没价值的						该服务/产品对我是有价值的
该服务/产品对我而言是不可获利的						该服务/产品对我而言是可获利的
我对该服务/产品没兴趣						我对该服务/产品有极大兴趣
该服务/产品对我而言是多余的						该服务/产品对我而言是不可缺少的

最终，选择了两类服务：具有高涉入程度的美发店和具有低涉入程度的蛋糕店，美发店和蛋糕店的涉入度得分分别是4.58和3.33，并且通过独立样本t检验的方法证实了两类服务的涉入程度的平均得分是有显著差异的。(t检验过程中的主要参数值：$t=5.34$，P值<0.001)。

根据回报的不同形式及图2.5.2所示的研究模型，设计了相应的8种回报形式的情景组合：2种回报类型(直接vs间接)×2种回报时间(立即vs延迟)×2种涉入程度，并依此形成了8份相应的情景卡片，各情景的具体控制方法见表2.5.2。每一个被调研对象被安排在这8种回报形式的情景中之一，并使用一个情景卡片向被调研对象详细描述其所属的特定回报形式的场景。

表2.5.2 情景控制方法

变量		情景控制方法
涉入程度	高涉入	美发店
	低涉入	蛋糕店
回报类型	直接	与产品或服务直接相关的回报(美发用品/免费蛋糕)
	间接	与产品或服务无关的回报(电话充值卡)
回报时间	立即	抽奖
	延迟	累计光顾积分达到要求给予回报

需要说明的是各情景中所提供的回报在其货币价值上没有差异，也就是说各种回报形式所提供的回报是具有相同的期望现金价值的。在回报时间的控制上，立即型的回报通过向客户提供一种刮刮卡来实现，而延迟型的回报则通过向每光顾8次的客户提供与刮刮卡价值相等的回报来实现，为了使两类回报具有价值上的可比性，通过计算，得到如表2.5.3所示的各种情景下的具体回报内容，即当消费者光顾8次时，各种情景模式下的回报内容都可使消费者获得具有相同期望现金价值的回报。尽管在回报为刮刮卡的情形下不是每一位客户都会100%得到物质上的回报，然而客户每次都可以得到一种立即实现的心理回报，这种回报的期望价值在8次购买的情形下与延迟性回报是具有相等货币价值的。

首先，情景卡片详细描述了其经常光顾的一家美发店(或蛋糕店)将要实施的会员积分计划所提供回报的情景内容；之后，被调查者将完成一份对该会员积分计划进行评价的问卷。因此从整体结构上看，该研究采取了“情景卡片+问卷”的形式进行数据收集。

这里需要进一步的解释：由于该调查研究是有前置情景的，即顾客假定自己参与了所描述的回报活动，为了让被访者对于这个设定好的回报活动有更直观和深刻的印象，数据回收过程中将回报活动情景放在一张独立的卡片中加以描述，并适当地配以图形使之更容易被理解。

表 2.5.3　各情景模式下的回报内容

情景模式	具体内容
高涉入+直接+立即	每次光顾美发店都有机会参与抽奖，中奖概率为 1/8，中奖奖品为价值 50 元的美发用品
高涉入+直接+延迟	根据光顾美发店的次数进行积分，每光顾一次积 5 分，累计 40 分时，赠送价值 50 元的美发用品
高涉入+间接+立即	每次光顾美发店都有机会参与抽奖，中奖概率为 1/8，中奖奖品为价值 50 元的电话充值卡
高涉入+间接+延迟	根据光顾美发店的次数进行积分，每光顾一次积 5 分，累计 40 分时，赠送价值 50 元的电话充值卡
低涉入+直接+立即	每次光顾蛋糕店都有机会参与抽奖，中奖概率为 1/8，中奖奖品为价值 50 元的蛋糕
低涉入+直接+延迟	根据光顾蛋糕店的次数进行积分，每光顾一次积 5 分，累计 40 分时，赠送价值 50 元的蛋糕
低涉入+间接+立即	每次光顾蛋糕店都有机会参与抽奖，中奖概率为 1/8，中奖奖品为价值 50 元的电话充值卡
低涉入+间接+延迟	根据光顾蛋糕店的次数进行积分，每光顾一次积 5 分，累计 40 分时，赠送价值 50 元的电话充值卡

此外，由于假设的情景——蛋糕店和美发店是完全不同的两种事物，因此数据收集时也将它们的问卷各自独立，并配以相应的情景卡片。

问卷主体由两部分构成。

第一部分对接受过情境卡片刺激后的被调查者的感知价值进行测量；会员积分计划的感知价值的测量主要是通过回报的现金价值、得到回报可能性的大小、对回报的渴望程度等项目进行。

这里使用内部一致性系数(Cronbach's α)来测量在高涉入和低涉入不同情形下该变量数据的可靠性。数据可靠性是指一组度量项目是否在衡量同一概念，是衡量数据质量的一个重要的指标。通过 SPSS 软件的信度分析，分别计算出在高涉入和低涉入情形下该变量的一致性系数(Cronbach's α)分别为 0.7806 和 0.7811。Hair、Anderson、Tathan 和 Black(1998)指出，一般情况下，Cronbach's α 系数大于 0.70 表明量表具有良好的内部一致性，因此可以认为问卷中测量该变量所对应的度量项目是合适的。

第二部分对简单的个人信息(性别，学生身份的类别)进行提问。

此外，在正式收集数据之前还选取了周围的同学进行了问卷的试答工作，对于他们提出的问卷中提问含糊不清或容易产生歧义甚至难于理解的部分做了进一步的分析讨论和修改，并最终定稿(具体问卷见附录)。

每一个情景模式下共调研 80 个对象(满足实验设计与分组研究对每组样本量应该不少于 30 个的最低要求),共回收问卷 640 份,经检验有效问卷为 587 份,有效回收率为 91.72%。其中男性 343 人,女性 244 人;本科生 322 人,硕士研究生(包括 MBA)218 人,博士研究生 47 人,高涉入度情境下 294 份,低涉入度情境下 293 份。

2.5.3 数据分析与结果

通过 SPSS 的双因素(回报类型和回报时间)方差分析进行数据处理以验证研究假设 H_1—H_4,结果如表 2.5.4、表 2.5.5 和表 2.5.6 所示。

表 2.5.4 各回报形式感知价值均值

回报形式		高涉入度		低涉入度	
		均值(SE)	*N*	均值(SE)	*N*
类型	直接	4.674(0.101)	144	5.058(0.097)	144
	间接	4.756(0.099)	149	5.201(0.095)	150
时间	立即	4.524(0.099)	144	4.802(0.096)	149
	延迟	4.905(0.010 1)	149	5.457(0.097)	145

高涉入度情况下的分析结果显示(见表 2.5.4 和表 2.5.5),回报类型对会员积分计划的感知价值并不会起明显的作用,因为($F=0.338, P>0.05$),故可认为感知价值在直接回报时与在间接回报时并没有差异,即 H_1 成立。

表 2.5.5 H_1—H_4 检验的 ANOVA 分析结果

涉入度	高涉入度			低涉入度		
源	df	*F*	Sig.	df	*F*	Sig.
校正模型	3	2.504	0.059	3	8.061	0.000
类型	1	0.338	0.562	1	1.113	0.292
时间	1	7.218	0.008	1	23.14	0.000
类型 * 时间	1	0.002	0.968	1	0.105	0.746

回报时间的影响在高涉入度情况下十分显著($F=7.218, P<0.05$)。延迟型回报的感知价值(4.905)明显大于立即型回报的感知价值(4.524),即 H_2 不成立。

从交互影响看,在高涉入度情形下,回报类型与回报时间没有交互作用($F=0.002, P>0.05$)。

低涉入度情况下的结果显示(表 2.5.4 和表 2.5.5),回报类型对计划感知价值的影响不明显($F=1.113, P>0.05$),即间接回报与直接回报之间,会员积分计划的感知价值没有差异,因此 H_3 成立。

此外，回报时间对感知价值的影响区别明显($F=23.14$，$P<0.05$)，然而结果却不像预计的立即回报的感知价值高于延迟回报的感知价值，而是延迟回报的感知价值(5.457)大于立即回报的感知价值(4.802)，即 H_4 不成立。此外，低涉入度下所有变量之间的交互影响都不明显。

总而言之，从表 2.5.4 和表 2.5.5 可以看出无论是在高涉入度还是在低涉入度下回报时间对会员积分计划感知价值的影响均十分显著(高涉入度下($F=7.218$，$P<0.01$)，低涉入度下($F=23.14$，$P<0.01$))，且均是延迟回报的感知价值显著高于立即回报的感知价值。即回报的时间没有受到涉入度的调节，延迟回报的感知价值要高于立即回报的。

此外，高涉入度和低涉入度下均是“间接 * 延迟”型回报的感知价值最大(见表 2.5.6)。由于回报类型的影响并不显著，且类型 * 时间之间不存在交互作用，因此需要进一步验证“间接 * 延迟”型回报的感知价值大于“直接 * 延迟”型回报的感知价值是否是由于误差造成的？通过将“间接 * 延迟”型回报与“直接 * 延迟”型回报作为独立的两组，采用独立样本 t 检验来验证这一问题。低涉入度和高涉入度下的分析结果分别见表 2.5.7 和表 2.5.8。从表 2.5.7 中可以看出，通过 F 检验知道二组的方差是相等的，因此将表中第一行(Equal variances assumed)中的 T 统计量的 P 值(Sig.)与显著性水平 0.05 比较可知在低涉入度下不能证实“间接 * 延迟”型回报的感知价值显著性大于“直接 * 延迟”型回报的感知价值，即说明二组均值的差异是由于随机误差造成的。同理，高涉入度下二组均值的差异同样可以证实是由于随机误差造成的。

表 2.5.6 各回报情景组合下的感知价值均值

类型 * 时间	高涉入度		低涉入度	
	感知价值	N	感知价值	N
直接 * 立即	4.486	72	4.708	72
直接 * 延迟	4.861	72	5.407	72
间接 * 立即	4.563	77	4.896	77
间接 * 延迟	4.949	72	5.507	73

表 2.5.7 低涉入度下的独立样本 t 检验结果

项目		方差方程的 Levene 检验	均值方程的 t 检验			
		F	Sig.	t	df	Sig.(双侧)
低涉入度下会员积分计划感知价值	假设方差相等	0.368	0.545	0.534	143	0.594
	假设方差不相等			0.534	141.057	0.594

表 2.5.8 高涉入度下的独立样本 t 检验结果

项目		方差方程的 Levene 检验	均值方程的 t 检验			
		F	Sig.	t	df	Sig.（双侧）
高涉入度下会员积分计划感知价值	假设方差相等	0.001	0.981	0.461	142	0.645
	假设方差不相等			0.461	141.513	0.645

2.5.4 结论

该案例通过实验设计的方式进行数据收集，实证分析了会员积分计划的不同形式对感知价值的影响。实证结果发现延迟回报无论是在高涉入度还是在低涉入度下均比立即回报更能提高客户对回报形式的感知价值。这说明目前客户已越来越不喜欢抽奖形式的立即型回报，即使中奖概率较高但在客户感知过程中已认定抽奖不会给其带来太大的价值。此外，回报类型不会对计划感知价值产生显著的影响。

总体结论说明企业应该重视回报形式的设计及运作过程，应考虑设计一个可提升产品或服务价值链的会员积分计划，研究发现可帮助企业更好的通过回报形式的设计与管理来提升客户的感知价值。

然而研究结果的可靠性还需要进一步的论证，由于调研条件的限制案例中仅仅将在校的学生作为调研对象，这可能会对结果的普遍适用性产生一定的影响，此外在数据收集过程中，情景卡片的刺激过程由于研究经验的不足，部分问卷的情景刺激过程没能很好地加以控制，会对收集的数据产生一定影响。

附录：调查问卷（以低涉入/间接/立即情景为例）

顾客问卷调查表

您好！

为了了解商家不同营销活动的影响，我们特开展此项调查。首先将向您描述一家您经常光顾的蛋糕店即将开展的一项活动的详细细节，之后请您根据此活动的内容，就自身感受回答问卷中的问题。本调查将花费您 4 分钟左右时间，您的回答将对我们的研究十分有价值。谢谢合作！

情景描述

假设您经常光顾的一家蛋糕店即将推出以下促销活动：

凡到本店消费的顾客，均可抽奖并有机会获得本店赠送的价值50元的电话充值卡，中奖率高达1/8，期待您的参与！

问　卷

以下的问题是想了解您经常光顾的蛋糕店如果开展了如卡片中所描述的活动，您对该活动的评价，请牢记卡片描述的情景并且只针对您经常光顾的这家蛋糕店，对以下问题作答。本调查的答案没有正确错误之分，在每题的答案中选中您的答案(每题都只选一个答案)。

答案详细解释为：

1	2	3	4	5	6	7
非常不同意	不同意	稍不同意	既不同意也不反对	一般同意	同意	非常同意

卡片上所描述的回报活动情景给我的第一感觉是：

1. 卡片中所描述的活动回报是有很高价值的　　1　2　3　4　5　6　7
2. 我觉得很有可能获得卡片描述的活动的奖赏　　1　2　3　4　5　6　7
3. 我很期望能够得到卡片中描述的活动的奖赏　　1　2　3　4　5　6　7

最后，希望您配合我们填写您的相关个人信息。

4. 您的性别：A. 男　　B. 女
5. 您是：(　　)

A. 本科生　B. 硕士研究生(包括MBA)　C. 博士研究生

衷心感谢您的支持与合作！

2.6 主流手机品牌地位的分析与诊断

参与者：马宝龙、韩玮、乐新风、王靓、张凤林、张勇
起止时间：2012 年 12 月—2013 年 2 月

学习目的

(1) 系统地学习调查研究方法，掌握调查的实施工作以及调查工作的各个环节。

(2) 通过具体调查研究，掌握管理统计学在处理实际问题中的应用思路。

(3) 掌握如何利用管理统计学知识解决实际问题，将统计方法进行灵活运用。

(4) 通过实际的计算机操作，熟练掌握统计学分析的实现方法。

(5) 对分析结果的现实意义进行解释和说明，提高独立利用统计学原理分析和解决问题的能力。

(6) 掌握统计分析报告的撰写方法。

2.6.1 案例调查研究的背景与现实意义

中国移动通信行业已处于高速发展期，而移动通信的必备设备——手机的市场亦随之高速增长，具有广阔的发展空间。随着市场竞争日趋激烈，消费需求不断提高且日益多元化，手机已成为大众眼中的必需品，其作用和地位更是不能替代的。

从产品到品牌的跨越赋予了产品活的生命，产品通过其使用价值满足消费者最基本的需求，而品牌则通过其蕴含的精神来满足消费者更深层的精神与情感需求，品牌能够在价值、情感、生活方式、生活态度乃至人生追求等方面对消费者造成影响，使其购买者、拥有者成为同种生活方式和价值观的大集体的一员，进而产生群体归属感。因而品牌的构建对各个手机经营商具有深远的意义。

调查分析各品牌手机对消费者的价值传递情况和市场直观表现，能够界定各手机品牌的竞争能力、市场地位、市场效果，从而判断手机行业的市场品牌需求影响因素以及各手机品牌的未来品牌管理方向。

本项目针对 6 个手机品牌的品牌诊断细分影响因素进行调查和分析，以期能够为手机行业品牌发展和各品牌手机的发展战略提供参考和指导。

2.6.2 调查方案的设计

1. 手机品牌诊断因素分析

对手机品牌进行品牌诊断，了解其竞争力和健康程度，是指研究各品牌对消费者在基

本需求、附加需求、增值体验等方面的满足情况以及消费者对品牌的直观真实感知反馈，整体上判断各手机商的品牌策略及其效果。诊断中主要包括以下分析维度。

（1）差异度，每个品牌均应尽可能与众不同，通过向消费者提供一整套与众不同的服务和体验来区别于同类竞争者，从而塑造差异化程度，建立和维护品牌，保证品牌地位和营业收入。

（2）相关度，即品牌在消费市场上真实的且能够被感知的重要程度。相关度能够直接反映品牌与消费者需求之间的关系契合程度，但相关度过高也并非好事，若品牌的相关度大于差异度则有陷入成为类似日用品的危机。

差异度和相关度共同反映品牌强度，构成对品牌潜力的诊断。

（3）美誉度，即消费者在整个市场中对某品牌的喜欢与钟爱的程度，这与消费者实际购买中的品牌选择有很强的相关性，美誉度体现了消费者对商家品牌建设活动作出的反应，主要取决于消费者对品牌质量以及流行趋势的感知程度。

（4）认知度，即消费者对品牌及其身份的理解程度和知识广度，能够显示出消费者基于商家的品牌构建活动而与品牌形成的亲密关系。

美誉度和认知度共同构成品牌高度，能够用以对品牌的业绩进行诊断。

基于以上分析，针对各手机品牌的诊断构建如图 2.6.1 的诊断模型。

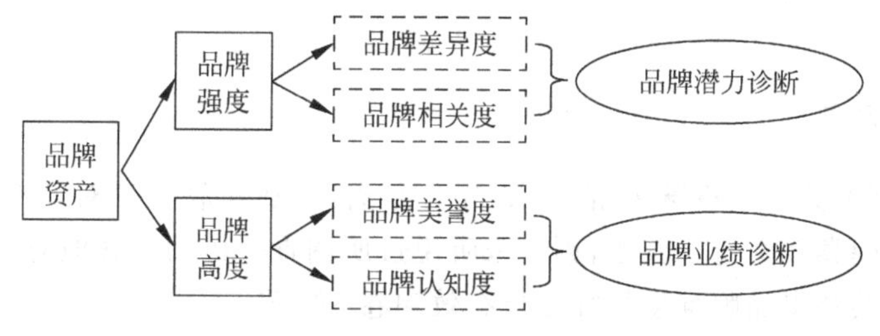

图 2.6.1　品牌诊断模型

2. 调查思路

首先，根据研究目的设计调研问卷；其次，通过大范围非定向的发放方式进行问卷调研；最后，小组成员进行数据的整理和录入，并运用统计学方法对调查结果进行分析研究，总结分析调研结果并提出相应的见解或解决方案。整个调查研究步骤如图 2.6.2 所示。

3. 问卷设计方案

本项目研究的主题是以手机品牌的各诊断维度和品牌态度为指标作为调查问卷设计的基础，并围绕各指标进行相关问题的分解（品牌诊断维度指标分解为 23 个问题、品牌态

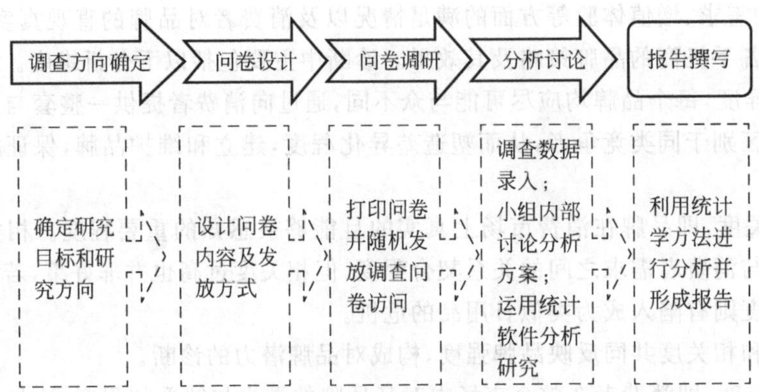

图 2.6.2 调查研究步骤

度分解为 4 个问题)，完成最终问卷设计。

问卷设计的问题均以研究目的为基础，遵循间接、精练的原则，每个问题设计均以直接获取准确数据、措辞简洁清晰、易于理解和能够封闭式回答为目的，整体篇幅控制为 2 页的原则，避免繁杂冗长，以保证调查结果的真实性和有效性。问卷中的各问题描述均采用 7 级里克特量表进行设计，即得分越高表明受访者对问题的描述认可度越大(具体调查问卷详见附件)。

4. 问卷的实施

本项目研究不针对于特殊人群，以随机的方式，分别发放了针对 6 个品牌的调查问卷，共收回调查问卷 399 份。其中，剔除未听说过所调查手机的品牌但对品牌维度问题进行回答的问卷，共获得品牌维度指标分析有效问卷 388 份。

2.6.3 数据分析

1. 被调查者基本信息的统计分析

如图 2.6.3 和图 2.6.4，在本项目的随机调查中，受访者的男女比例基本为 1∶1，较为均衡。而他们的受教育程度本科约占半数、硕士约占 30%、大专及大专以下约占 20%、博士极少。

此外，根据表 2.6.1 和图 2.6.5 可知，本次调查的受访者主要集中在 19～55 岁，尤其是 25～34 岁之间，且家庭收入在 2 000 元以下的不足 6%、家庭收入超过 5 000 元的超过 70%，是具有手机消费能力的主要群体，其对手机行业的发展进步具有重要的意义。

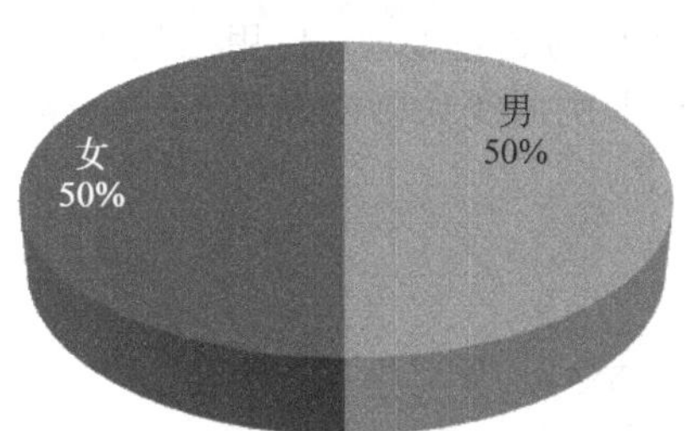

图 2.6.3　受访者性别比例

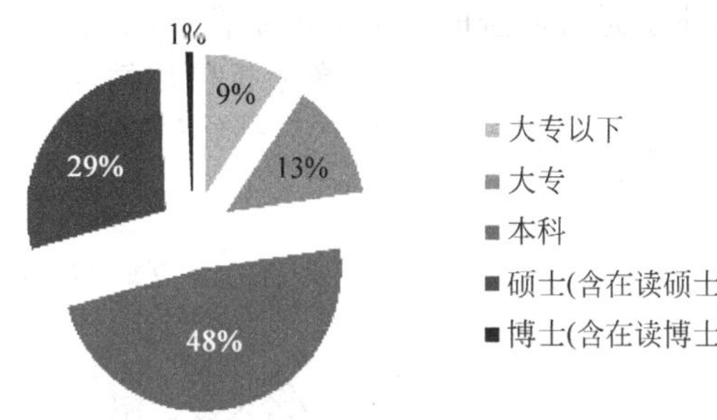

图 2.6.4　受访者教育程度比例

表 2.6.1　受访者年龄分布

年龄	频率	比例/%
18 岁以下	1	0.26
19～24 岁	81	20.88
25～34 岁	240	61.86
35～55 岁	62	15.98
55 岁以上	4	1.03
总计	388	100.00

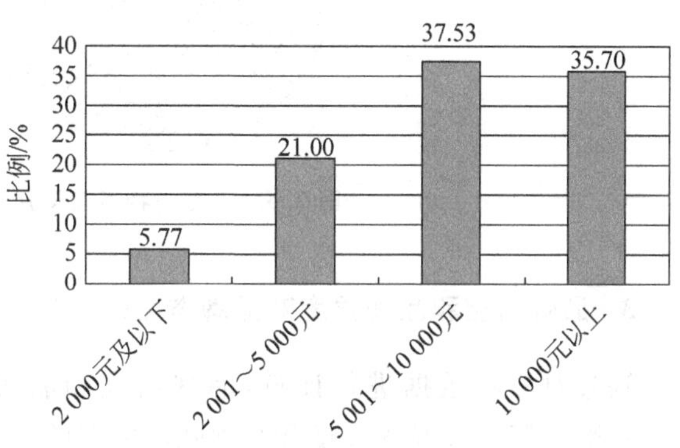

图 2.6.5　受访者家庭收入分布

2. 受访者手机使用情况及对手机品牌的熟悉程度分析

对于本次调查的受访者，如图 2.6.6 和图 2.6.7 所示，在问及可以想到的手机品牌

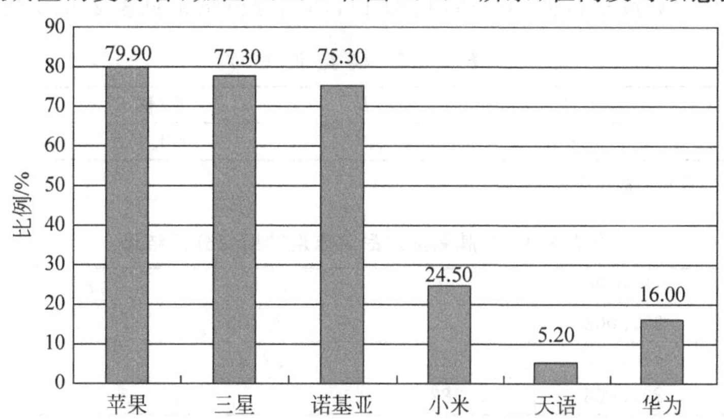

图 2.6.6　各手机品牌在受访者中的提及率情况

时，本次进行调查的6个手机品牌中，苹果、三星、诺基亚提及率较高，均在75%～80%之间。而对于本次的调研对象手机使用情况，使用苹果手机的超过20%，使用三星和诺基亚手机的紧随其后，介于15%～20%之间。可以认为，本次的受访者对苹果、三星、诺基亚三个品牌更为熟悉和认可。

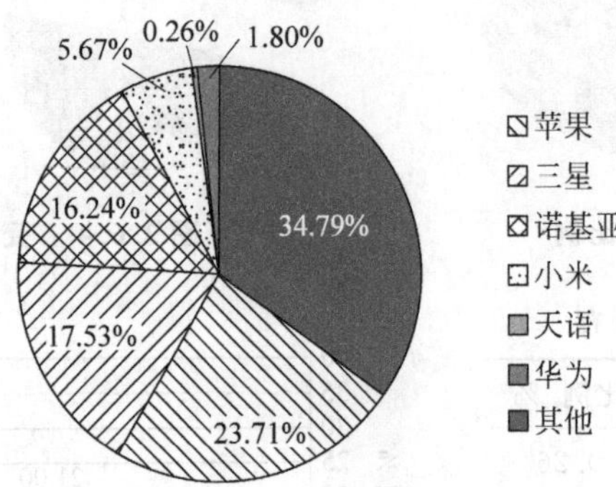

图 2.6.7 受访者目前使用的手机品牌情况

3. 品牌高度和品牌强度对品牌态度的影响分析

通过对样本数据进行计算，品牌高度和品牌强度与品牌态度的相关系数分别为0.657和0.773，而品牌高度和品牌强度之间的相关系数为0.755。由于品牌高度和品牌强度间的相关系数较大，若将品牌高度和品牌强度同时作为自变量，将品牌态度作为因变量来建立回归模型会存在多重共线性现象。因此，本研究分别研究品牌高度、品牌强度对品牌态度的影响程序。

(1) 品牌高度对品牌态度的影响

对样本的品牌高度进行回归分析(模型1)，回归分析结果见表2.6.2至表2.6.4。

表 2.6.2 模型汇总

模型	R	R^2	调整 R^2	标准估计的误差
1	0.657	0.431	0.430	1.104 22

a. 预测变量：(常量)，品牌高度。

表 2.6.3 品牌高度对品牌态度的回归分析结果

模型		平方和	df	均方	F	Sig.
1	回归	357.008	1	357.008	292.797	0.000
	残差	470.650	386	1.219		
	总计	827.658	387			

a. 预测变量：(常量)，品牌高度。

b. 因变量：品牌态度。

表 2.6.4　回归系数

模型		非标准化系数		标准系数	t	Sig.
		B	标准误差	试用版		
1	（常量）	−0.071	0.231		−0.307	0.759
	品牌高度	0.854	0.050	0.657	17.111	0.000

a. 因变量：品牌态度。

通过回归分析结果显示，常数项的 P 值=0.759>显著性水平 0.05，不能拒绝常数为 0 的原假设，而自变量品牌高度的 P 值=0.000<显著性水平 0.05，故可知在 0.05 的显著性水平下，品牌高度对品牌态度的影响是显著的，提高品牌高度的各维度指标将有助于提升品牌态度，具体的回归方程为 $Y=0.854X$。

(2) 品牌强度对品牌态度的影响

对样本的品牌强度进行回归分析（模型 2），回归分析结果见表 2.6.5 至表 2.6.7。

表 2.6.5　模型汇总

模型	R	R^2	调整 R^2	标准估计的误差
2	0.773	0.598	0.597	0.928 46

a. 预测变量：（常量），品牌强度。

表 2.6.6　品牌强度对品牌态度的回归分析结果

模型		平方和	df	均方	F	Sig.
2	回归	494.909	1	494.909	574.112	0.000
	残差	332.749	386	0.862		
	总计	827.658	387			

a. 预测变量：（常量），品牌强度。

b. 因变量：品牌态度。

表 2.6.7　回归系数

模型		非标准化系数		标准系数	t	Sig.
		B	标准误差	试用版		
2	（常量）	−0.695	0.192		−3.614	0.000
	品牌强度	1.055	0.044	0.773	23.961	0.000

a. 因变量：品牌态度。

通过回归分析结果显示，常数项的 P 值=0.000<显著性水平 0.05，拒绝常数为 0 的原假设，且自变量品牌强度的 P 值=0.000<显著性水平 0.05，故可知在 0.05 的显著性

水平下，品牌强度对品牌态度的影响是显著的，提高品牌强度的各维度指标将有助于提升品牌态度，具体的回归方程为 $Y=1.055X-0.695$。

从以上两个回归模型的判别系数可以看出，品牌强度对品牌态度的解释能力更强(即模型 2 的修正判定系数 0.579 大于模型 1 的修正判定系数 0.43)，但也说明除了这两个因素外还存在其他的影响因素影响着消费者对品牌态度的评价。从图 2.6.8 也可以看出，以苹果和三星两个品牌为例，苹果的品牌高度和品牌强度较高，但三星的品牌态度更高，因而利用品牌高度和品牌强度解释品牌态度还存在不足，还应存在其他的影响因素。

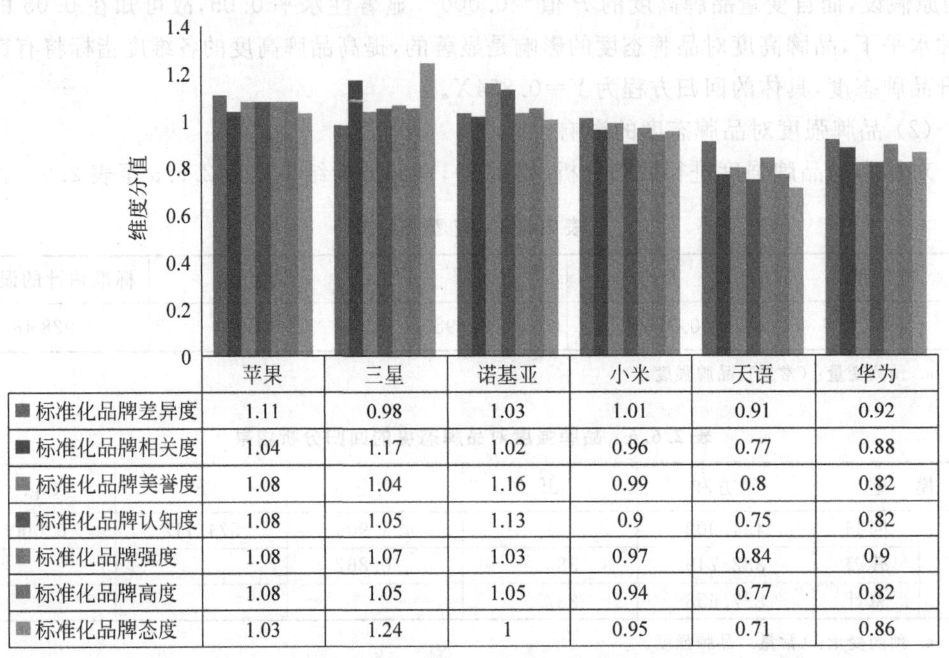

	苹果	三星	诺基亚	小米	天语	华为
标准化品牌差异度	1.11	0.98	1.03	1.01	0.91	0.92
标准化品牌相关度	1.04	1.17	1.02	0.96	0.77	0.88
标准化品牌美誉度	1.08	1.04	1.16	0.99	0.8	0.82
标准化品牌认知度	1.08	1.05	1.13	0.9	0.75	0.82
标准化品牌强度	1.08	1.07	1.03	0.97	0.84	0.9
标准化品牌高度	1.08	1.05	1.05	0.94	0.77	0.82
标准化品牌态度	1.03	1.24	1	0.95	0.71	0.86

图 2.6.8 各手机品牌的品牌地位诊断因素标准化值

4. 品牌的差异度、相关度、美誉度、认知度对品牌态度的影响分析

品牌高度和品牌强度是分别由品牌美誉度与品牌认知度、品牌差异度与品牌相关度的维度组成的，为了细化研究各品牌诊断维度对品牌态度的影响程度，尝试分别研究品牌差异度、品牌相关度、品牌美誉度、品牌认知度与品牌态度之间是否具有一定的回归关系。

(1) 品牌差异度对品牌态度的影响

对样本的品牌差异度进行回归分析，回归分析结果见表 2.6.8 至表 2.6.10。

表 2.6.8 模型汇总

模型	R	R^2	调整 R^2	标准估计的误差
1	0.443	0.196	0.194	1.312 63

a. 预测变量：(常量)，品牌差异度。

表 2.6.9 品牌态度对品牌差异度的回归分析结果

模型		平方和	df	均方	F	Sig.
1	回归	162.585	1	162.585	94.363	0.000
	残差	665.072	386	1.723		
	总计	827.658	387			

a. 预测变量：(常量)，品牌差异度。

b. 因变量：品牌态度。

表 2.6.10 回归系数

模型		非标准化系数		标准系数	t	Sig.
		B	标准误差	试用版		
1	(常量)	1.053	0.288		3.661	0.000
	品牌差异度	0.598	0.062	0.443	9.714	0.000

a. 因变量：品牌态度。

通过回归分析结果显示，常数项的 P 值 $=0.000<$ 显著性水平 0.05，拒绝常数为 0 的原假设，且自变量品牌差异度的 P 值也为 $0.000<$ 显著性水平 0.05，故可知在 0.05 的显著性水平下，品牌差异度对品牌态度的影响是显著的，提高品牌差异度指标将有助于提升品牌态度，具体的回归方程为 $Y=0.598X+1.053$。

(2) 品牌相关度对品牌态度的影响

对样本的品牌相关度进行回归分析，回归分析结果见表 2.6.11 至表 2.6.13。

表 2.6.11 模型汇总

模型	R	R^2	调整 R^2	标准估计的误差
2	0.846	0.716	0.715	0.780 26

a. 预测变量：(常量)，品牌相关度。

表 2.6.12 品牌态度对品牌相关度的回归分析结果

模型		平方和	df	均方	F	Sig.
2	回归	592.658	1	592.658	973.473	0.000
	残差	235.000	386	0.609		
	总计	827.658	387			

a. 预测变量：(常量)，品牌相关度。

b. 因变量：品牌态度。

表 2.6.13 回 归 系 数

模 型		非标准化系数		标准系数	t	Sig.
		B	标准误差	试用版		
2	(常量)	0.282	0.119		2.378	0.018
	品牌相关度	0.889	0.028	0.846	31.201	0.000

a. 因变量:品牌态度。

通过回归分析结果显示,常数项的 P 值=0.018<显著性水平 0.05,拒绝常数为 0 的原假设,且自变量品牌相关度的 P 值均为 0.000<显著性水平 0.05,故可知在 0.05 的显著性水平下,品牌相关度对品牌态度的影响是显著的,提高品牌相关度指标将有助于提升品牌态度,具体的回归方程为 $Y=0.889X+0.282$。

(3) 品牌美誉度对品牌态度的影响

对样本的品牌美誉度进行回归分析,回归分析结果见表 2.6.14 至表 2.6.16。

表 2.6.14 模 型 汇 总

模 型	R	R^2	调整 R^2	标准估计的误差
3	0.608	0.369	0.368	1.162 91

a. 预测变量:(常量),品牌美誉度。

表 2.6.15 品牌态度对品牌美誉度的回归分析结果

模 型		平方和	df	均方	F	Sig.
3	回归	305.649	1	305.649	226.013	0.000
	残差	522.009	386	1.352		
	总计	827.658	387			

a. 预测变量:(常量),品牌美誉度。

b. 因变量:品牌态度。

表 2.6.16 回 归 系 数

模 型		非标准化系数		标准系数	t	Sig.
		B	标准误差	试用版		
3	(常量)	0.559	0.222		2.525	0.012
	品牌美誉度	0.680	0.045	0.608	15.034	0.000

a. 因变量:品牌态度。

通过回归分析结果显示，常数项的 P 值=0.012<显著性水平 0.05，拒绝常数为 0 的原假设，且自变量品牌美誉度的 P 值均为 0.000<显著性水平 0.05，故可知在 0.05 的显著性水平下，品牌美誉度对品牌态度的影响是显著的，提高品牌美誉度指标将有助于提升品牌态度，具体的回归方程为 $Y=0.680X+0.559$。

(4) 品牌认知度对品牌态度的影响

对样本的品牌认知度进行回归分析，回归分析结果见表 2.6.17 至表 2.6.19。

表 2.6.17　模 型 汇 总

模　型	R	R^2	调整 R^2	标准估计的误差
4	0.593	0.351	0.350	1.179 24

a. 预测变量：(常量)，品牌认知度。

表 2.6.18　品牌态度对品牌认知度的回归分析结果

模　型		平方和	df	均　方	F	Sig.
4	回归	290.881	1	290.881	209.175	0.000
	残差	536.777	386	1.391		
	总计	827.658	387			

a. 预测变量：(常量)，品牌认知度。

b. 因变量：品牌态度。

表 2.6.19　回 归 系 数

模　型		非标准化系数		标准系数	t	Sig.
		B	标准误差	试用版		
4	(常量)	0.569	0.229		2.484	0.013
	品牌认知度	0.743	0.051	0.593	14.463	0.000

a. 因变量：品牌态度。

通过回归分析结果显示，常数项的 P 值=0.013<显著性水平 0.05，拒绝常数为 0 的原假设，且自变量品牌认知度的 P 值均为 0.000<显著性水平 0.05，故可知在 0.05 的显著性水平下，品牌认知度对品牌态度的影响是显著的，提高品牌认知度指标将有助于提升品牌态度，具体的回归方程为 $Y=0.743X+0.569$。

(5) 小结

上述四个回归模型均通过了显著性的 F 检验，说明它们都是有效的，其中模型 2 中模型的修正判定系数(调整 R^2)0.715 最大、模型 1 中模型的修正判定系数 0.194 最小。

所以，品牌相关度对品牌态度的解释力度最强、品牌差异度对品牌态度的解释力度最弱，该结论与图 2.6.8 所示情况基本相符。

5. 各品牌之间的品牌态度差异性分析

通过对各品牌的品牌态度进行描述性统计分析，可汇总得到表 2.6.20。

表 2.6.20 各手机品牌之品牌态度的描述性统计汇总

品 牌	N	均 值	标准差	标准误	均值的 95%置信区间		极小值	极大值
					下限	上限		
苹果	50	3.91	1.39	0.20	3.51	4.30	1.00	7.00
三星	90	4.67	1.22	0.13	4.41	4.93	1.00	7.00
诺基亚	97	3.76	1.33	0.13	3.50	4.03	1.00	7.00
小米	58	3.57	1.41	0.18	3.20	3.94	1.00	6.50
天语	47	2.66	1.19	0.17	2.32	3.01	1.00	5.25
华为	46	3.26	1.55	0.23	2.80	3.72	1.00	6.50
总体	388	3.77	1.46	0.07	3.62	3.92	1.00	7.00

从图 2.6.8 可以看出具有最高品牌态度的是三星，其次为苹果、诺基亚及国产手机品牌小米，而天语手机品牌的品牌态度最低。为了进一步分析品牌之间的品牌态度是否存在显著性差异，以下我们对 6 个手机品牌中的每两个手机品牌分别假设：

H0：消费者对两个品牌的品牌态度没有显著性差异；

H1：消费者对两个品牌的品牌态度有显著性差异；

在显著性水平 $\alpha=0.05$ 的情形下，我们分别进行假设检验。通过计算分析，各个品牌之间的品牌态度是否存在差异的 P 值可汇总如表 2.6.21，是否存在差异的表格可整理为表 2.6.22。

表 2.6.21 两两品牌之间的 *P* 值

品牌	苹果	三星	诺基亚	小米	天语	华为
苹果	—	0.001	0.542	0.193	0.000	0.019
三星	0.001	—	0.000	0.000	0.000	0.000
诺基亚	0.542	0.000	—	0.383	0.000	0.037
小米	0.193	0.000	0.383	—	0.001	0.244
天语	0.000	0.000	0.000	0.001	—	0.032
华为	0.019	0.000	0.037	0.244	0.032	—

表 2.6.22　各手机品牌之间品牌态度的差异情况

品牌	苹果	三星	诺基亚	小米	天语	华为
苹果	—	有差异	不确定	不确定	有差异	有差异
三星	有差异	—	有差异	有差异	有差异	有差异
诺基亚	不确定	有差异	—	不确定	有差异	有差异
小米	不确定	有差异	不确定	—	有差异	不确定
天语	有差异	有差异	有差异	有差异	—	有差异
华为	有差异	有差异	有差异	不确定	有差异	—

通过表 2.6.22 可以看出，消费者对三星的品牌态度要显著的高于其他品牌，而紧随其后的苹果、诺基亚和小米之间并没有形成显著性差异，这说明诺基亚品牌在消费者心中还具有与苹果相近的品牌态度，同时可喜的是国产的小米手机在消费者心中也具有较高的品牌态度。此外，从表 2.6.22 中还可以看出虽然华为品牌手机的品牌态度与三星、苹果及诺基亚之间存在差异，但其与国产产品牌小米之间的差距并不显著。

6. 各品牌之品牌力量矩阵分析

从图 2.6.9 可以看出，在品牌地位方面，所调研的几个手机品牌中，三星品牌与苹果品牌是名副其实的领导品牌，紧随其后的为诺基亚品牌，从图中的位置可以看出诺基亚品牌虽然在品牌强度和品牌高度方面也均表现不错，但其已经处在了衰落的品牌象限，其现在的品牌地位更多的是来源于其品牌高度，急需要在品牌强度方面加强。此外，从图中还可以看出国产手机小米、华为和天语均处在新入品牌的地位，即均属于挑战者，特别是小米手机无论是在品牌强度还是在品牌高度均已经接近了行业的平均水平。

2.6.4　结论

本案例针对消费者对手机品牌的差异度、相关度、美誉度、认知度、品牌态度等进行了分析，以了解各品牌的品牌地位，以及各诊断因素对手机品牌态度的影响程度，可以为手机厂商制定发展战略和营销策略提供参考，主要结论如下。

(1) 所调研的几个维度中，品牌相关度对品牌态度的影响最大。因此，手机厂商应在研发及销售中，加大对品牌相关度的关注程度，以更为有效地提高消费者对其品牌态度的评价。

(2) 影响手机品牌态度的因素较多，其中，品牌高度和品牌强度已具有较大的解释力度，但仅能够解释手机态度的 2/3，仍有部分重要影响因素待研究发掘。

(3) 手机厂商不应简单的一味追求品牌高度和品牌强度的提升，应根据品牌处于的

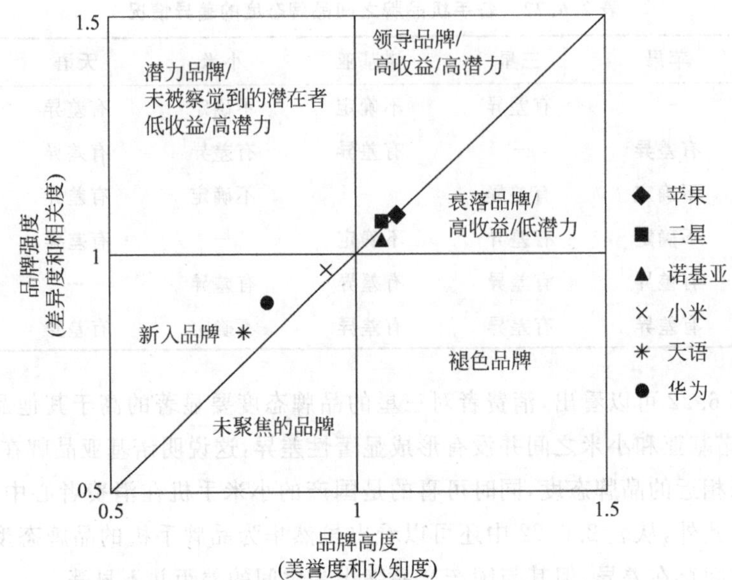

图 2.6.9 品牌地位矩阵—品牌力量矩阵(标准化)

不同发展阶段及品牌差异度、相关度、美誉度、认知度等进行综合考虑,以追求品牌态度的提升和企业的长期持续良性发展。

(4) 国产品牌手机目前还均处在新入者的品牌地位,但乐观的是小米和华为两个品牌的品牌态度并没有形成与领导品牌过大的差距,只要坚持在品牌强度上进一步提升就有机会成为领导品牌真正的挑战者。

附录:调查问卷

手机品牌调查表

您好!为了了解您对手机品牌的态度,特开展此项调查。

当提到手机时你会想到哪些品牌?(最多填写 6 个品牌即可)

____

您知道 ** 手机品牌吗?:□知道 □不知道

请依据您对 ** 手机品牌的直观感受回答下列问题,问题的答案没有正确错误之分,只需您确定对每一问题的同意或是不同意的程度,在每题的答案中选中您的答案即可(每题都只选一个答案)。

答案详细解释为:

1	2	3	4	5	6	7
非常不同意	不同意	稍不同意	既不同意也不反对	一般同意	同意	非常同意

一、以下请您对 ** 手机品牌的总体感觉进行评价

1. 与竞争品牌相比该品牌具有明显的差异	1	2	3	4	5	6	7
2. 该品牌与众不同	1	2	3	4	5	6	7
3. 该品牌形象鲜明	1	2	3	4	5	6	7
4. 该品牌适用目标客户群明确	1	2	3	4	5	6	7
5. 该品牌服务与其他品牌有差异	1	2	3	4	5	6	7
6. 该品牌符合我的个性	1	2	3	4	5	6	7
7. 我对该品牌很感兴趣	1	2	3	4	5	6	7
8. 我很认同该品牌所传递的价值理念	1	2	3	4	5	6	7
9. 拥有该品牌能会使我心情愉悦	1	2	3	4	5	6	7
10. 拥有该品牌让我感觉很享受	1	2	3	4	5	6	7
11. 如果需要购买手机时我愿意购买该品牌	1	2	3	4	5	6	7
12. 该品牌是质量可靠的品牌	1	2	3	4	5	6	7
13. 该品牌是值得信赖的品牌	1	2	3	4	5	6	7
14. 该品牌总体声誉很好	1	2	3	4	5	6	7
15. 喜欢该品牌的人很多	1	2	3	4	5	6	7
16. 该品牌口碑很好	1	2	3	4	5	6	7
17. 该品牌知名度很高	1	2	3	4	5	6	7
18. 我了解该品牌及其相关信息	1	2	3	4	5	6	7
19. 提到某类产品我会很快想到该品牌	1	2	3	4	5	6	7
20. 我了解该品牌的 Logo 及品牌口号等	1	2	3	4	5	6	7
21. 我了解该品牌的市场定位	1	2	3	4	5	6	7
22. 我能从其他竞争品牌中识别出该品牌	1	2	3	4	5	6	7
23. 我对该品牌没有很深的印象,很难记起关于该品牌的信息	1	2	3	4	5	6	7
24. 该品牌能满足我的需求	1	2	3	4	5	6	7
25. 觉得该品牌优于其他竞争品牌	1	2	3	4	5	6	7
26. 会把该品牌推荐给其他人	1	2	3	4	5	6	7
27. 希望用该品牌替换我现在使用的品牌	1	2	3	4	5	6	7

二、请填写以下有关您的个人信息

1. 您目前使用的手机品牌是________。

2. 您的性别：□男　□女

3. 您的年龄：

□18 岁以下 □19～24 岁 □25～34 岁 □35～55 岁 □55 岁以上

4. 您的家庭月总收入的大致范围：

□2 000 元及以下 □2 001～5 000 元 □5 001～10 000 元 □10 000 元以上

5. 您的受教育程度：

□大专以下 □大专 □本科 □硕士(含在读硕士) □博士(含在读博士)

再次感谢您的参与，并对您辛勤的劳动成果表示崇高的敬意！

2.7　北京地区保健品市场发展现状及胶原蛋白产品前景分析

参与者：姜明乾、蒋承志、李灿亮、李聪和、李玲玲、李亚峰、李艳霞、李燃
起止时间：2012 年 2 月—2012 年 6 月

学习目的

（1）学习调查研究方法及调查工作的实施过程。

（2）加强理论与实际结合的能力，学会利用统计学知识解决实际问题。

（3）培养根据调研目的和数据特点选择适用的分析方法的能力。

（4）通过计算机操作，掌握方差分析、相关分析、回归分析、列联分析的实现方法，熟练使用 Excel、SPSS 软件进行数据分析。

2.7.1　案例调查研究背景与现实意义

2000 年以来，中国保健品市场快速增长，保健品行业总量从 2001 年的 460 亿发展到 2010 年的 1 050 亿。历史数据显示，在一个国家的人均 GDP 从 3 000 美元向 5 000 美元的跃升过程中，消费者在保健品消费形态方面将会发生趋势性变化，保健品从消费属性上从可选消费品向必选消费品转变，进而带动保健品行业需求拐点式提升，行业进入一轮快速成长的周期。目前中国处在人均 GDP 从 4 000 美元向 8 000 美元跃迁的过程中，保健品在中国正逐步从高端消费品、礼品转变为膳食营养补充的必选品，整个行业也将随之进入规模加速攀升的“黄金时期”。如果 2011—2015 年中国 GDP 仍保持 6%～8%的增速，行业渗透率从目前的 14%提升到 25%(美国 70%以上)，考虑到我国人口众多，地区差异大，消费形态复杂的特点，我们保守测算，中国保健品行业规模将从 2010 年的 1 054 亿人民币增长至 2015 年的 2 700 亿，2011 年到 2015 年的平均复合增速达 21%。

胶原蛋白近几年来在保健品市场异军突起，皆源自胶原蛋白在人体组织中占有的独特地位。人体成分中 16%是蛋白质，胶原蛋白占体内蛋白质总量的 30%～40%，相当于人体体重的 6%。胶原蛋白是皮肤的主要成分，达 72%之多，而真皮层中 80%是胶原蛋白。胶原蛋白好比人体大厦的“钢筋水泥”，其特有的三螺旋结构与弹力纤维合力构成网状的充满小洞的支撑体，为真皮层提供安定有力的支撑，同时锁住皮肤储水层中的水分，使皮肤光泽、滋润、柔滑。

随着年龄的增长以及外界多种因素的影响，人体在 25 岁后，合成新胶原蛋白的能力逐渐下降，而原有的胶原蛋白流失的速度又在加快，这时皮肤的网状支撑体会渐渐变厚变硬，弹性与保水度降低，自由基、黑色素会在肌肤的空洞和缝隙里堆积，进而出现松弛、缺水、敏感、晦暗、毛孔粗大的现象，产生细纹和色斑。不仅如此，胶原蛋白的缺失，使身体逐

渐呈老化趋势,出现身体松垮、肌肉变形、关节退化、骨质流失、皮肤衰老、免疫力下降等问题。

2005 年来,与胶原蛋白相关的保健品、食品销量在我国呈快速增长趋势,每年以 20% 的速度递增。特别是近两年,国内出现了 100 多家开发单位。尤其在中心城市,胶原蛋白保健品正逐渐成为都市女性的首选营养保健产品。本次调查的主要目的是了解北京区域保健产品消费者的购买方式、年龄阶段、收入情况、品牌忠诚度、消费特点、消费关注点等基础信息,为生产胶原蛋白产品的企业进入北京市场营销决策提供第一手数据资料。

2.7.2 调查方案的设计

1. 调查研究的思路及过程

在明确调查研究主题后,研究小组讨论了具体的研究方向。经过讨论,确定了最终的调查要素,围绕着消费者购买方式、消费者关注要素、消费者满意度和忠诚度等方面进行研究。具体调查研究思路如图 2.7.1 所示。

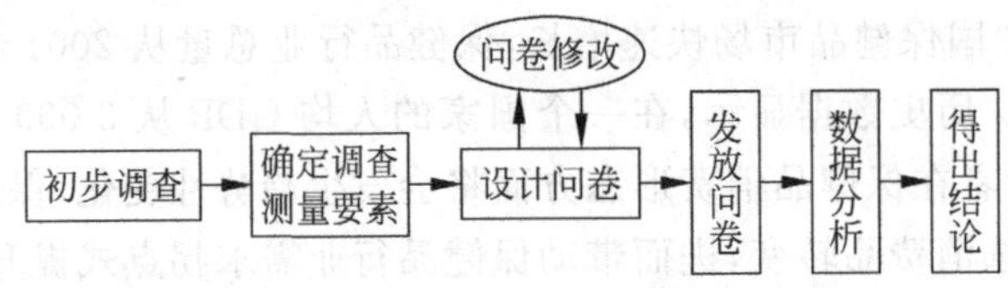

图 2.7.1 调查研究步骤

2. 问卷设计方案及样本量的确定

(1) 问卷的结构及其内容

为了更好地收集、了解和评估北京地区消费者使用保健品的现状、消费习惯、品牌忠诚度等基本信息,本次调查问卷设计前,团队成员在不同地点与保健品及胶原蛋白产品使用者和销售者进行了访谈,在了解消费者关注点的基础上,设计了本调查问卷,调查问卷分为以下三大部分。

第一部分为标题及调研目的和注意事项。

第二部分为问卷的主体部分,总共 16 个问题,主要包括三个方面的内容:

① 消费者一般行为描述。主要包括使用年限(when)、使用类型(which)、购买场所和信息获得方式(where)和消费支出(how much)。主要目的是给消费者画脸谱——勾勒出目标消费群体的大致轮廓。为厂家实施产品战略、渠道规划和价格策略提供依据。

② 消费者关注和评价。主要从功能性和适用性两个方面了解消费者关注点,这两个问题采用了五级量表法设计,是整个问卷调查的重点部分,这部分内容将为厂家制订广告

方案、传递产品信息、决定产品投放类型提供重要信息。

③ 品牌忠诚度评价。主要包括消费者使用产品的满意度、品牌更换的可能性、对售后服务的关注等内容，通过这些内容的调查，为厂家确定目标消费群、主攻市场、制定情感营销策略提供依据。

第三部分为被调查者基本信息，包括性别、年龄、学历、收入 4 个方面内容。

(2) 调查形式和样本量的确定

调查问卷采用全封闭方式，问题选项采用了五级量表，即"非常关注"、"关注"、"一般"、"不关注"、"非常不关注" 5 个备选答案。根据调查研究的目的、调查研究对象总体以及分析方法对样本量的基本要求，该调研最终确定样本规模不小于 100 份，最终回收有效问卷 102 份。

2.7.3 数据分析

1. 调查对象的基本信息分析

(1) 调查对象的性别分布

调查对象的性别分布见图 2.7.2。从性别分布上来看，在被调查对象中女性多于男性。说明关注和使用保健品的女性比男性多。

(2) 调查对象的学历情况

从学历分布图(图 2.7.3)来看，调查对象集中为高学历人群，属于偏态分布。在发放调查问卷时，没有覆盖问卷设计到的全部人群，因此在后期讨论年龄因素时会对分析结果产生一定影响。因此，发放问卷时一定要注意调查对象的全覆盖。

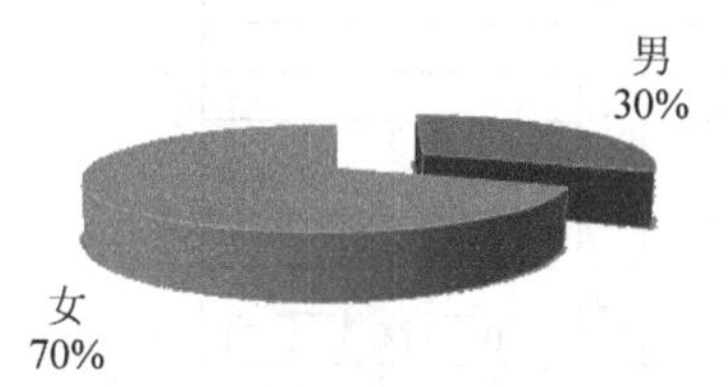

图 2.7.2　调查对象的性别分布图

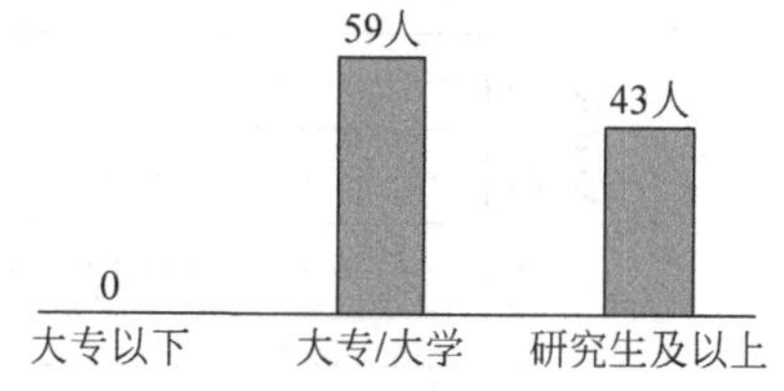

图 2.7.3　调查对象的学历分布图

(3) 调查对象的年龄分布

从调查对象的年龄分布图(图 2.7.4)来看，被调查者在 20～29 岁之间的人数最多，有 48 人；其次为 30～39 岁，有 44 人；其余各区间的人数相对较少，40～49 岁 4 人，50～59 岁 6 人。从中我们可以看出，被调查者主要集中在 20～39 岁，这个现象可能和调查小组成员自身的年龄区间有关，说明在调查问卷发放时，选择调查对象的倾向性。在实际调研中,还需要其他辅助方式或手段改进这个问题。

(4) 调查对象的收入情况

从调查对象收入分布图(图 2.7.5)来看,调查者的月收入水平在 5 001~10 000 元最多,占 38%;其次为 10 001~20 000 元占 27%,5 000 元以下占 22%;其余区间所占的比例都比较低。尤其在北京,中高收入人群所占比重相对较高。

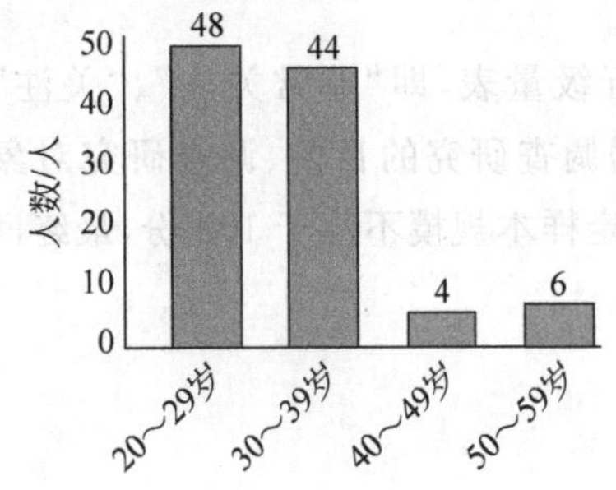

图 2.7.4 调查对象的年龄分布图

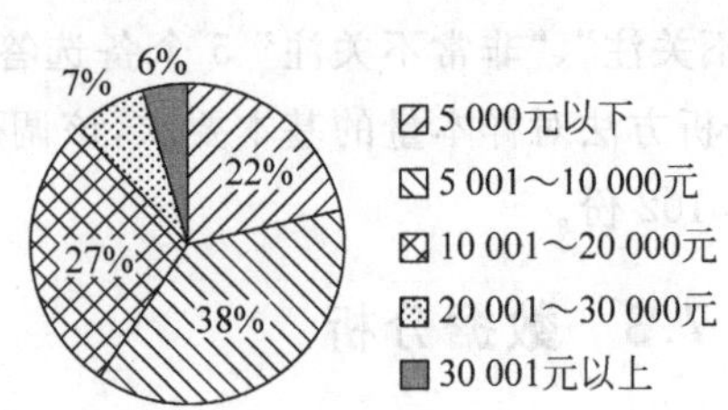

图 2.7.5 调查对象的收入分布图

2. 保健品的使用情况基础分析

(1) 保健品使用情况分析

从图 2.7.6 可以看出,使用维生素类产品的人数最多,为 42 人;其次为使用胶原蛋白类产品的人数,为 13 人;使用螺旋藻、蛋白粉、铁质、鱼油或卵磷脂的人数相当;而使用其他类产品的人数相对较少。

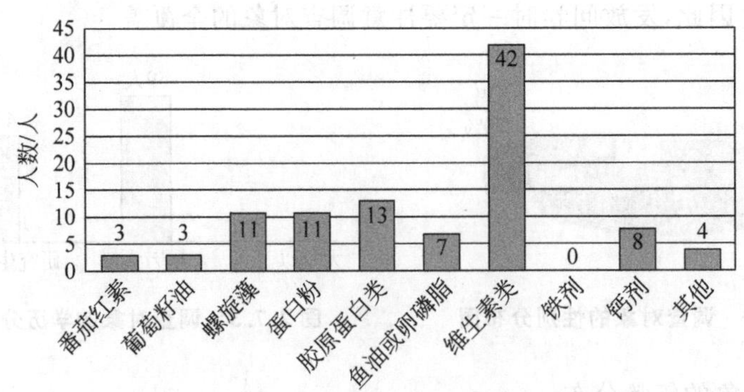

图 2.7.6 保健品类别使用情况

(2) 保健品或营养品剂型统计

由保健品剂型分布图(图 2.7.7)可以看出,选择胶囊类产品的顾客最多,占 55%,其余各占15%，其中在其他类型统计中，选择片剂的顾客占67%。由此我们可以看出，消费者在选择保健品时，偏好于胶囊类产品，原因在于胶囊类产品携带和服用的方便性更高。

(3) 消费者对产品售后服务关注的要素分析

从顾客所关注的售后服务要素分布图(图2.7.8)可以看出，消费者对售后服务关注度最大的是与保健品相关知识的培训、资料提供，占比30%；对促销信息和跟踪服务的关注度占比均为19%；对物流配送的关注度为17%；对购物环境的关注度为15%。可见，在售后服务中，开展产品的相关知识培训、提供相关资料是很有必要的措施。

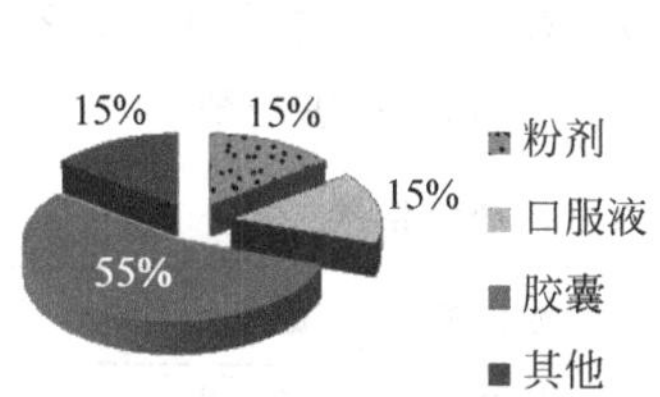

图2.7.7　保健品剂型统计

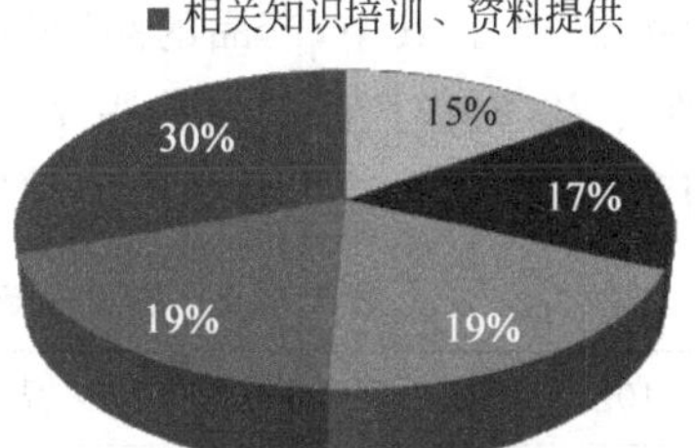

图2.7.8　产品售后服务注重因素

(4) 消费者获取保健品的信息渠道分析

从信息获取渠道分布图(图2.7.9)可以看出，消费者了解保健品信息最主要的途径是电视广告；其次为网络宣传；最后为某品牌的其他产品处。因此，在作新产品推广时，一定要关注电视广告因素、网络宣传因素以及品牌其他产品处因素的影响。

(5) 胶原蛋白类保健品的试用情况分析

通过对“如果价格合理，你是否乐于试用胶原蛋白类保健品”问题的统计分析得出图2.7.10，我们可以看出，乐于试用胶原蛋白类保健品的顾客占77%。由此我们得出结论，如果价格合理，胶原蛋白类保健品具有一定的市场消费潜力。

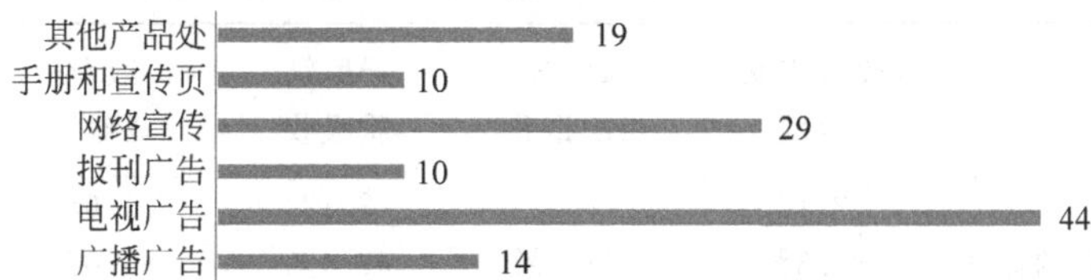

图2.7.9　保健品信息获取渠道统计图

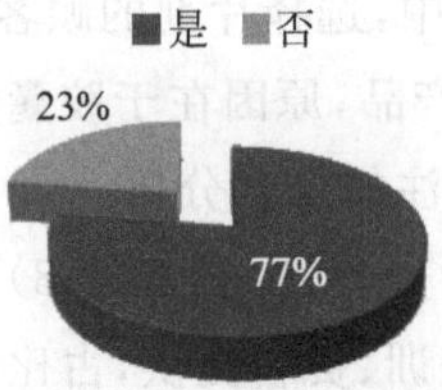

图 2.7.10 是否乐于试用胶原蛋白类保健品

3. 消费者购买目的、关注方面、产品忠诚度等数据分析

(1) 消费者在购买保健品时关注的因素分析

通过统计分析(见表 2.7.1)可知,消费者购买保健品时关注的因素依次为：品牌、原料、产地、价格、广告。其中,产品的品牌所占比例最高,占 92.2%；产品的原料占73.5%；产品的产地占 72.5%,产品的价格占 70.6%。可见,在购买保健品时,消费者主要关注产品的品牌和原料,其次是产品的产地和价格,对产品广告的关注一般。

表 2.7.1 购买保健品时关注因素的统计结果

$N=102$	价格因素	品牌因素	产地因素	原料因素	广告因素
均值	2.19	1.56	2.08	1.85	2.95
非常关注(分值 1)的比例	24.5%	53.9%	30.4%	49.0%	6.9%
关注(分值 1&2)的比例	70.6%	92.2%	72.5%	73.5%	30.4%

注：该问卷调查中,不同数值的含义：1—非常关注；2—比较关注；3—一般；4—不关注；5—非常不关注。以下各表与此相同。

(2) 消费者在评价保健品时关注的功效分析

通过统计分析(见表 2.7.2)可知,消费者在评价保健品时,关注的功效依次为：改善亚健康、补充微量元素、帮助钙质吸收、改善皮肤表现、减缓软组织退化。其中,关注的功效中改善亚健康占 87.3%,补充微量元素占 78.4%,其余因素均在 60%以上。由此说明消费者更关注的功效是改善亚健康。

表 2.7.2 消费者关注营养品或保健功效的统计结果

$N=102$	改善皮肤表现	减缓软组织退化	帮助钙质吸收	改善亚健康	补充微量元素
均值	2.18	2.3	2.12	1.65	1.82
非常关注(分值 1)的比例	37.3%	25.5%	32.4%	51.0%	47.1%
关注(分值 1&2)的比例	62.7%	61.8%	66.7%	87.3%	78.4%

(3) 消费者在购买保健品时，还会关注的其他因素分析

通过统计分析结果(见表2.7.3)可知，消费者在购买保健品时，还会关注的其他因素依次为：服用方便性、产品纯度、产品口感、添加的营养辅助剂。其中，其他关注因素中服用方便性所占比例最高为82.4%；其他三个因素所占比重均在53%～61%之间。可见，影响消费者购买的因素还包括服用方便性。

表2.7.3　其他关注因素的统计结果

N=102	产品纯度	产品口感	服用方便性	添加的营养辅助剂
均值	2.25	2.34	1.89	2.44
非常关注(分值1)的比例	27.5%	20.6%	31.4%	21.6%
关注(分值1&2)的比例	60.8%	59.8%	82.4%	53.9%

(4) 消费者的使用时间对保健品品牌忠诚度的影响

分析消费者使用保健品的时间长短对品牌忠诚度的影响，进行单因素方差分析(ANOVA)。通过分析(见表2.7.4)，继续使用的F值为2.522，P=0.062>0.05，说明消费者使用保健品的时间不会显著影响消费者继续使用该品牌的产品。

表2.7.4　使用时间对保健品影响的单因素方差分析结果

类　型	平方和	df	均　方	F	显著性
组间	5.571	3	1.857	2.522	0.062
组内	71.419	97	0.736		
总数	76.990	100			

(5) 消费者的使用时间同对保健品性能关注度的关系

讨论消费者使用时间长短与保健品性能关注度的差异，利用SPSS中的单因素方差分析。通过分析(见表2.7.5)，改善皮肤表现的F值为5.194，P=0.002<0.05，拒绝原假设，即认为：使用时间不同的顾客对产品性能中改善皮肤表现这一项的关注度存在显著差异。进一步利用LSD法对该性能进行分析(见表2.7.6)。通过LSD检验得出：第1组和第3组，第4组和第1组、第2组、第3组的均值存在显著性差异。第2组和第1组、第3组的均值没有显著差异。

表2.7.5　使用时间对保健品性能关注度的单因素方差分析结果

类　型		平方和	df	均　方	F	显著性
改善皮肤表现	组间	18.770	3	6.257	5.194	0.002
	组内	118.053	98	1.205		
	总数	136.824	101			

续表

类　型		平方和	df	均　方	F	显著性
减缓软组织退化	组间	2.961	3	0.987	0.816	0.488
	组内	118.617	98	1.210		
	总数	121.578	101			
帮助钙质吸收	组间	3.987	3	1.329	1.321	0.272
	组内	98.601	98	1.006		
	总数	102.588	101			
改善亚健康	组间	1.864	3	0.621	1.025	0.385
	组内	59.430	98	0.606		
	总数	61.294	101			
补充微量元素	组间	2.665	3	0.888	0.966	0.412
	组内	90.158	98	0.920		
	总数	92.824	101			

表 2.7.6　使用时间对保健品性能关注度的单因素方差分析的 LSD 检验

(I)使用保健品的时间	(J)使用保健品的时间	均值差(I-J)	标准误	显著性	95%置信区间	
					下限	上限
1	2	0.373	0.260	0.154	−0.14	0.89
	3	0.711*	0.342	0.040	0.03	1.39
	4	−0.718*	0.326	0.030	−1.36	−0.07
2	1	−0.373	0.260	0.154	−0.89	0.14
	3	0.338	0.350	0.337	−0.36	1.03
	4	−1.091*	0.334	0.002	−1.75	−0.43
3	1	−0.711*	0.342	0.040	−1.39	−0.03
	2	−0.338	0.350	0.337	−1.03	0.36
	4	−1.429*	0.402	0.001	−2.23	−0.63
4	1	0.718*	0.326	0.030	0.07	1.36
	2	1.091*	0.334	0.002	0.43	1.75
	3	1.429*	0.402	0.001	0.63	2.23

(6) 消费者年龄对保健品性能关注的影响分析

在进行消费者年龄对保健品性能关注的影响时，依旧采用单因素方差分析。通过分析(见表 2.7.7)看到，帮助钙质吸收的 F 值为 3.158，$P=0.028<0.05$，补充微量元素的 F 值为 3.746，$P=0.014<0.05$，说明不同年龄的顾客对保健品的两方面功效——帮助钙

质吸收和补充微量元素存在显著差异。利用 LSD 法进一步分析比较。通过 LSD 检验(见表 2.7.8)，可以确定：在帮助钙质吸收方面，年龄 4 组与年龄 1 组和年龄 3 组之间存在显著差异；在补充微量元素方面，年龄 1 组和年龄 4 组，年龄 3 组与年龄 4 组间，年龄 2 组和年龄 3 组间存在显著差异。

表 2.7.7　消费者年龄对保健品性能关注度的单因素方差分析结果

类　型		平方和	df	均　方	F	显著性
改善皮肤表现	组间	4.437	3	1.479	1.095	0.355
	组内	132.386	98	1.351		
	总数	136.824	101			
减缓软组织退化	组间	3.539	3	1.180	0.979	0.406
	组内	118.040	98	1.204		
	总数	121.578	101			
帮助钙质吸收	组间	9.043	3	3.014	3.158	0.028
	组内	93.545	98	0.955		
	总数	102.588	101			
改善亚健康	组间	3.133	3	1.044	1.760	0.160
	组内	58.161	98	0.593		
	总数	61.294	101			
补充微量元素	组间	9.549	3	3.183	3.746	0.014
	组内	83.275	98	0.850		
	总数	92.824	101			

表 2.7.8　消费者年龄对保健品性能关注度单因素方差分析的 LSD 检验

因变量	(I)年龄	(J)年龄	均值差(I-J)	标准误	显著性	95%置信区间	
						下限	上限
帮助钙质吸收	1	2	0.402	0.204	0.052	0.00	0.81
		3	−0.417	0.508	0.415	−1.43	0.59
		4	1.000*	0.423	0.020	0.16	1.84
	2	1	−0.402	0.204	0.052	−0.81	0.00
		3	−0.818	0.510	0.112	−1.83	0.19
		4	0.599	0.425	0.162	−0.25	1.44
	3	1	0.417	0.509	0.415	−0.59	1.43
		2	0.818	0.510	0.112	−0.19	1.83
		4	1.417*	0.631	0.027	0.17	2.67
	4	1	−1.000*	0.423	0.020	−1.84	−0.16
		2	−0.599	0.425	0.162	−1.44	0.25
		3	−1.417*	0.631	0.027	−2.67	−0.17

续表

因变量	(I)年龄	(J)年龄	均值差(I-J)	标准误	显著性	95%置信区间	
						下限	上限
补充微量元素	1	2	0.297	0.192	0.125	−0.08	0.68
		3	−0.771	0.480	0.111	−1.72	0.18
		4	0.979*	0.399	0.016	0.19	1.77
	2	1	−0.297	0.192	0.125	−0.68	0.08
		3	−1.068*	0.481	0.029	−2.02	−0.11
		4	0.682	0.401	0.092	−0.11	1.48
	3	1	0.771	0.480	0.111	−0.18	1.72
		2	1.068*	0.481	0.029	0.11	2.02
		4	1.750*	0.595	0.004	0.57	2.93
	4	1	−0.979*	0.399	0.016	−1.77	−0.19
		2	−0.682	0.401	0.092	−1.48	0.11
		3	−1.750*	0.595	0.004	−2.93	−0.57

* 均值差的显著性水平为 0.05。

(7) 消费者收入水平与保健品单月购买费用的相关性分析

由于在进行问卷设计时，我们把消费者收入水平与保健品单月购买费用都设置成了阶梯递增选项，因此可以把两变量看成程度递增的数值型数据，进而进行相关性分析以判明消费者收入水平是否会影响保健品单月购买费用。通过分析(见表 2.7.9)，显示 Pearson 相关系数为 0.164，$P=0.099$，故拒绝相关系数为 0 的假设，即认为“收入水平”与“保健品单月购买费用”之间有相关关系。

下面进一步研究收入水平与单月购买费用是否具有一定的回归关系。因此，回归分析中选用的回归自变量是消费者的月收入。经回归分析(见表 2.7.10)可以看出：$r=0.164>0$，说明收入水平与单月购买费用之间的关系为正相关，r 值比较接近于 0，说明收入水平与保健品单月购买费用之间的关系不是很密切。从中我们可以认为，保健品随着现代人生活水平的提高，不再算是奢侈品，再加上人们的保健意识越来越强，保健品已经走入寻常百姓家。

表 2.7.9 收入水平与单月购买费用的相关分析结果

项目		单月购买费用	收入
单月购买费用	Pearson 相关性	1	0.164
	显著性(双侧)		0.099
	N	102	102
收入	Pearson 相关性	0.164	1
	显著性(双侧)	0.099	
	N	102	102

表 2.7.10 回归模型系数表

模型		非标准化系数		标准系数	t	Sig.
		B	标准误差	试用版		
1	（常量）	1.227	0.251		4.893	0.000
	收入	0.160	0.096	0.164	1.666	0.099

(8) 性别与保健品单月购买费用的列联分析

为了讨论性别是否会影响消费者每月购买保健品的费用支出，我们采用列联分析方法，分析结果见表 2.7.11。从表中可以看出，计数和期望计数不存在显著差异。

进一步地，在表 2.7.12 中，卡方统计量为 2.590，自由度为 4，而双侧概率 $P=0.629>0.05$，故不拒绝原假设，即认为："性别"与"保健品单月购买费用"两变量之间独立，不存在依赖关系。因此，我们可以认为，男性和女性在保健品单月购买费用上没有显著的不同。

表 2.7.11 性别与保健品单月购买费用的列联分析结果

项目			性别		合计
			1	2	
单月购买费用	1	计数	19	44	63
		期望的计数	19.1	43.9	63.0
		单月购买费用中的百分比	30.2%	69.8%	100.0%
		性别中的百分比	61.3%	62.0%	61.8%
		总数的百分比	18.6%	43.1%	61.8%
	2	计数	8	18	26
		期望的计数	7.9	18.1	26.0
		单月购买费用中的百分比	30.8%	69.2%	100.0%
		性别中的百分比	25.8%	25.4%	25.5%
		总数的百分比	7.8%	17.6%	25.5%
	3	计数	4	5	9
		期望的计数	2.7	6.3	9.0
		单月购买费用中的百分比	44.4%	55.6%	100.0%
		性别中的百分比	12.9%	7.0%	8.8%
		总数的百分比	3.9%	4.9%	8.8%
	4	计数	0	3	3
		期望的计数	0.9	2.1	3.0
		单月购买费用中的百分比	0.0%	100.0%	100.0%
		性别中的百分比	0.0%	4.2%	2.9%
		总数的百分比	0.0%	2.9%	2.9%

续表

<table>
<tr><th colspan="3" rowspan="2">项　目</th><th colspan="2">性别</th><th rowspan="2">合计</th></tr>
<tr><th>1</th><th>2</th></tr>
<tr><td rowspan="5">单月购买费用</td><td rowspan="5">5</td><td>计数</td><td>0</td><td>1</td><td>1</td></tr>
<tr><td>期望的计数</td><td>0.3</td><td>0.7</td><td>1.0</td></tr>
<tr><td>单月购买费用中的百分比</td><td>0.0%</td><td>100.0%</td><td>100.0%</td></tr>
<tr><td>性别中的百分比</td><td>0.0%</td><td>1.4%</td><td>1.0%</td></tr>
<tr><td>总数的百分比</td><td>0.0%</td><td>1.0%</td><td>1.0%</td></tr>
<tr><td colspan="2" rowspan="5">合　计</td><td>计数</td><td>31</td><td>71</td><td>102</td></tr>
<tr><td>期望的计数</td><td>31.0</td><td>71.0</td><td>102.0</td></tr>
<tr><td>单月购买费用中的百分比</td><td>30.4%</td><td>69.6%</td><td>100.0%</td></tr>
<tr><td>性别中的百分比</td><td>100.0%</td><td>100.0%</td><td>100.0%</td></tr>
<tr><td>总数的百分比</td><td>30.4%</td><td>69.6%</td><td>100.0%</td></tr>
</table>

表 2.7.12　性别与保健品单月购买费用的卡方分析结果

类　型	值	df	渐进 Sig.（双侧）
Pearson 卡方	2.590[a]	4	0.629
似然比	3.687	4	0.450
线性和线性组合	0.112	1	0.738
有效案例中的 N	102		

a. 5 单元格(50.0%)的期望计数少于 5。最小期望计数为 0.30。

2.7.4　结论

从该案例的数据分析，可以得出以下一些结论。

(1) 消费者的性别、年龄、收入水平在对保健品的消费上并不存在显著差异。

(2) 消费者比较看重保健品的品牌和使用的原料。除此，保健品的“服用方便性”也是消费者比较关注的方面。根据剂型统计结果可见，胶囊类保健品所占比例较高，在包装产品时应将胶囊类作为首选。

(3) 对于保健品的功效，消费者一般会考虑“改善亚健康”和“补充微量元素”功效的影响；使用时间长的消费者，会比较关注“改善皮肤表现”的功效；不同年龄的消费者对“帮助钙质吸收”和“补充微量元素”功效的关注存在明显差异。

(4) 消费者了解保健品的主要渠道是：电视广告和网络宣传。

(5) 在售后服务的调查中，我们了解到：消费者比较关注“与保健品相关的知识培训、资料提供”，其次为“促销信息”和“跟踪服务”。因此在客户满意度方面，我们需要考虑以上因素的影响，通过改善工作方式和内容，来获得最大的客户满意度。

(6) 调查显示，保健品市场中的客户忠诚度相对较低，消费者持续使用同一品牌的保健品的可能性不高，这为新产品的进入提供了机会。

(7) 给胶原蛋白类产品的市场建议如下。

第一，胶原蛋白类产品具有一定的潜在消费者，但在销售定价上，要继续综合考查其他保健品的销售价格，考虑消费者的消费能力，扣除其他成本、费用等因素的影响，来合理地制定胶原蛋白类产品的价格。

第二，胶原蛋白类产品的消费人群在定位上可以排除性别、年龄等因素的影响，根据战略定位，确定是否应用28原则，走高端路线还是大众路线。

第三，胶原蛋白类保健品在产品研发中要注意原料的选择；产品在市场宣传中，除了强调胶原蛋白类产品的特殊功效，还应考虑“改善亚健康”，“补充微量元素”等功效的影响，利用不同年龄的消费者对功效关注点的不同，制定宣传策略。

第四，胶原蛋白类产品在考虑市场进入时，应重点考虑“电视广告”和“网络宣传”的作用；在产品包装上应考虑携带和服用方便性的影响，建议采用“胶囊”或者“片剂”作为其主要包装形式。

附录：调查问卷

北京地区保健品市场调查问卷

尊敬的消费者：

我们将要对北京地区保健品或营养品的销售和使用情况做一调查，希望得到您的支持和帮助。本次调查为匿名调查，所有答案只用于统计分析，受访者资料将受到严格保护。

谢谢您的配合！

调查员注意事项

1. 访问人群年龄应在20～75岁之间
2. 访问人群应排除以下行业

【访员注意：以下任一答案为“是”、“不知道”或“拒答”，感谢并终止访问。】

是　　否　　不知道　　拒答

(1) 广告公司/公关公司

(2) 市场研究机构

(3) 保健品制造商、经销商

(4) 药品制造商、经销商

(5) 新闻记者

3. 在过去一年里您或您的家人是否用过保健品或营养品?
(1) 有——继续
(2) 无——感谢并终止访问
4. 请问您或您的家人是否使用过胶原蛋白?
(1) 是——继续
(2) 否——感谢并终止访问

谢谢您的合作!

****

主体问卷

请在下表中具体问题所选答案后的打√,可多选;或在( )处填写适当内容。

保健品的消费种类

1. 您使用最多的营养品或保健品?
(1) 番茄红素( ) (2) 葡萄籽油( ) (3) 螺旋藻( )
(4) 蛋白粉( ) (5) 胶原蛋白类( ) (6) 鱼油或卵磷脂( )
(7) 维生素类( ) (8) 铁剂( ) (9) 钙剂( ) (10) 其他(请说明)

保健品基础性信息

2. 您使用该保健品的时间:
(1) 半年以下( ) (2) 一年以下( )
(3) 二年以下( ) (4) 二年以上( )
3. 您使用的保健品属于哪种剂型的产品?
(1) 粉剂( ) (2) 口服液( )
(3) 胶囊( ) (4) 其他(请说明)
4. 您习惯从哪里购买保健品?
(1) 药店( ) (2) 专卖店( )
(3) 商场超市( ) (4) 网购( )
(5) 直销员( ) (6) 便利店( )
(7) 其他(请说明)
5. 您在消费保健品时,购买间隔时间通常有多长?
(1) 每月购一次 (2) 每两个月购一次
(3) 每个季度购一次 (4) 每半年购一次

(5) 其他(请说明)

6. 您每月用于保健品消费的支出是下面哪项?

(1) 200元以下(　　)　　(2) 201～400元(　　)

(3) 401～600元(　　)　　(4) 601～800元(　　)

(5) 801元以上(　　)

消费者购买目的及关注方面

7. 在购买该保健品时,您关注以下哪些因素?

	非常关注	比较关注	一般	不关注	非常不关注
(1) 价格	(　　)	(　　)	(　　)	(　　)	(　　)
(2) 品牌	(　　)	(　　)	(　　)	(　　)	(　　)
(3) 产地(进口、国产)	(　　)	(　　)	(　　)	(　　)	(　　)
(4) 原料	(　　)	(　　)	(　　)	(　　)	(　　)
(5) 广告	(　　)	(　　)	(　　)	(　　)	(　　)

8. 您在评价使用的保健品时,关注的主要功效是什么?

	非常关注	比较关注	一般	不关注	非常不关注
(1) 改善皮肤表观	(　　)	(　　)	(　　)	(　　)	(　　)
(2) 减缓软组织退化	(　　)	(　　)	(　　)	(　　)	(　　)
(3) 帮助钙质吸收	(　　)	(　　)	(　　)	(　　)	(　　)
(4) 改善亚健康	(　　)	(　　)	(　　)	(　　)	(　　)
(5) 补充微量元素	(　　)	(　　)	(　　)	(　　)	(　　)

9. 您在使用保健品时,除功效以外,还关注哪些方面?

	非常关注	比较关注	一般	不关注	非常不关注
(1) 产品纯度(可溶化性)	(　　)	(　　)	(　　)	(　　)	(　　)
(2) 产品口感	(　　)	(　　)	(　　)	(　　)	(　　)
(3) 服用方便性	(　　)	(　　)	(　　)	(　　)	(　　)
(4) 添加的营养辅助剂	(　　)	(　　)	(　　)	(　　)	(　　)

10. 您对该保健品的效果满意度?

(1) 非常满意(　　)　(2) 满意(　　)　(3) 不确定(　　)　(4) 一般(　　)

(5) 不满意(　　)

消费者的品牌忠诚度

11. 您现在使用的保健品是什么品牌？答：________。

12. 您是否会继续使用该品牌产品？

(1) 是（ ） (2) 不确定（ ） (3) 试试其他品牌（ ）

有效性

13. 以您的经验，使用该产品多长时间会见效？

(1) 三个月（ ） (2) 半年（ ） (3) 一年以上（ ） (4) 其他

满意度

14. 您对产品的售后服务注重哪方面？

(1) 购物环境（ ） (2) 物流配送（ ） (3) 跟踪服务（ ）

(4) 促销信息（ ） (5) 与保健相关知识的培训、资料提供（ ）

传播途径

15．您从哪里知道该保健品或营养品的？

(1) 广播广告（ ） (2) 电视广告（ ） (3) 报刊广告（ ）

(4) 网络宣传（ ） (5) 手册和宣传页（ ） (6) 某品牌的其他产品处（ ）

是否愿意试用

16. 如果价格合理，您是否愿意试用胶原蛋白类保健品？

(1) 是（ ） (2) 否（ ）——原因是：________。

受访者背景资料

D1. 您的性别是：

(1) 男（ ） (2) 女（ ）

D2. 您的最高学历是：

(1) 中专/高中毕业/技校及以下（ ） (2) 大专/大学毕业（ ）

(3) 研究生及以上（ ）

D3. 您的年龄属于以下哪一类？

(1) 20～29 岁（ ） (2) 30～39 岁（ ） (3) 40～49 岁（ ）

(4) 50 岁以上(　　)

D4. 请问您全家人均的月收入(税后)是属于以下哪一类?

(1) 5 000 元以下(　　)　(2) 5 001～10 000 元(　　)　(3) 10 001～20 000 元(　　)

(4) 20 001～30 000 元(　　)　(5) 30 001 元以上(　　)

我们的调查到此结束,再次感谢您的配合! 如有什么建议或意见,请您写下:

____

____

2.8 本科专业报考动因分析

参与者：张伦、陈曦、魏雪、吴若冲、甘彧、冯杰、周兴博、王枭倩、雒原、苗华欣
起止时间：2006 年 4 月—2006 年 6 月

学习目的

(1) 掌握相关分析、回归分析以及因子分析的统计方法，能够针对具体的数据进行实际运用。

(2) 深入挖掘数据，结合数据特点选择恰当的统计方法进行分析。

(3) 熟练使用 SPSS 进行数据分析，并结合具体背景给出合理解释。

(4) 掌握统计分析报告的撰写方法。

2.8.1 调查研究背景与现实意义

每当高考临近时，专业选择便成为考生和家长面临的一个突出的问题，他们经常为报考什么专业举棋不定，甚至因此陷入专业选择的误区。

高考考生在填报志愿时，哪些是影响他们专业选择的主要因素？是依据自己的兴趣和特长，还是根据“是否是热门专业”、“是否是名牌学校”、“将来的就业情况”以及其他的一些外在因素进行选择？进入高校以后，学生是否满意自己的专业选择呢？目前我国在这方面的研究较少，以至于考生在专业选择时显得无所适从。

大学阶段是一个人接受高水平专业化教育，确立未来职业方向的重要时期，大学的专业教育往往决定了一个人进入社会后的职业生涯。如果考生在选择专业时缺乏明确的专业选择技能和职业发展意识，对自己将来的发展考虑不够长远，那么，就会不可避免地增加学生选择专业时的盲目性和投机性，很有可能因此降低对所选择专业的满意度。

对大多数大学生来讲，他们在专业方向的选择上，缺乏可靠的信息来源、相关的资料以及正确的专业方向指导。使得一些考生进入大学后发现自己对该专业不感兴趣。假如在专业选择之前，对考生预先进行相应的兴趣测查，而后结合考生的个人因素、家庭因素、社会因素、高校因素等给予恰当的指导，这样对于考生可能有真正的帮助作用。

2.8.2 调查方案的设计

1. 调查研究的思路及过程

首先，查阅相关文献并访谈一些不同年级、专业的本科学生，通过初步调研明确调研主题，研究过程见图 2.8.1。

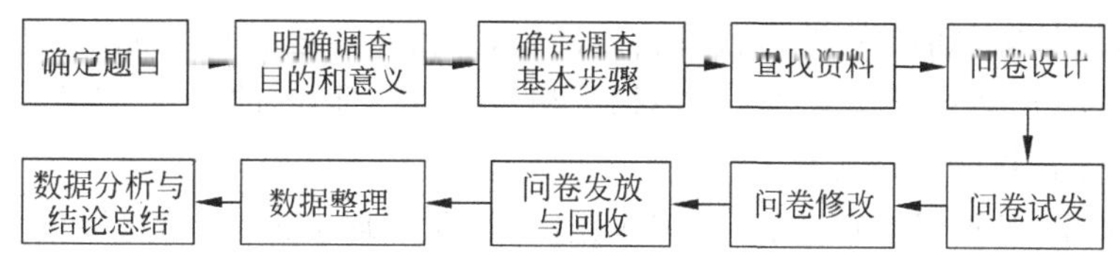

图 2.8.1 调查研究过程

其次，拟定从专业报考的影响因素、信息来源等方面对考生的专业选择进行分析，并考虑以上因素与考生日后对所学专业的满意度、转专业倾向的相关联系（见图 2.8.2），从而建立专业报考动因体系（见图 2.8.3）和专业现状满意度影响因素体系（见图 2.8.4）。

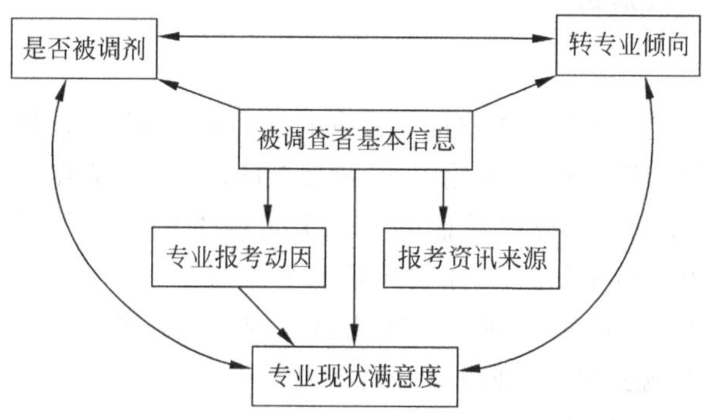

图 2.8.2 调查方案设计

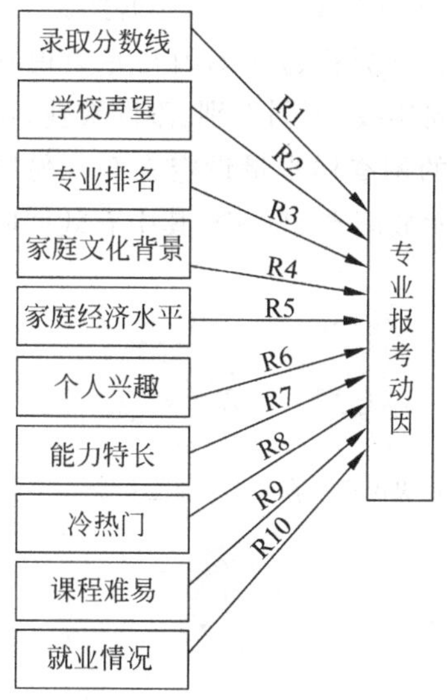

图 2.8.3 专业报考动因

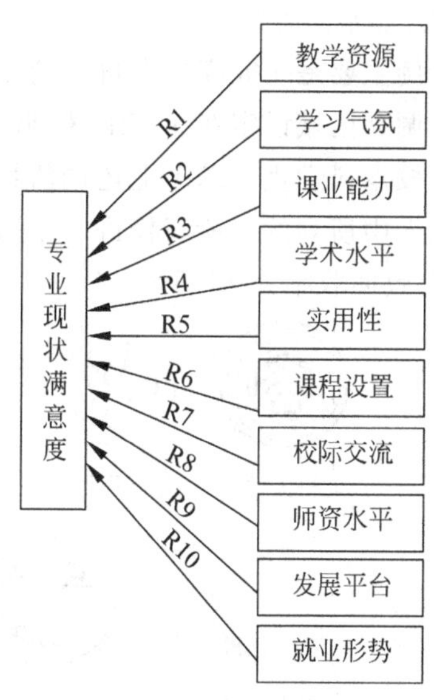

图 2.8.4 专业满意度因素

再次，针对该案例的研究主题设计初始问卷，并在北京理工大学范围内进行小样本数据的收集。根据反馈意见以及对采集数据的初步分析，对问卷的内容、形式作出进一步调整与修改，确定最终的调查问卷。

在此基础上，选取了北京大学、中国人民大学、北京理工大学、中央民族大学、北京师范大学、中国农业大学、北京科技大学、北京航空航天大学、北京邮电大学 9 所高等院校，进行了问卷发放和数据采集。

最后，对数据进行相关统计分析，完成对专业选择相关影响因素的分析、对专业现状满意度相关因素的分析等，并得出相应结论。

2. 问卷设计与调查形式

(1) 问卷设计

在文献资料查阅、实地采访及样本问卷预发的基础上，对最初设计的调查问卷进行了多次修改，并确定了最终使用的问卷(见附录)。该案例的调查问卷在结构上包括四个部分。

第一部分为标题；第二部分简单描述了该次问卷调查的目的，旨在引起被调查者的注意，减少无效问卷的数量；第三部分是问卷的主体部分，主要围绕影响报考因素、信息来源、专业现状满意度、专业转换倾向等问题展开调查；第四部分为被调查者的基本信息，包括性别、年级、生源地域、专业以及是否为调剂等。

(2) 调查形式和样本量的确定

该案例采取走访高校自习室随机抽样的方式发放问卷，问题测量采用李克特(Likert)五级量表，即"非常同意"、"同意"、"一般"、"不同意"、"非常不同意"五个备选答案。

该案例主要是研究高校本科生的专业报考动因，并分析这些动因与专业现状满足感的关系。调查区域设定在北京地区，调查对象为不同年级、不同性别、不同专业、不同生源省份的在校本科学生。基于上述调研特点，该案例的调查样本量设定在 700 份以上。对如图 2.8.5 中所列的 9 所高校进行了数据收集，共发放问卷 860 份，其中有效回收问卷为 755 份，有效回收率为 87.8%。

北京大学

中国人民大学

北京理工大学

中央民族大学

北京师范大学

中国农业大学

北京科技大学

北京航空航天大学

北京邮电大学

图 2.8.5 调查对象

2.8.3　数据分析

1. 问卷基本信息分析

(1) 被调查者性别统计

在该案例的问卷调查中，被调查者中女生数量较多，占到总人数的 56.82%(见图 2.8.6)。男生比例较小，可能由于男生稍显粗心，废卷率稍高。总体来说，被调查者性别比例相差不大，符合实际情况。

(2) 年级分布情况

如图 2.8.7 所示，调查中 51.66%被调查者是大三年级的学生，大二年级占 26.36%。而大一、大四年级的被调查者相对较少，分别占 15.63%和 6.36%。

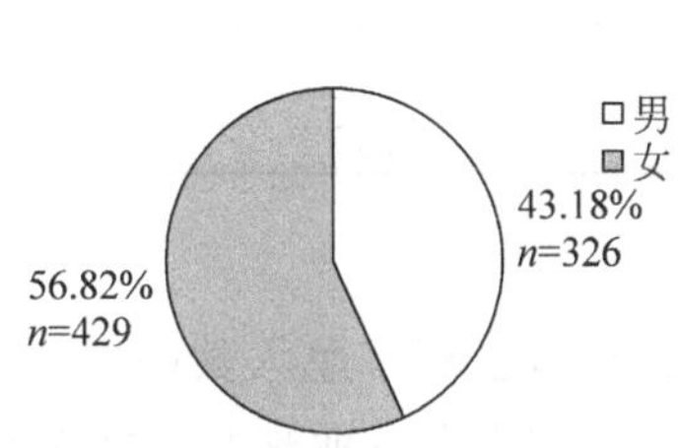

图 2.8.6　被调查者性别统计

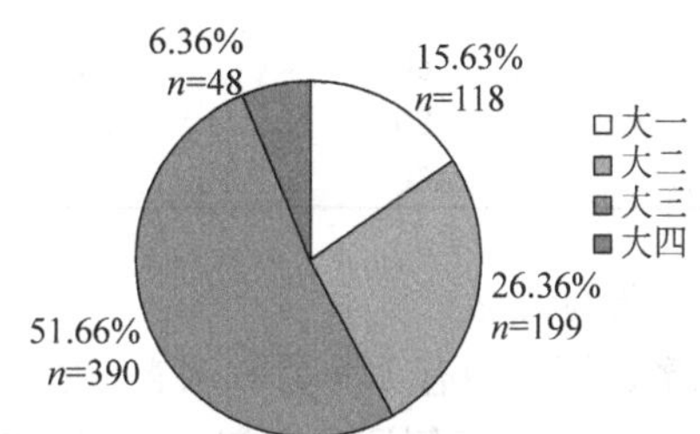

图 2.8.7　被调查者年级分布

(3) 学校分布情况

该案例的数据采集范围较广泛(见表 2.8.1)。数据采自 9 所北京高校，且专长特色各不相同，既有综合性大学，又有偏重工科的院校以及文科类院校。广泛的数据采集，增强了结论的说服力。

表 2.8.1　被调查者学校分布

学　校	频数	百分比/%	学　校	频数	百分比/%
北京理工大学	102	13.5	北京航空航天大学	85	11.3
中国人民大学	91	12.1	中国农业大学	90	11.9
北京大学	90	11.9	北京邮电大学	85	11.3
北京师范大学	64	8.5	北京科技大学	104	13.8
中央民族大学	44	5.8	总计	755	100.0

(4) 专业分布情况

根据《中华人民共和国高等教育法》和《高等学校本科专业设置规定》，调查中将高等院校的本科专业划分为 10 个大类，即哲学、经济学、法学、文学、历史学、理学、工学、农学、医学、管理学，如表 2.8.2 所示。被调查学生中，哲学专业的比例是 0.3%、经济学为13%、法学为 7.4%、文学为 7.9%、历史学为 2.6%、理学为 8.7%、工学为 38.5%、农学为

6.8%、医学为0.5%、管理学为14.2%，工学学生占比例最大。

需要说明的是，该案例的调查数据中被调查者专业为工学的比例明显高出其他类别，这与实际情况相符。主要原因在于按照上述划分方法，工科包含：材料类、机械类、能源动力类、电气信息类、土建类、水利类、测绘类、环境类、化工与制药类、航空航天类、武器类、工程力学类、生物工程类、农业工程类等专业，涵盖面很广。也就是说，如果将样本分摊到具体子类，被调查者的专业比例将较为均衡。

表 2.8.2 被调查者专业分布统计

专业	频数	百分比/%	专业	频数	百分比/%
哲学	2	0.3	工学	291	38.5
经济学	98	13.0	农学	51	6.8
法学	56	7.4	医学	4	0.5
文学	60	7.9	管理学	107	14.2
历史学	20	2.6			
理学	66	8.7	总计	755	100.0

(5) 调剂情况

该案例调查中有198名被调查者在入学时被调剂专业，占到了总人数的26.2%(见表2.8.3)。在该案例调查之初，设想被调剂与未被调剂大学生在专业现状满意度及转专业倾向上可能会呈现差异，以下将会对此进行分析。

表 2.8.3 被调查者调剂情况统计

是否调剂	频数	百分比/%
是	198	26.2
否	557	73.8
总计	755	100.0

(6) 地域分布

该案例将被调查者的生源省份分为东北、华北、华东、华中、华南、西南、西北、中南八大地区(见表2.8.4)。由于数据采自北京的高校，所以学生生源相对集中在华北、华东地区，但在其余的六大地区，数据相对分布较均匀。

表 2.8.4 被调查者生源地域分布统计

生源	频数	百分比/%	生源	频数	百分比/%
东北	72	9.5	西南	87	11.5
华北	254	33.6	西北	72	9.5
华东	116	15.4	中南	38	5.0
华中	91	12.1			
华南	25	3.3	总计	755	100.0

2. 专业报考动因分析

(1) 报考动因描述性统计

从表 2.8.5 中可以看出,问卷中设计的 10 项报考动因在 1～5 的测度下均值均小于 3,说明被调查者基本都同意这 10 项内容是影响报考选择的因素。其中,对“学校声望”的认同度最高,对其他报考动因的认同度从高到低依次为:“录取分数线”、“就业情况”、“兴趣”、“专业排名”、“能力特长”、“冷热门”、“文化背景”、“经济水平”和“课程难易”。

表 2.8.5　报考动因均值比较结果

项目	录取分数线	学校声望	专业排名	文化背景	经济水平	能力特长	兴趣	冷热门	课程难易	就业情况
总数	755	755	755	755	755	755	755	755	755	755
均值	2.00	1.74	2.04	2.49	2.46	2.18	2.14	2.41	2.94	2.03
标准差	0.898	0.803	0.937	1.105	1.014	0.981	0.987	1.012	0.991	1.011

注释:该案例的调查问卷采用五级量表,数值为 1～5,它们的意义分别为:1—非常认同;2—认同;3——一般;4—不认同;5—非常不认同。

为说明上述结论,通过单样本 t 检验来验证各报考动因获得的认同均值是否显著低于常数 2(认同),即假设被调查者认同这 10 项因素是他们的报考动因。

结果表明(见表 2.8.6):“学校声望”的双边 P 值为 0,进而单边 P 值＜显著性水平 0.05,拒绝原假设,说明对它的认同与 2 存在显著差异;由学校声望的均值等于 1.74(表 2.8.5),可以认为对它的认同显著低于 2,即考生认同学校声望是影响他们报考的动因。“录取分数线”、“专业排名”和“就业情况”三项因素的 P 值较大,不拒绝原假设,即认为这

表 2.8.6　报考动因的单因素 t 检验结果

报考动因	检验值＝2			
	t	df	Sig.(双侧)	均值差值
录取分数线	0.081	754	0.935	0.003
学校声望	−8.934	754	0.000	−0.261
专业排名	1.126	754	0.260	0.038
文化背景	12.284	754	0.000	0.494
经济水平	12.452	754	0.000	0.460
能力特长	5.081	754	0.000	0.181
兴趣	3.907	754	0.000	0.140
冷热门	11.145	754	0.000	0.411
课程难易	26.147	754	0.000	0.943
就业情况	0.684	754	0.494	0.025

三项与2(认同)没有显著差别,也就是说,可以认为考生认同这三个因素是影响他们专业报考的动因。其他几项的单边 P 值<显著性水平0.05,且均值都大于2,说明对它们的认同显著大于2,即大学生不认同这几项作为专业报考动因。

通过上述分析可以看出,考生在报考专业时通常会比较关注学校的声望、该专业的录取分数、学校专业排名以及专业就业情况;对个人兴趣和能力特长因素考虑的相对较少。

(2) 报考动因的因子分析

影响专业报考的因素比较多,该案例的问卷中列举了10项。为了研究专业报考动因可以归纳为哪些方面,用SPSS软件中的因子分析功能对这10项因素进行处理,结果如表2.8.7(a)、(b)、(c)所示。

表2.8.7(a) KMO检验和Bartlett球形检验结果

取样足够度的Kaiser-Meyer-Olkin度量		0.676
Bartlett的球形度检验	近似卡方	1 368.251
	df	45
	Sig.	0.000

表2.8.7(b) 整体解释的变异数

成分	初始特征值			提取平方和载入			旋转平方和载入		
	合计	方差的百分比/%	累积百分比/%	合计	方差的百分比/%	累积百分比/%	合计	方差的百分比/%	累积百分比/%
1	2.770	27.698	27.698	2.770	27.698	27.698	1.824	18.244	18.244
2	1.466	14.664	42.362	1.466	14.664	42.362	1.691	16.908	35.152
3	1.121	11.214	53.576	1.121	11.214	53.576	1.520	15.203	50.355
4	1.047	10.472	64.048	1.047	10.472	64.048	1.369	13.693	64.048
5	0.880	8.804	72.852						
6	0.739	7.389	80.242						
7	0.681	6.807	87.049						
8	0.540	5.397	92.446						
9	0.412	4.125	96.571						
10	0.343	3.429	100.000						

由表2.8.7(a)可见,KMO值为0.676,大于0.5,Bartlett球形检验的 P 值=0.00<显著性水平0.05,说明各变量之间的显著相关,适合用因子分析的方法。

分析结果表明(见表2.8.7(c)),因素"冷热门"、"就业情况"、"课程难易"在第一个公共因子上的载荷比较大,故可将第一个公共因子命名为"专业因素";因素"能力特长"、"兴趣"在第二个公共因子上的载荷比较大,故可将第二个公共因子命名为"个人因素";

因素“学校声望”、“专业在学校的排名”、“专业录取分数线”在第三个公共因子上的载荷比较大，故可将第三个公共因子命名为“学校因素”；因素“文化背景”、“经济水平”在第四个公共因子上的载荷比较大，故可将第四个公共因子命名为“家庭因素”。

表 2.8.7(c)　旋转后的因子载荷矩阵

项　目	成　分			
	1	2	3	4
冷热门	0.813		0.155	
就业情况	0.749		0.257	0.102
课程难易	0.706			0.138
能力特长	0.131	0.884		
兴趣		0.875	0.101	0.120
学校声望			0.806	0.150
专业排名		0.320	0.690	
录取分数线	0.153		0.506	0.236
文化背景			0.107	0.819
经济水平	0.229		0.115	0.749

需要说明的是，影响专业报考的因素很多，在问卷题目“专业报考动因”的“其他”选项中，被调查者也列出了许多其他因素，如学校所在地、奖学金等。该案例的调查问卷没有将所有因素一一列出，这可能是表 2.8.7(b)中四个公共因子的累计贡献率仅为 64.048%原因所在，但这并不能否定数据的说服力。

3. 报考因素与专业现状满意度分析

(1) 专业现状满意度描述

从表 2.8.8 可以看出，在所有被调查者中，对专业现状表示满意和非常满意的人超过50%，表示不满意和非常不满意有 10%，其余大学生对专业的满意情况为一般。由图 2.8.8 可知，被调查者对专业的满意情况大致呈正态分布。

表 2.8.8　被调查者专业现状满意度分布统计

态度	频数	百分比	累积百分比
1	149	19.7	19.7
2	279	37.0	56.7
3	252	33.4	90.1
4	48	6.4	96.4
5	27	3.6	100.0
总计	755	100.0	

(2) 专业现状满意度分析

① 高校类别对专业现状满意度影响的单因素方差分析

从方差分析结果(见表 2.8.9)可以看出,F 分布的 P 值为 0.062,如果在 0.1 的显著性水平下,可以认为不同高校学生的专业现状满意度存在显著性差异。从图 2.8.9 可以看出:北京大学、北京师范大学学生的专业现状满意度较高,而北京理工大学、中央民族大学、北京航空航天大学、北京邮电大学学生的专业现状满意度则相对较低。

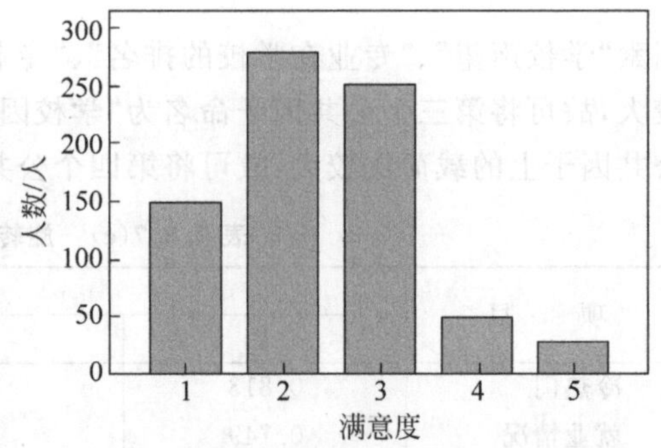

图 2.8.8 大学生专业现状满意度分布

表 2.8.9 高校对专业现状满意度影响的单因素方差分析结果

模 型	平方和	df	均 方	F	Sig.
组间	14.402	8	1.800	1.871	0.062
组内	717.757	746	0.962		
总数	732.159	754			

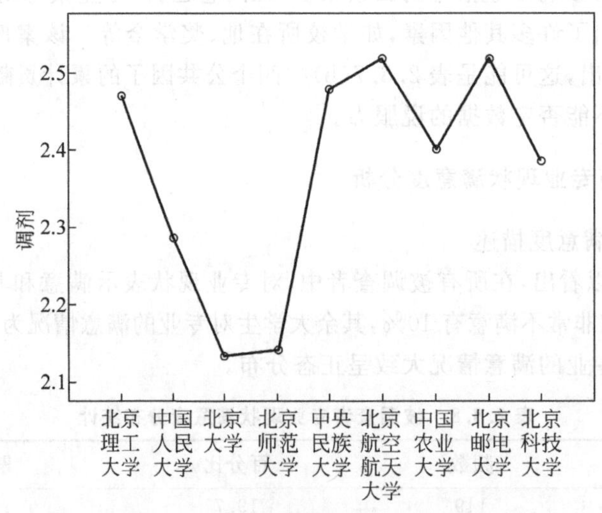

图 2.8.9 9 所高校被调查者的专业现状满意度统计

这种差异是什么原因造成的呢?假设是由于这几所高校学生的被调剂率不同造成的。下面针对这一假设进行验证。

对不同学校学生被调剂情况进行单因素方差分析,结果如下。

通过统计分析(见表 2.8.10),F 分布的 $P=0.001<$ 显著性水平 0.05,拒绝原假设,

因此可以认为：入学时不同高校学生被调剂的情况存在显著的差异。由图 8.10 可知，北京理工大学、中央民族大学、中国农业大学学生被调剂的情况较多，而北京大学、北京师范大学、北京航空航天大学、北京邮电大学学生被调剂的情况较少。通过对图 2.8.9 与图 2.8.10 的比较可以看出，调剂情况多的大学，学生满意度低；而调剂情况少的大学，学生满意度相对较高。

表 2.8.10 9 所高校调剂情况的单因素方差分析结果

模 型	平方和	df	均 方	F	Sig.
组间	5.273	8	0.659	3.493	0.001
组内	140.801	746	0.189		
总数	146.074	754			

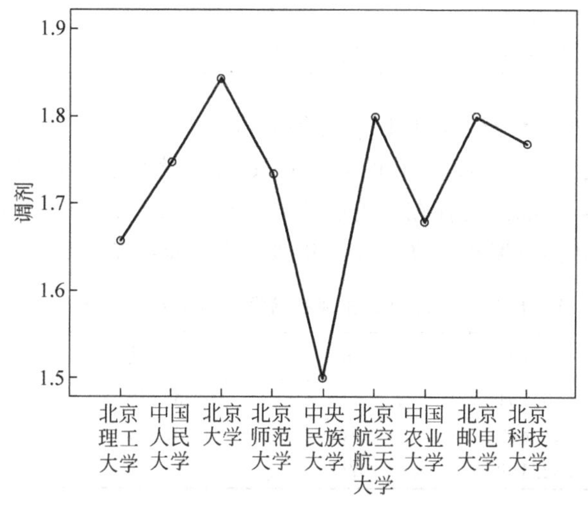

图 2.8.10 9 所高校的调剂情况统计

注：该案例的调查问卷，"是否调剂"一项中 1 代表入校时被调剂，2 代表未被调剂

那么是否可以认为高校的调剂情况和学生专业现状满意度之间存在上述关系，以下用相关分析作进一步验证。

通过分析(见表 2.8.11)，调剂情况与专业现状满意度的相关系数为 −0.204，同时 P 值很小(P=0.000)，拒绝相关系数为 0 的假设，说明调剂情况与专业现状满意度负相关。

② 性别对专业现状满意度影响的单因素方差分析

通过统计分析(见表 2.8.12)，F 分布的 P=0.597＞显著性水平 0.05，因此可以认为：不同性别学生对专业现状满意度不存在显著的差异。

表 2.8.11 调剂情况和学生专业现状满意度的相关分析结果

	项目	调剂	满意
调　剂	Pearson 相关性	1	−0.204(**)
	Sig.(双侧)		0.000
	N	755	755
满　意	Pearson 相关性	−0.204(**)	1
	Sig.(双侧)	0.000	
	N	755	755

表 2.8.12 性别对专业现状满意度影响的方差分析结果

模　型	平方和	df	均　方	F	Sig.
组间	0.272	1	0.272	0.280	0.597
组内	731.887	753	0.972		
总数	732.159	754			

③ 年级对专业现状满意度的单因素方差分析

通过分析(见表 2.8.13),F 分布的 $P=0.014<$ 显著性水平 0.05,因此可以认为:不同年级学生的专业现状满意度存在显著的差异。从图 2.8.11 可以看出,大一年级和大四年级学生对专业现状满意度相对高于大二年级和大三年级学生。

表 2.8.13 年级对专业现状满意度影响的方差分析结果

模　型	平方和	df	均　方	F	Sig.
组间	10.291	3	3.430	3.569	0.014
组内	721.868	751	0.961		
总数	732.159	754			

(3)“现在对专业是否满意”与“是否有转专业倾向”的列联分析

此部分有效数据总数 $N=754$,有一个缺失值。“是否有转专业倾向”分为两类。“现在对专业是否满意”按照问卷中“专业现状满意度”的分值分为两类:分值 1~3 定义为“满意”,4~5 定义为“不满意”。

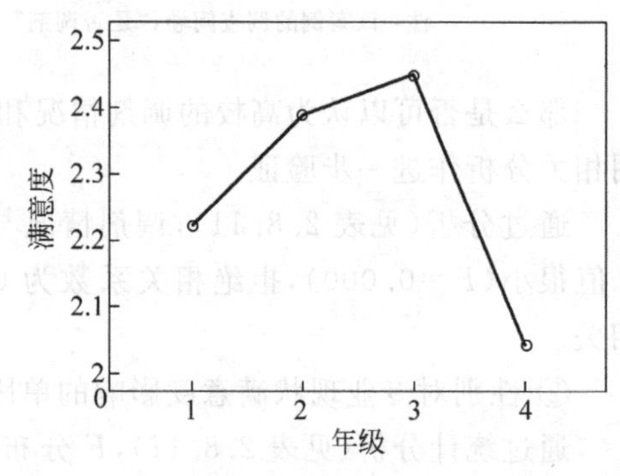

图 2.8.11 不同年级被调查者的满意度情况

从表 2.8.14(a)知 χ^2 统计量为 50.547,$P=0.000<$ 显著性水平 0.05,故拒绝两个变量独立的原假设,即可以认为:“现在对专业

是否满意”与“是否有转专业倾向”之间有关系。

表 2.8.14(a) “是否满意”与“是否有转专业倾向”χ^2 分析结果

项 目	值	df	渐进 Sig.（双侧）	精确 Sig.（双侧）	精确 Sig.（单侧）
Pearson 卡方	50.547(b)	1	0.000		
连续校正(a)	48.824	1	0.000		
似然比	53.541	1	0.000		
Fisher 的精确检验				0.000	0.000
线性和线性组合	50.480	1	0.000		
有效案例中的 N	754				

从表 2.8.14(b)可以看出，对专业现状不满意的学生中，希望转专业的占 84%；在对专业现状满意的被调查者中，希望转专业的占 40.9%。总的来说，对本专业现状不满的学生的转专业倾向高于对本专业满意的学生的转专业倾向。

表 2.8.14(b) “是否满意”与“是否有转专业倾向”列联分析结果

项 目			是否满意		合计
			不满意	满意	
是否转专业	是	计数	63	278	341
		期望的计数	33.9	307.1	341.0
		是否转专业中的百分比	18.5%	81.5%	100.0%
		是否满意的百分比	84.0%	40.9%	45.2%
		总数的百分比	8.4%	36.9%	45.2%
	否	计数	12	401	413
		期望的计数	41.1	371.9	413.0
		是否转专业中的百分比	2.9%	97.1%	100.0%
		是否满意的百分比	16.0%	59.1%	54.8%
		总数的百分比	1.6%	53.2%	54.8%
合 计		计数	75	679	754
		期望的计数	75.0	679.0	754.0
		是否转专业中的百分比	9.9%	90.1%	100.0%
		是否满意的百分比	100.0%	100.0%	100.0%
		总数的百分比	9.9%	90.1%	100.0%

(4) “入学时是否被调剂”与“现在对专业是否满意”的列联分析

该部分“入学时是否被调剂”分为两类。“现在对专业是否满意”按照问卷中“专业现状满意度”的分值分为两类：分值 1～3 定义为“满意”，4～5 定义为“不满意”。从表 2.8.15 知 χ^2 统计量为 22.898，$P=0.000<$ 显著性水平 0.05，故拒绝两个变量是独立的假设，即可

以认为："入学时是否被调剂"与"现在对专业是否满意"之间有关系。

表 2.8.15 "是否被调剂"与"是否满意"χ^2 分析结果

项　目	值	df	渐进 Sig.（双侧）	精确 Sig.（双侧）	精确 Sig.（单侧）
Pearson 卡方	22.898(b)	1	0.000		
连续校正(a)	21.593	1	0.000		
似然比	20.468	1	0.000		
Fisher 的精确检验				0.000	0.000
线性和线性组合	22.867	1	0.000		
有效案例中的 N	754				

(5)"入学时是否被调剂"与"是否有转专业倾向"的列联分析

"入学时是否被调剂"分为两类，"是否有转专业倾向"也分为两类。从表 2.8.16(a) 知 χ^2 统计量为 47.147，$P=0.000<$显著性水平 0.05，故拒绝两个变量是独立的假设，即可以认为："入学时是否被调剂"与"是否有转专业倾向"之间有关系。

表 2.8.16(a) "是否被调剂"与"是否转专业"χ^2 分析结果

项　目	值	df	渐进 Sig.（双侧）	精确 Sig.（双侧）	精确 Sig.（单侧）
Pearson 卡方	47.147(b)	1	0.000		
连续校正(a)	46.013	1	0.000		
似然比	47.424	1	0.000		
Fisher 的精确检验				0.000	0.000
线性和线性组合	47.084	1	0.000		
有效案例中的 N	755				

从表 2.8.16(b)可以看出，在被调剂的学生中希望转专业的占 66.2%，没有被调剂的学生中希望转专业的占 37.9%，被调剂的学生的转专业意愿明显高于未被调剂的学生的转专业意愿。

综合上述三个列联分析可以看出，"入学时是否被调剂"、"现在对专业是否满意"与"是否有转专业倾向"三者之间均不独立。

4. 报考因素与专业现状满意度的分析

(1) 报考因素与专业现状满意度的相关分析

分析专业现状满意度与录取分数线、学校声望、专业排名、文化背景、经济水平、能力特长、兴趣、冷热门、课程难易、就业情况这 10 个报考动因的相关性，截取部分结果如表 2.8.17 所示。

表 2.8.16(b) “是否被调剂”与“是否转专业”列联分析结果

项目			是否转专业		合计
			是	否	
调剂	是	计数	131	67	198
		期望的计数	89.7	108.3	198.0
		调剂的百分比	66.2%	33.8%	100.0%
		是否转专业的百分比	38.3%	16.2%	26.2%
		总数的百分比	17.4%	8.9%	26.2%
	否	计数	211	346	557
		期望的计数	252.3	304.7	557.0
		调剂的百分比	37.9%	62.1%	100.0%
		是否转专业的百分比	61.7%	83.8%	73.8%
		总数的百分比	27.9%	45.8%	73.8%
合计		计数	342	413	755
		期望的计数	342.0	413.0	755.0
		调剂的百分比	45.3%	54.7%	100.0%
		是否转专业的百分比	100.0%	100.0%	100.0%
		总数的百分比	45.3%	54.7%	100.0%

表 2.8.17 专业现状满意度与10个报考动因的相关性分析结果

项目		录取分数线	学校声望	专业排名	文化背景	经济水平	能力特长	兴趣	冷热门	课程难易	就业情况
满意	Pearson 相关性	0.029	0.087 (*)	0.155 (**)	0.166 (**)	0.076 (*)	0.334 (**)	0.399 (**)	−0.012	−0.037	0.008
	Sig.(双侧)	0.428	0.016	0.000	0.000	0.037	0.000	0.000	0.744	0.313	0.828
	N	755	755	755	755	755	755	755	755	755	755

由表 2.8.17 可以看出，“学校声望”、“专业排名”、“文化背景”、“经济水平”、“能力特长”、“兴趣”这 6 个报考动因的 P 值较小(<0.05)，拒绝原假设，说明它们与专业现状满意度相关，即“学校的声望”、“专业在学校的排名”、“家庭的文化背景”、“家庭的经济实力”、“专业是否能体现个人的能力特长”、“专业是否与兴趣相符”这 6 个报考动因与学生现在对专业是否满意相关。

“录取分数线”、“就业情况”对满意度的相关系数较小，同时 P 值较大，说明不能拒绝原假设，即认为“录取分数线”、“就业情况”与专业现状满意度之间无相关关系。

“冷热门”、“课程难易”与专业现状满意度的相关系数为负，但 P 值较大，不能拒绝原假设，即认为“录取分数线”、“就业情况”与专业现状满意度之间无相关关系。但是，这在一定程度上说明报考专业时考虑专业的冷热门以及专业的就业情况越多，被调查者在现阶段对所学专业的满意度可能越低。

(2) 报考因素与专业现状满意度的回归分析

通过上述相关分析，进一步做关于报考因素与专业现状满意度的回归分析，以评价它们对专业现状满意度的影响大小。设“学校声望”为 x_1，“专业排名”为 x_2，“文化背景”为 x_3，“经济水平”为 x_4，“能力特长”为 x_5、“兴趣”为 x_6。采用逐步引入法，选择多元线性回归模型，结果如表 2.8.18 所示。

表 2.8.18(a) 报考因素与专业现状满意度的回归模型的判定系数

模型	R	R^2	调整 R^2	标准估计的误差
1	0.399(a)	0.159	0.158	0.904
2	0.414(b)	0.171	0.169	0.898
3	0.424(c)	0.180	0.176	0.894

表 2.8.18(b) 报考因素与专业现状满意度的回归系数

模型		非标准化系数		标准系数	t	Sig.
		B	标准误差	试用版		
1	(常量)	1.519	0.079		19.321	0.000
	兴趣	0.398	0.033	0.399	11.939	0.000
2	(常量)	1.308	0.101		12.942	0.000
	兴趣	0.382	0.033	0.383	11.405	0.000
	文化背景	0.098	0.030	0.110	3.287	0.001
3	(常量)	1.224	0.105		11.663	0.000
	兴趣	0.306	0.043	0.307	7.126	0.000
	文化背景	0.091	0.030	0.102	3.037	0.002
	能力特长	0.122	0.043	0.121	2.809	0.005

表 2.8.18(c) 报考因素与专业现状满意度回归模型的单因素方差检验结果

模型		平方和	df	均方	F	Sig.
1	回归	116.535	1	116.535	142.539	0.000(a)
	残差	615.624	753	0.818		
	合计	732.159	754			
2	回归	125.256	2	62.628	77.601	0.000(b)
	残差	606.903	752	0.807		
	合计	732.159	754			
3	回归	131.566	3	43.855	54.838	0.000(c)
	残差	600.593	751	0.800		
	合计	732.159	754			

a. 预测变量：(常量)，兴趣。

b. 预测变量：(常量)，兴趣，文化背景。

c. 预测变量：(常量)，兴趣，文化背景，能力特长。

根据表 2.8.18(b)，使用逐步回归法得到的最终回归方程为

$$\hat{y} = 1.224 + 0.091x_3 + 0.122x_5 + 0.306x_6$$

从表 2.8.18(c)知，三个回归模型都通过了显著性的 F 检验，说明它们都是有效的。但从表 2.8.18(a)知，模型 3 的修正判定系数(Adjusted R^2)最大，因此本回归方程拟合效果相对较好。

在回归模型中，因素 x_1、x_2 和 x_4 被剔除掉了，其原因可以从这三个报考因素与专业现状满意度的偏相关系数看出(表 2.8.19)。在控制了其他几个因素之后，"学校声望"、"专业排名"和"家庭经济水平"与专业现状满意度的偏相关系数都非常小，尤其是当"兴趣"、"能力特长"、"文化背景"这三个因素都控制之后，偏相关系数已经不能通过非零的假设检验($P>0.05$)。这说明在引入了其他三个因素之后，"学校声望"、"专业排名"和"经济水平"对专业现状满意度的影响已经微不足道了。

表 2.8.19　专业报考因素与专业现状满意度的偏相关系数

控制变量能力特长、文化背景、兴趣	相关性	Sig.(双侧)	df
学校声望	−0.010 3	0.779	750
专业排名	0.046 0	0.208	750
经济水平	−0.036 2	0.321	750

通过上述分析可以看出，专业报考时考生特别关注"录取分数"、"就业情况"、"冷热门"等外在因素，而对"兴趣"、"能力特长"等个人因素不甚重视(见表 2.8.17)。但是，从考生进入大学后对所学专业的满意度分析来看，在报考因素中最受重视的"录取分数线"、"专业排名"和"就业情况"三项并不对满意度产生显著影响。

与此相比，专业报考时被大家所忽视的个人因素往往与专业满意度非常相关。"兴趣"、"能力特长"和"文化背景"并不是专业报考的主要动因，但这些个人因素和家庭因素却对大学生的专业现状满意度有着显著的影响，它们的重要性已通过该案例的分析显露出来。所以，学生在填报专业志愿时，如果能从自身的兴趣和能力出发并结合家庭的影响因素予以综合考虑，则日后更容易对所选专业取得较高的满意度。

5. 专业报考信息来源分析

(1) 信息来源的统计描述

通过分析(见表 2.8.20)可知，就信息来源对报考专业影响程度的问题，学生对各信息来源的认同度由高到低分别为：老师、网络、书籍报刊、亲属、朋友、宣讲会和咨询公司，其均值描述见图 2.8.12。其中，61.9%的被调查者认同老师是他们填报志愿时信息的主要来源，网络和书籍报刊也成为影响学生填报志愿的重要信息来源。与其他信息来源相

比，咨询公司这一新兴渠道，并没有得到学生的广泛认可，只有18.5%的被调查者对它表示认同。

表 2.8.20 信息来源分布情况统计

项　目	网络	亲属	书籍报刊	宣讲会	老师	咨询公司	朋友
总数	755	755	755	755	755	755	755
均值	2.32	2.40	2.39	2.94	2.32	3.51	2.63
标准差	0.996	0.915	0.944	1.049	0.998	1.132	0.927
非常认同(分值1)比例/%	22.4	14.7	16.6	8.2	20.5	4.2	9.1
认同(分值1&2)比例/%	59.5	58.3	58.1	33.4	61.9	18.5	45.7

注释：调查问卷采用五级，数值为1～5，它们的意义分别为：1—非常认同；2—认同；3—一般；4—不认同；5—非常不认同。

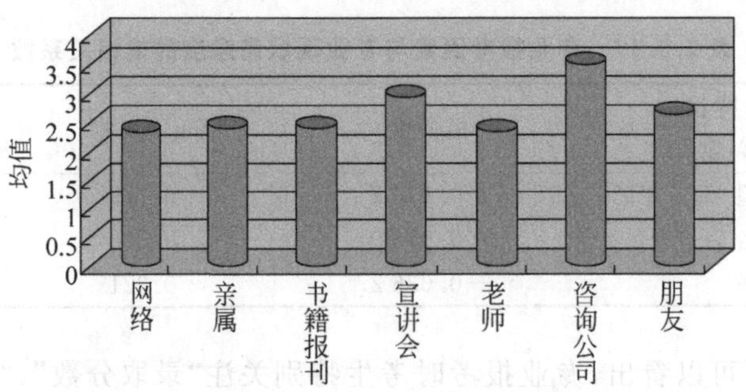

图 2.8.12 信息来源各因素对报考影响情况

(2) 信息来源各因素与专业现状满意度的相关分析

由表2.8.21可知，学生在报考志愿时的信息来源不同，对其今后专业现状满意度的影响也不尽相同，但差异不是很大。这主要是因为在信息时代，信息获取容易，信息来源广泛，考生大多不只凭借一方信息来源来填报志愿。相比之下，“老师”和“宣讲会”与专业现状满意度相关，即信息来源主要为老师和宣讲会的学生，对自己目前所学专业的满意度较高。由此可以看出，来源于老师和宣讲会的信息对日后专业满意度的影响最为重要。

表 2.8.21 信息来源与专业现状满意度的相关分析结果

项　目		网络	亲属	书籍报刊	宣讲会	老师	咨询公司	朋友
满意	Pearson 相关性	0.063	0.045	0.053	0.110 (**)	0.163 (**)	0.073 (*)	0.072 (*)
	Sig.(双侧)	0.084	0.220	0.145	0.002	0.000	0.045	0.047

6. 专业现状满意度分析

该问卷调查设定了10项可能影响专业现状满意度的因素。把问卷中的专业现状满意度视为主观满意度，通过与其余10项因素的比较分析，试图找出什么是专业现状满意度的影响因素。

(1) 满意度相关分析

分析专业现状满意度与“教学资源”、“学习气氛”、“课业能力”、“学术地位”、“实用性”、“课程设置”、“校际交流”、“师资水平”、“发展平台”、“就业形势”这10个因素的相关性，截取部分结果如表2.8.22。

表2.8.22 满意度因素相关分析结果

项目		教学资源	学习气氛	课业能力	学术水平	实用性	课程设置	校际交流	师资水平	发展平台	就业形势
满意	Pearson相关性	0.287(**)	0.314(**)	0.337(**)	0.326(**)	0.293(**)	0.252(**)	0.185(**)	0.188(**)	0.481(**)	0.421(**)
	Sig.(双侧)	0.000	0.000	0.000	0.000	0.000	0.000	0.000	0.000	0.000	0.000
	N	755	755	755	755	755	755	755	755	755	754

由表2.8.22可以看出，这10个因素的P值均小于0.05，拒绝原假设，说明10个因素都与专业现状满意度相关。

(2) 满意度回归分析

通过上述相关分析，进一步做关于专业现状满意度与其相关因素的回归分析，以评价这些因素对专业现状满意度影响的大小。设“教学资源”为x_1，“学习气氛”为x_2，“课业能力”为x_3，“学术水平”为x_4，“实用性”为x_5，“课程设置”为x_6，“校际交流”为x_7，“师资水平”为x_8，“发展平台”为x_9，“就业形势”为x_{10}。同样采用逐步引入法，选择多元线性回归模型。

根据表2.8.23(c)，使用逐步回归法得到的最终回归方程为

$$\hat{y} = 0.645 + 0.072x_1 + 0.08x_2 + 0.117x_4 + 0.319x_9 + 0.146x_{10}$$

从表2.8.23(b)可知，5个回归模型都通过了显著性的F检验，说明它们都是有效的。但从表2.8.23(a)知，模型5的修正判定系数(Adjusted R^2)最大，因此本回归方程拟和效果相对较好。

通过分析可以看出：专业为学生的继续发展所搭建的平台越好，专业的就业形势越好，被调查者对专业现状的满意度越高。这也符合当前社会形势，大学毕业生三大发展方向——工作、考研、出国留学，都受到专业发展空间的影响，因此，大学生对专业能否提供广阔的发展空间极为关注。

表 2.8.23(a) 满意度与相关因素回归模型的判定系数

模型	R	R^2	调整 R^2	标准估计的误差
1	0.481(a)	0.232	0.231	0.865
2	0.510(b)	0.260	0.258	0.849
3	0.526(c)	0.277	0.274	0.840
4	0.535(d)	0.286	0.283	0.835
5	0.539(e)	0.290	0.286	0.833

a. 预测变量：(常量)，发展平台。

b. 预测变量：(常量)，发展平台，就业形势。

c. 预测变量：(常量)，发展平台，就业形势，学术水平。

d. 预测变量：(常量)，发展平台，就业形势，学术水平，学习气氛。

e. 预测变量：(常量)，发展平台，就业形势，学术水平，学习气氛，教学资源。

表 2.8.23(b) 专业现状满意度与相关因素回归模型的单因素方差检验结果

模型		平方和	df	均方	F	Sig.
1	回归	169.493	1	169.493	226.582	0.000(a)
	残差	562.528	752	0.748		
	合计	732.021	753			
2	回归	190.176	2	95.088	131.793	0.000(b)
	残差	541.845	751	0.721		
	合计	732.021	753			
3	回归	202.802	3	67.601	95.802	0.000(c)
	残差	529.219	750	0.706		
	合计	732.021	753			
4	回归	209.658	4	52.414	75.155	0.000(d)
	残差	522.363	749	0.697		
	合计	732.021	753			
5	回归	212.553	5	42.511	61.213	0.000(e)
	残差	519.468	748	0.694		
	合计	732.021	753			

此外，大学生对学校当前的学术水平、提供的教学资源以及周围学生的学习气氛也较为关心，这些因素对满意度也有显著影响。根据该案例的调查结果，建议各高校应该注重提高整体学术水平，加大基础教学资源设施的建设力度，同时要营造良好的学习气氛，这些将有助于学生专业现状满意度的提升。

表 2.8.23(c)　专业现状满意度与相关因素的回归系数

模型		非标准化系数		标准系数	t	Sig.
		B	标准误差	试用版		
1	(常量)	1.205	0.084		14.407	0.000
	发展平台	0.508	0.034	0.481	15.053	0.000
2	(常量)	1.019	0.089		11.419	0.000
	发展平台	0.377	0.041	0.357	9.164	0.000
	就业形势	0.201	0.038	0.209	5.354	0.000
3	(常量)	0.803	0.102		7.884	0.000
	发展平台	0.343	0.041	0.325	8.275	0.000
	就业形势	0.169	0.038	0.175	4.447	0.000
	学术水平	0.160	0.038	0.144	4.230	0.000
4	(常量)	0.710	0.106		6.722	0.000
	发展平台	0.324	0.042	0.307	7.776	0.000
	就业形势	0.152	0.038	0.157	3.975	0.000
	学术水平	0.131	0.039	0.118	3.392	0.001
	学习气氛	0.106	0.034	0.108	3.135	0.002
5	(常量)	0.645	0.110		5.860	0.000
	发展平台	0.319	0.042	0.302	7.655	0.000
	就业形势	0.146	0.038	0.151	3.822	0.000
	学术水平	0.117	0.039	0.106	3.005	0.003
	学习气氛	0.080	0.036	0.082	2.212	0.027
	教学资源	0.072	0.035	0.074	2.042	0.042

2.8.4　结论

从该案例的数据分析，可以得出以下一些结论。

(1) 专业报考时考生尤其关注“录取分数”、“就业情况”、“冷热门”等外在因素，不甚重视如“兴趣”、“能力特长”等个人因素，而日后考生进入校门，其对所学专业的满意度往往源于专业报考时所忽视的个人因素。在一定程度上，这说明考生报考专业时并未针对个人特质予以考虑，专业报考存在盲目性和从众心理。因此，倘若考生能够从自身的兴趣、能力出发并结合家庭的影响因素选择专业，则更易在今后获得较高的专业满意水平。

(2) 个人兴趣特长、家庭因素、学校声望等也对专业现状满意度有显著影响。另外，专业调剂也是影响专业现状满意度的重要因素，且转专业倾向高的学生对专业现状的满意水平远低于转专业倾向较低的学生。

(3) 由于报考志愿时对所报专业的就业情况认识有片面性和时滞性，当前的满意度并没有随着报考志愿时对就业的重视而提高，这说明报考专业时，"就业至上"的思想并不科学。

(4) 本科生对学校当前的学术水平、提供的教学资源以及周围学生的学习气氛比较关注，这三项内容对专业现状满意度也有显著影响。

(5) 不同地域、学校的学生对专业选择时不同影响因素的认同程度有所差异，同时对日后对所学专业的满意水平亦有所不同。

回顾该案例的整个过程，发现还存在一些问题有待改进。设计问卷时一些题目用语不够精确，因而影响了被调查者的理解与认识。在调查样本中，由于调查对象的配合以及问卷回收中的问题，使得大四年级学生所占比例有些偏小，若今后再进行相关方面的研究，可加以完善。

附录：调查问卷

本科专业报考调查问卷

同学你好，我们是北京理工大学的学生，现正在进行一项本科专业报考意向的调查研究，需要您提供宝贵的意见。

本问卷采取匿名方式，您在问卷上表示的意见，仅用于统计分析的研究，对于您热心的协助，谨致衷心谢意。

填报志愿时，影响我专业选择的因素是：

	非常同意	同意	一般	不同意	非常不同意
1. 专业录取分数线	1	2	3	4	5
2. 学校的声望	1	2	3	4	5
3. 专业在学校的排名位置	1	2	3	4	5
4. 家庭文化背景	1	2	3	4	5
5. 家庭经济水平	1	2	3	4	5
6. 能很好地体现出我的能力和特长	1	2	3	4	5
7. 与我的兴趣相符合	1	2	3	4	5
8. 该专业的冷热门情况	1	2	3	4	5
9. 该课程的难易情况	1	2	3	4	5
10. 就业情况	1	2	3	4	5

11. 其他因素(请列出)：____________

填报志愿时，我获得专业信息的来源是：

	非常认同	认同	一般	不认同	非常不认同
12. 网络(各大网站的相关版面及高校网站)	1	2	3	4	5
13. 家长/亲属	1	2	3	4	5
14. 书籍报刊	1	2	3	4	5
15. 各大学的宣讲会	1	2	3	4	5
16. 老师	1	2	3	4	5
17. 专业咨询公司	1	2	3	4	5
18. 朋友	1	2	3	4	5

此时此刻，我对所学专业感到满意的是：

	非常同意	同意	一般	不同意	非常不同意
19. 提供的教学资源(如：机房，实验室等)	1	2	3	4	5
20. 周边同学的学习氛围	1	2	3	4	5
21. 个人课业能力的提升(实验能力、分析能力)	1	2	3	4	5
22. 专业的学术水平\学术地位	1	2	3	4	5
23. 所学内容的实用性	1	2	3	4	5
24. 课程设置	1	2	3	4	5
25. 校际交流项目(如：交换生)	1	2	3	4	5
26. 师资水平	1	2	3	4	5
27. 本专业可以成为我继续发展的良好平台	1	2	3	4	5
28. 我对未来就业形势表示乐观	1	2	3	4	5
29. 总之，我对所学专业满意	1	2	3	4	5

30. 如果有重新选择专业的机会，我会选择其他专业　　□是　　□否

31. (如30题选“否”，请跳过此题)我最可能选择的一个新专业是(请列出)：________

基本信息

年级：　　　　性别：

生源省份：　　　　专业：

所学专业是否为调剂：□是　　□否

2.9 北京地区各院校 MBA 入学动机调查研究

参与者：李聚麟、王頔、王娅、刘沛杰、余芳、李宇、贾蕊
起止时间：2012 年 10 月—2012 年 12 月

学习目的

我们旨在使同学通过这个案例的学习达到以下目的：

(1) 帮助学生系统的学习调查研究方法，掌握调查实施的工作过程，以及调查工作的各个环节。

(2) 帮助学生理解如何利用统计学知识解决实际问题，并把学过的统计方法进行灵活运用。

(3) 使学生学会对分析结果的现实意义进行解释和说明，并提高分析问题、解决问题的能力。

(4) 通过实际的计算机操作，熟练掌握单因素 t 检验、方差分析与因子分析的实现方法。

2.9.1 案例调查研究背景与现实意义

MBA(工商管理硕士)是源于欧美国家的一种专门培养中高级职业经理人员的专业硕士学位。MBA 是市场经济的产物，培养的是高素质的管理人员、职业经理人和创业者。工商管理硕士是商业界普遍认为晋身管理阶层的一块垫脚石。现时不少学校为了开拓财源增加收入，都与世界知名大学商学院进行学术合作，销售他们的工商管理硕士课程。MBA 被誉为“天之骄子”和“管理精英”，成为企业界乃至社会敬重和羡慕的特殊人物，甚至在公众心目中被视为“商界英雄”。据统计，美国最大的 500 家公司的总经理、董事长等高层主管，绝大多数都是 MBA。这一惊人的事实，是对 MBA 教育的成功业绩的最好说明。MBA 意味着超群的能力、胆识、品德；代表着财富、地位、权力、荣誉；预示着希望、成功和辉煌。

20 世纪 70—80 年代，可以说是世界各国 MBA 的黄金时代。以美国为首的西方国家，经济上处于好景，企业需要大量的管理人才，特别是来自著名大学商学院的毕业生。于是形成 MBA 学位供不应求的现象。由于学生对 MBA 趋之若鹜，世界各地知名与不知名的院校，纷纷设立了 MBA 课程。在美国，MBA 课程更是数不胜数，出现了泛滥的情况。平心而论，限于师资、图书设备以及学生本身的学术根基等因素，某些院校的 MBA 课程、素质上确实有问题。20 世纪 80 年代后期为 MBA 发展的高峰期。到 1991 年，修读

MBA 课程的学生人数开始略有下降。其后若干院校对 MBA 课程进行革新，1993 年开始报读人数又再次回升。

本案例通过参考国内外 MBA 院校的发展情况，经过小组讨论，编制适合反映当前 MBA 特点的问卷，研究 MBA 学生择校情况，分析 MBA 院校教育质量、声望、学费、地域及基础设施之间的相关关系。同时，分析不同性别、不同职业类型学生的不同特征，探讨不同工作背景的学生在攻读 MBA 的决定因素上是否存在显著性差异，进而对院校招生提出合理化建议。

2.9.2　调查方案的设计

1. 调查思路

(1) 经过小组讨论，确定研究目的和研究问题后，查阅相关资料，了解目前我国 MBA 发展情况。

(2) 依据调查目标设定问卷问题，完成问卷设计。问卷设计遵循如下原则：问卷必须能获得所需的准确数据；问卷的措辞必须清楚，使受访者易于理解；问题排列顺序必须符合逻辑，有利于受访者回答；尽量采用便于数据处理的单选问题；问卷设计基于简洁、精练的原则，篇幅一般控制在 2 页纸内，答题时间控制在 5 分钟内。采取纸质版面对面的发放方式。

(3) 根据研究目的，确定研究问题假设，待回收问卷后进行统计分析。

2. 研究进程

本次研究过程如下：

确定主题→分析背景→小组讨论→问卷设计→问卷实施→问卷修改→数据分析→得出结论

(1) 2012.10.24—2012.10.26　确立调研主题

(2) 2012.10.27　制定调查方案

(3) 2012.10.28—2012.11.15　制定调查问卷

(4) 2012.11.15—2012.11.24　发放问卷，进行实地调查

(5) 2012.11.25—2012.12.1　整理问卷，数据录入

(6) 2012.12.1—2012.12.6　问卷分析，撰写研究报告

3. 样本量的确定

根据本研究特点，考虑到调查对象比较容易确定，但是单个学校的调查对象数量毕竟

有限，加上调研时间比较紧张，对本次样本容量的确定为300份问卷，调查问卷的发放时间为一周，利用MBA同学上课契机，集中填写，集中收回。在一周时间内，总计发出问卷290份，成功收回问卷288份，回收率达到了99.3%。其中，无效问卷12份，有效问卷回收率95.2%。

2.9.3 数据分析过程与结果

1. 被调查者的基本情况

(1) 被调查者性别比例分析

由图2.9.1可以看出，在全部被访问对象中，男性样本总计为142个，占样本总体的51%。女性在全部的访问对象中，样本数量为134个，占总体样本数量的49%。男性样本和女性样本在总体样本中的比例比较均衡。

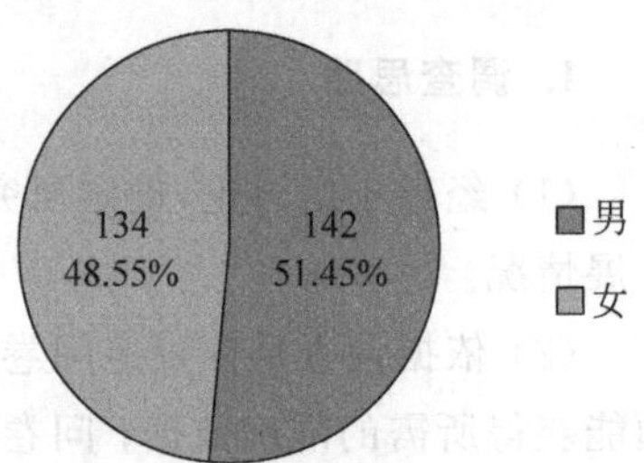

图2.9.1 被访问者性别比例

(2) 被调查者的年龄分析

从图2.9.2可以看出，在276个样本中，被访问者的年龄跨度大约在24～39周岁之间，平均年龄为29.81岁。其中，在25～30周岁之间频率相对较高，表明在这个年龄段内的MBA学生数量最多，因此可以确定，MBA学生的平均年龄基本为30周岁，25～30周岁的学生相对较多。

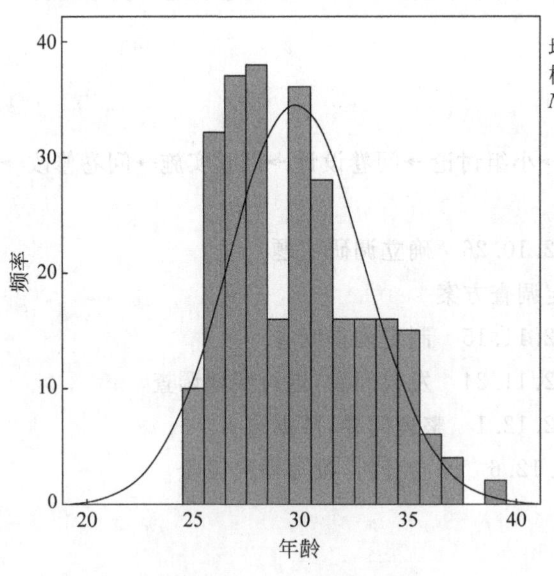

图2.9.2 被调查者的年龄分布

(3) 被调查者工作年限分析

在被调查的 276 个样本当中，工作年限在各个区间段内都有，如图 2.9.3 所示。3 年以下的样本量为 8 个，占总体样本容量的 2.9%。15 年以上的样本容量更少，为 4 个，占总体容量的 1.4%。其中，工作年限为 3～5 年的样本量为 121，占总体样本容量的 43.7%。6～10 年工作年限的样本量为 90，11～15 年工作年限的样本容量为 53。

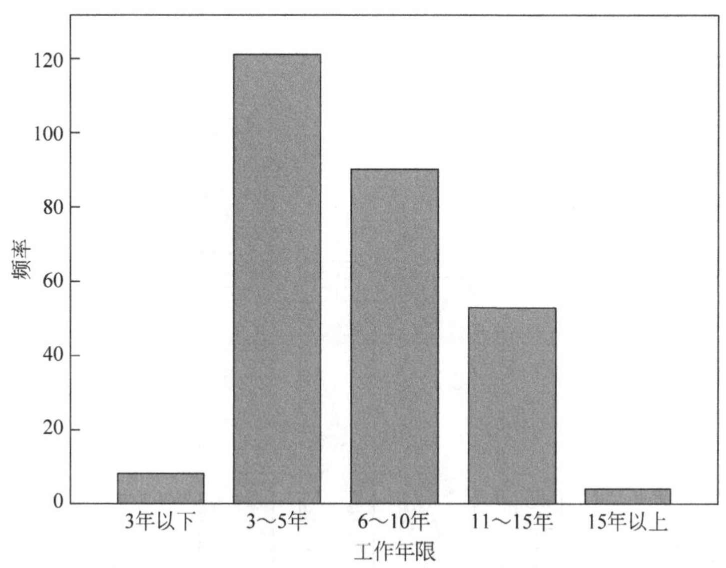

图 2.9.3　被调查者工作年限分布

(4) 被调查者选择 MBA 类型分析

由图 2.9.4 我们可以看出，在选择就读 MBA 的类型中，全部访问对象中有 138 个样本来自于在职班，占总体样本的 50.0%。脱产类型 MBA 学生的样本量为 128 个，占总体样本的 46.4%。其他类型(包括集中班、国际班等)样本量为 10 个，占总体样本的比例为 3.6%。由上述可知，MBA 学生主要可以分为在职和脱产两种类型，其他类型数量较小。

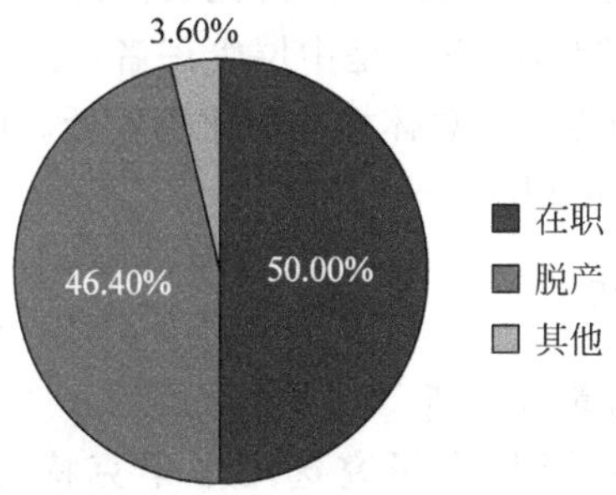

图 2.9.4　被调查者选择类型分布

(5) 被调查者的工作性质分析

被调查对象的工作性质方面(图 2.9.5),在民营企业工作的人数最多,占总体样本容量的 34.7%。其次是国有企业和外资企业,分别占总体比例的 26.3%和 24.5%。在事业单位工作的样本比例仅有 8%,自主创业的样本比例为 3.6%。在政府机关和无工作的样本比例都仅为 1.5%。综上所述,攻读 MBA 学位的人群主要来自民营企业、国有企业和外资企业。

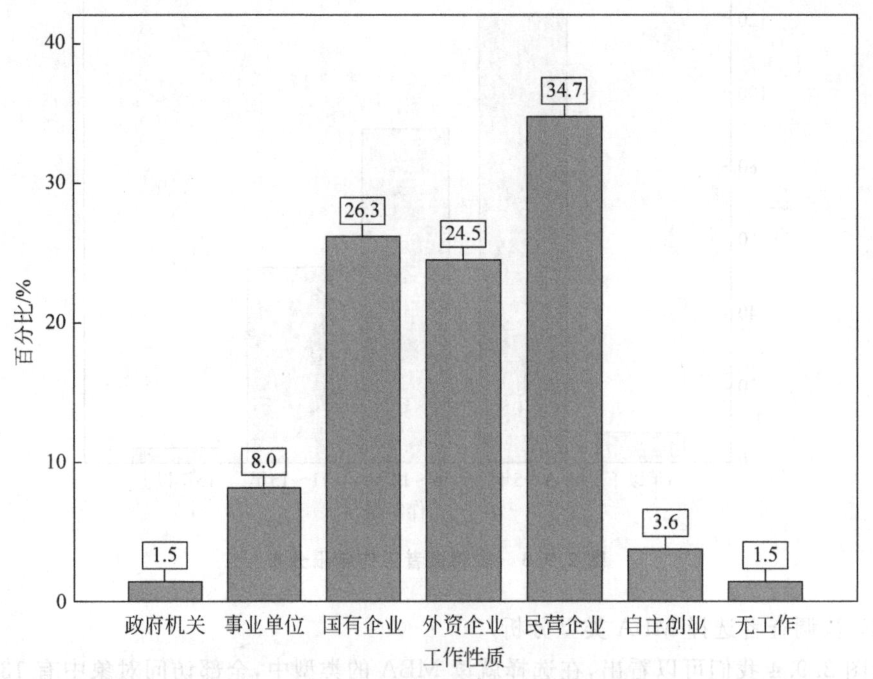

图 2.9.5 被调查者工作性质分析

(6) 被调查者的工作职位分析

考虑到被访问者的工作职位(图 2.9.6),占比最高的为普通员工,比例为 34.3%,其次为基层管理者,比例为 31.8%,接下来是中层管理者,比例达到 25.9%。学生、高级管理者、自由职业者和无工作的样本占总体样本的比例较低。由此推断,攻读 MBA 学位的人群基本集中在企业的中层和基层。

2. 攻读 MBA 的动机分析

(1) 攻读 MBA 原因的显著性分析

为了调查 MBA 的入学动因,本研究选用了李克特五级量表进行数据统计。从表 2.9.1 中可以得知,除了"回归校园"外,问卷设计的若干项报考动因在 1~5 的测度下

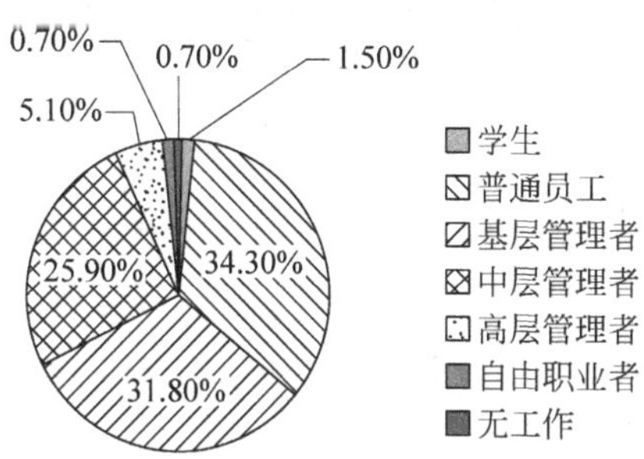

图 2.9.6 被调查者工作职位分析

均值均在 3 左右，说明被访问者基本都同意这 6 项内容是影响 MBA 同学攻读学位的原因。其中，对“加强知识”认同度最高，对其他原因的认同度由高到低依次是：“扩展人脉”、“增加学历”、“为跳槽或者转行作准备”、“争取升迁或者加薪”、“将户口迁入北京”和“逃避工作压力，回归校园生活”。这说明，MBA 学生对“加强知识”、“扩展人脉”、“增加学历”等更为看重。

表 2.9.1 攻读 MBA 动因描述性统计结果

项 目	*N*	均 值	标准差	均值的标准误
加强知识	270	4.42	0.804	0.049
扩展人脉	274	3.97	0.958	0.058
回归校园	274	2.17	1.264	0.076
跳槽转行	276	3.71	1.295	0.078
升迁加薪	272	3.50	1.303	0.079
迁入户口	268	3.03	1.604	0.098
增加学历	270	3.84	1.155	0.070

(2) 男性和女性选择 MBA 原因的方差分析

在对各个因素进行了简单了解后，针对 MBA 学生的性别和报考原因进行方差分析，检验不同性别之间对报考动因的选择是否具有显著性差异，即假设男性 MBA 学生和女性 MBA 学生对于报考原因之间没有差异。

从表 2.9.2 方差分析结果可以看出，在 7 项原因之中，“扩展人脉”、“回归校园”、“升迁加薪”、“跳槽转行”和“提高学历”这 5 项原因中，男性 MBA 学生或女性 MBA 学生并没有显著性差别。但是在“加强知识”和“迁入户口”这两项原因中，男性 MBA 学生和女性 MBA 学生的选择有着显著性的差异。

表 2.9.2 不同性别攻读 MBA 动因的方差分析结果

项目		平方和	df	均方	F	Sig.
加强知识	组间	4.946	1	4.946	7.847	0.005
	组内	168.921	268	0.630		
	合计	173.867	269			
扩展人脉	组间	2.246	1	2.246	2.459	0.118
	组内	248.458	272	0.913		
	合计	250.704	273			
回归校园	组间	4.475	1	4.475	2.819	0.094
	组内	431.803	272	1.588		
	合计	436.277	273			
升迁加薪	组间	0.132	1	0.132	0.078	0.781
	组内	459.868	270	1.703		
	合计	460.000	271			
跳槽转行	组间	0.779	1	0.779	0.463	0.497
	组内	460.450	274	1.680		
	合计	461.228	275			
迁入户口	组间	20.989	1	20.989	8.387	0.004
	组内	665.709	266	2.503		
	合计	686.698	267			
增加学历	组间	2.076	1	2.076	1.559	0.213
	组内	356.754	268	1.331		
	合计	358.830	269			

表 2.9.3 不同类型 MBA 对于报考动因的方差分析结果

项目		平方和	df	均方	F	Sig.
加强知识	组间	11.749	2	5.875	9.675	0.000
	组内	162.117	267	0.607		
	合计	173.867	269			
扩展人脉	组间	6.485	2	3.242	3.598	0.029
	组内	244.219	271	0.901		
	合计	250.704	273			
回归校园	组间	38.585	2	19.293	13.147	0.000
	组内	397.692	271	1.467		
	合计	436.277	273			
升迁加薪	组间	1.569	2	0.785	0.460	0.632
	组内	458.431	269	1.704		
	合计	460.000	271			

续表

项目		平方和	df	均方	*F*	Sig.
跳槽转行	组间	31.347	2	15.673	9.954	0.000
	组内	429.881	273	1.575		
	合计	461.228	275			
迁入户口	组间	4.444	2	2.222	0.863	0.423
	组内	682.254	265	2.575		
	合计	686.698	267			
增加学历	组间	1.030	2	0.515	0.384	0.681
	组内	357.800	267	1.340		
	合计	358.830	269			

表 2.9.4 不同类型 MBA 对于报考动因的多重比较分析结果

LSD

独立变量	(I) MBA类型	(J) MBA类型	均值差(I-J)	标准误	显著性	95%置信区间	
						上界	下界
加强知识	在职	脱产	0.357*	0.097	0.000	0.17	0.55
		其他	−0.424	0.256	0.098	−0.93	0.08
	脱产	在职	−0.357*	0.097	0.000	−0.55	−0.17
		其他	−0.781*	0.256	0.002	−1.28	−0.28
	其他	在职	0.424	0.256	0.098	−0.08	0.93
		脱产	0.781*	0.256	0.002	0.28	1.28
扩展人脉	在职	脱产	−0.262*	0.117	0.026	−0.49	−0.03
		其他	−0.576	0.311	0.065	−1.19	0.04
	脱产	在职	0.262*	0.117	0.026	0.03	0.49
		其他	−0.314	0.312	0.315	−0.93	0.30
	其他	在职	0.576	0.311	0.065	−0.04	1.19
		脱产	0.314	0.312	0.315	−0.30	0.93
回归校园	在职	脱产	0.760*	0.149	0.000	0.47	1.05
		其他	0.122	0.397	0.759	−0.66	0.90
	脱产	在职	−0.760*	0.149	0.000	−1.05	−0.47
		其他	−0.638	0.398	0.110	−1.42	0.15
	其他	在职	−0.122	0.397	0.759	−0.90	0.66
		脱产	0.638	0.398	0.110	−0.15	1.42
升迁加薪	在职	脱产	−0.099	0.161	0.542	−0.42	0.22
		其他	−0.359	0.428	0.402	−1.20	0.48
	脱产	在职	0.099	0.161	0.542	−0.22	0.42
		其他	−0.260	0.429	0.544	−1.10	0.58
	其他	在职	0.359	0.428	0.402	−0.48	1.20
		脱产	0.260	0.429	0.544	−0.58	1.10

续表

独立变量	(I) MBA 类型	(J) MBA 类型	均值差 (I-J)	标准误	显著性	95%置信区间	
						上界	下界
跳槽转行	在职	脱产	0.589*	0.154	0.000	0.29	0.89
		其他	−0.643	0.411	0.119	−1.45	0.17
	脱产	在职	−0.589*	0.154	0.000	−0.89	−0.29
		其他	−1.233*	0.412	0.003	−2.04	−0.42
	其他	在职	0.643	0.411	0.119	−0.17	1.45
		脱产	1.233*	0.412	0.003	0.42	2.04
迁入户口	在职	脱产	0.131	0.200	0.512	−0.26	0.52
		其他	−0.524	0.526	0.320	−1.56	0.51
	脱产	在职	−0.131	0.200	0.512	−0.52	0.26
		其他	−0.656	0.527	0.215	−1.69	0.38
	其他	在职	0.524	0.526	0.320	−0.51	1.56
		脱产	0.656	0.527	0.215	−0.38	1.69
增加学历	在职	脱产	−0.083	0.144	0.564	−0.37	0.20
		其他	0.206	0.379	0.588	−0.54	0.95
	脱产	在职	0.083	0.144	0.564	−0.20	0.37
		其他	0.289	0.380	0.448	−0.46	1.04
	其他	在职	−0.206	0.379	0.588	−0.95	0.54
		脱产	−0.289	0.380	0.448	−1.04	0.46

* 均值差的显著性水平为 0.05。

(3) 不同类型 MBA 的动因方差分析

以下运用方差分析对班级类型的不同和报考 MBA 的动因之间的关系进行分析。

由表 2.9.3 知，不同班级类型的 MBA 学生在“增加知识”、“回归学校”和“跳槽转行”这三个原因上具有显著性的差异。

为了了解不同类型的 MBA 学生更重视哪个动因，我们进行了不同类型 MBA 对于报考动因的多重比较分析。因为绝大部分的 MBA 学生均在职班和脱产班这两个班级学习，其他类型的 MBA 学生人数相对太小，因此在这里不考虑其他类型的 MBA 学生，只考察在职班和脱产班的学生对以上动因的不同偏好。通过分析，结果见表 2.9.4，在这三个动因的考察上，在职班的同学比脱产班的更加关注以上三个动因。

3. MBA 学生的工作调查

(1) 不同工作性质和职位攻读 MBA 倾向的分析

以下将就攻读 MBA 学生的工作性质和工作职位，运用交叉频数分析调查究竟那哪类人群才是攻读 MBA 意愿最为强烈的人群。

表 2.9.5　不同工作性质和职位攻读 MBA 倾向的交叉频数分析

工作性质	工作职位							合计
	学生	普通员工	基层管理者	中层管理者	高层管理者	自由职业者	无工作	
政府机关	0	2	2	0	0	0	0	4
事业单位	2	12	6	2	0	0	0	22
国有企业	0	32	28	10	2	0	0	72
外资企业	2	18	29	16	2	0	0	67
民营企业	0	30	20	39	6	0	0	95
自助创业	0	0	2	2	4	0	2	10
无工作	0	0	0	2	0	2	0	4
合计	4	94	87	71	14	2	2	274

从表 2.9.5 可以看出，从工作性质方向上来看，攻读 MBA 的学生多来自国有企业、外资企业和民营企业。从工作职位上来看，普通员工、基层管理者和中层管理者成为攻读 MBA 的普遍阶层，特别是上图中方框中的矩阵，不管是从工作性质方面看还是从工作职位方面看，人数都相对其他地区更为集中，因此我们有理由相信：由于种种原因，国有企业、外资企业和民营企业的普通员工、基层管理者和中层管理者构成了攻读 MBA 的重要人群。

(2) 不同薪酬水平下的 MBA 学生薪酬提升期望的分析

由于在攻读 MBA 的动机分析中，“加薪或者升迁”已经被认为是攻读 MBA 的主要原因之一，下面我们将就被访问对象目前的薪酬水平以及希望在 MBA 学业完成之后对薪酬提升的期望进行交叉频数分析，重点关注哪类人群希望在 MBA 学业完成之后提升薪酬水平。

表 2.9.6　不同薪酬水平的学生薪酬提升期望的交叉频数分析

薪酬水平(元/月)	薪酬提升期望						合计
	没想过	25%	50%	75%	100%	100%以上	
5 000 以下	10	2	14	4	14	6	50
5 000～10 000	22	15	38	10	38	12	135
10 000～15 000	16	6	8	4	16	8	58
15 000～20 000	2	4	2	0	5	0	13
20 000 以上	12	2	0	0	0	0	14
合计	62	29	62	18	73	26	270

从表 2.9.6 可见，每月薪酬水平在 5 000～10 000 元水平线上的同学，其中 22 人没有想过利用 MBA 学位增加薪酬，38 人期望的薪酬涨幅为 50%，另外 38 人则希望薪酬涨幅达到 100%。月薪达到 10 000～15 000 元的人群希望得到各种薪酬提升期望的人数比较平均。而月薪达到 20 000 元以上的 MBA 学生中，有 12 人没有想过利用 MBA 学位增加薪酬，2 人希望增加 25%。由此可以判断，现有月薪水平在 5 000～10 000 元之间的 MBA 学生的薪酬提升期望较高，有 38 人希望通过 MBA 学位提升 50%的薪酬，更有 38 人出于某种原因，对自己具有很高的期望和信心，希望通过 MBA 课程的学习，薪酬提升幅度达到 100%。而高收入者特别是月薪在 20 000 元以上的人群，则大多没有通过 MBA 学位提升薪酬的打算。

4. MBA 学生选择院校时主要考虑因素

一般来说，在 MBA 学生有了攻读 MBA 的意愿之后，选择哪一所高校则成了紧随其后的问题。在北京地区，院校与院校之间存在着较大的不同，既有北京大学、清华大学这样知名的综合类院校，也有中国人民大学这样的人文为重点的大学，还有理工类为主的北京理工大学，也有以财经闻名的中央财经大学、对外经济贸易大学等。选择什么样的院校，成了 MBA 学生的一个问题，是选择综合类名校，或者根据自己的成绩选择学校，还是因为工作地缘或希望迁入当地户籍选择学校？

(1) 选择不同院校 MBA 动因显著性分析

根据前期对 MBA 同学的访谈分析，本研究设计了"考虑自己成绩"、"学费高低"、"学校声望"、"学校就业水平"、"学校教育质量"、"学校组织的活动"、"地域好"、"加强人脉关系"、"基础设施好"9 个因素作为 MBA 同学选择不同院校的主要动因。以下就 MBA 同学选择院校动因方面的差异进行了进一步的分析。

表 2.9.7 选择不同院校动因描述性统计结果

项 目	N	均 值	标准差	均值的标准误
成绩水平	268	3.51	1.320	0.081
学校学费	266	3.72	1.253	0.077
学校声望	276	4.28	0.767	0.046
就业水平	272	3.25	1.352	0.082
教育质量	268	3.99	1.084	0.066
校方活动	262	3.06	1.227	0.076
地缘优势	266	3.28	1.219	0.075
人脉关系	270	3.71	1.165	0.071
基础设施	264	3.23	1.098	0.068

表 2.9.8　选择不同院校动因的单样本 t 检验结果

项目	检验值＝3		
	t	df	Sig.（双侧）
成绩水平	6.388	267	0.000
学校学费	9.349	265	0.000
学校声望	27.766	275	0.000
就业水平	3.094	271	0.002
教育质量	14.984	267	0.000
校方活动	0.806	261	0.421
地缘优势	3.772	265	0.000
人脉关系	10.083	269	0.000
基础设施	3.420	263	0.001

从表 2.9.7 所知，问卷中设计的 9 个动因在前 5 个的测度均值均在 3 左右，说明被调查者基本同意这 9 项内容是影响报考选择的因素。其中，均值最大的为“学校声望”，表明此项的认同度最高。对其他的报考动因的认同度由高到低依次是：“教育质量”、“学校学费”、“人脉关系”、“成绩水平”、“地缘优势”、“就业水平”、“基础设施”、“校方活动”。

为了说明上述结论，通过单样本 t 检验来验证各报考动因获得的认同度均值是否显著性大于 3，即 $H_0 \leqslant 3, H_1 > 3$。结果(表 2.9.8)表明，在上述 9 项原因当中，仅有“校方活动”这项落于非拒绝域。“成绩水平”“学校学费”“学校声望”“就业水平”“教育质量”“地缘优势”“人脉关系”“基础设施”均落入拒绝域，说明这几项动因均显著性大于 3。这表明，在选择 MBA 报考院校时，除了“校方活动”这一动因，其他 8 项原因均是纳入考生考虑范围的原因。

(2) 选择 MBA 报考院校的因子分析

当然，影响报考 MBA 院校选择的动因非常多，在本案例中只列举了 9 个。为了研究报考动因可以归纳为哪些方面，用 SPSS 软件中的因子分析对这 9 个因素进行处理。

表 2.9.9 的结果表明，第一主成分特征值为 3.754，第二主成分特征值为 1.149，表中只有前两个因子的特征值大于 1。那么应该取前两个因子。而前两个成分所解释的方差占总方差的 54.473%。因此，最后结果是确定提取两个主成分。

从表 2.9.10 可以看出，因素“自身成绩”和“学校学费”在第二个公共因子上的载荷较大，故可将第二个公共因子命名为“个人因素”。因为 MBA 学生通常都有比较丰富的工作经验，并且在经济上已经独立，能够负担自己的一切开销，加之 MBA 学位的攻读学费相比其他专业的硕士研究生来说，价格不菲，学生在考虑自身学习水平和经济条件的基础上，选择合适自己的 MBA 报考院校。

表 2.9.9 解释的总方差

成 分	初始特征值			提取平方和载入		
	合计	方差的百分比	累积百分比	合计	方差的百分比	累积百分比
1	3.754	41.710	41.710	3.754	41.710	41.710
2	1.149	12.763	54.473	1.149	12.763	54.473
3	0.989	10.986	65.459			
4	0.880	9.781	75.239			
5	0.646	7.175	82.415			
6	0.528	5.868	88.282			
7	0.417	4.632	92.914			
8	0.371	4.125	97.039			
9	0.267	2.961	100.000			

因素"学校声望"、"就业水平"、"教育质量"、"校方活动"、"地缘优势"、"人脉优势"、"基础设施"这 7 项因素，在第一个公共因子上负荷比较大，故可将第一个公共因子命名为"校方因素"。因为考生在选择 MBA 院校的时候，更多的会关注校方的资源和力量，考虑自己能不能在这个学校学到有用的东西，因此这一项因素在选择 MBA 攻读院校的时候，可能是考生考虑更多的方面。

表 2.9.10 成 分 矩 阵

项 目	成 分	
	1	2
自身成绩	0.253	−0.571
学校学费	0.199	0.720
学校声望	0.615	−0.042
就业水平	0.735	−0.074
教育质量	0.762	−0.104
校方活动	0.791	−0.188
地缘优势	0.570	0.439
人脉关系	0.791	−0.123
基础设施	0.759	0.207

* 提取方法：主成分已提取了 2 个成分。

(3) 不同工作年限对选择 MBA 院校的方差分析

不同的工作年限，代表着不同的学生有着不同的薪资水平和工作职位，用方差分析对不同工作年限和报考不同院校的动因进行方差分析，试看不同工作年限的人群在选择

MBA 院校时是否具有不同的原因。表 2.9.11 为描述性统计结果。

表 2.9.11 不同工作年限 MBA 学生报考院校动因的描述性统计结果

项目		N	均值	标准差	标准误	95%置信区间		小值	最大值
						上界	下界		
成绩水平	3 年以下	8	3.00	1.309	0.463	1.91	4.09	1	4
	3～5 年	117	3.43	1.341	0.124	3.18	3.67	1	5
	6～10 年	86	3.70	1.237	0.133	3.43	3.96	1	5
	11～15 年	53	3.45	1.408	0.193	3.06	3.84	1	5
	15 年以上	4	4.00	1.155	0.577	2.16	5.84	3	5
	总数	268	3.51	1.320	0.081	3.36	3.67	1	5
学校学费	3 年以下	8	3.25	0.886	0.313	2.51	3.99	2	4
	3～5 年	115	3.60	1.283	0.120	3.36	3.84	1	5
	6～10 年	86	3.91	1.224	0.132	3.64	4.17	1	5
	11～15 年	53	3.83	1.189	0.163	3.50	4.16	1	5
	15 年以上	4	2.50	1.732	0.866	−0.26	5.26	1	4
	总数	266	3.72	1.253	0.077	3.57	3.87	1	5
学校声望	3 年以下	8	5.00	0.000	0.000	5.00	5.00	5	5
	3～5 年	121	4.37	0.797	0.072	4.23	4.52	1	5
	6～10 年	90	4.33	0.670	0.071	4.19	4.47	3	5
	11～15 年	53	3.91	0.791	0.109	3.69	4.12	2	5
	15 年以上	4	4.00	0.000	0.000	4.00	4.00	4	4
	总数	276	4.28	0.767	0.046	4.19	4.37	1	5
就业水平	3 年以下	8	3.50	1.604	0.567	2.16	4.84	1	5
	3～5 年	121	3.36	1.365	0.124	3.11	3.60	1	5
	6～10 年	86	3.47	1.271	0.137	3.19	3.74	1	5
	11～15 年	53	2.70	1.265	0.174	2.35	3.05	1	5
	15 年以上	4	2.50	1.732	0.866	−0.26	5.26	1	4
	总数	272	3.25	1.352	0.082	3.09	3.42	1	5
教育质量	3 年以下	8	5.00	0.000	0.000	5.00	5.00	5	5
	3～5 年	119	4.00	1.193	0.109	3.78	4.22	1	5
	6～10 年	84	4.00	0.957	0.104	3.79	4.21	1	5
	11～15 年	53	3.85	1.063	0.146	3.56	4.14	2	5
	15 年以上	4	3.50	0.577	0.289	2.58	4.42	3	4
	总数	268	3.99	1.084	0.066	3.86	4.12	1	5

续表

项目		N	均值	标准差	标准误	95%置信区间		小值	最大值
						上界	下界		
校方活动	3年以下	6	3.67	0.516	0.211	3.12	4.21	3	4
	3～5年	115	2.97	1.242	0.116	2.74	3.19	1	5
	6～10年	84	3.40	1.300	0.142	3.12	3.69	1	5
	11～15年	53	2.77	0.954	0.131	2.51	3.04	1	4
	15年以上	4	1.50	0.577	0.289	0.58	2.42	1	2
	总数	262	3.06	1.227	0.076	2.91	3.21	1	5
地缘优势	3年以下	8	3.50	0.535	0.189	3.05	3.95	3	4
	3～5年	115	3.30	1.332	0.124	3.06	3.55	1	5
	6～10年	86	3.35	1.166	0.126	3.10	3.60	1	5
	11～15年	53	3.15	1.081	0.149	2.85	3.45	1	5
	15年以上	4	2.50	1.732	0.866	−0.26	5.26	1	4
	总数	266	3.28	1.219	0.075	3.13	3.43	1	5
人脉关系	3年以下	8	4.00	0.756	0.267	3.37	4.63	3	5
	3～5年	119	3.74	1.279	0.117	3.51	3.97	1	5
	6～10年	88	3.84	1.133	0.121	3.60	4.08	1	5
	11～15年	53	3.43	0.971	0.133	3.17	3.70	1	5
	15年以上	2	3.00	0.000	0.000	3.00	3.00	3	3
	总数	270	3.71	1.165	0.071	3.58	3.85	1	5
基础设施	3年以下	8	3.50	0.535	0.189	3.05	3.95	3	4
	3～5年	117	3.34	1.115	0.103	3.14	3.55	1	5
	6～10年	84	3.26	1.163	0.127	3.01	3.51	1	5
	11～15年	51	2.98	0.927	0.130	2.72	3.24	1	5
	15年以上	4	2.00	1.155	0.577	0.16	3.84	1	3
	总数	264	3.23	1.098	0.068	3.10	3.36	1	5

由表2.9.12可知，不同工作年限的人群对于“学校声望”、“就业水平”、“校方活动”这三个方面具有显著性的差异；而在“学校学费”、“基础设施”两个因素上更接近显著性水平，表明这两个因素在不同工作年限的人群间并没有那么大的差异；而“人脉关系”、“地缘优势”和“教育质量”“成绩水平”四个方面上，不同工作年限人群之间并不具有显著性差异。

表 2.9.12　不同工作年限 MBA 学生报考院校动因的方差分析结果

项　目		平方和	df	均方	F	Sig.
成绩水平	组间	7.036	4	1.759	1.010	0.403
	组内	457.904	263	1.741		
	总数	464.94	267			
学校学费	组间	13.026	4	3.256	2.110	0.080
	组内	402.828	261	1.543		
	总数	415.853	265			
学校声望	组间	13.164	4	3.291	5.994	0.000
	组内	148.793	271	0.549		
	总数	161.957	275			
就业水平	组间	24.212	4	6.053	3.429	0.009
	组内	471.284	267	1.765		
	总数	495.496	271			
教育质量	组间	10.193	4	2.548	2.206	0.069
	组内	303.792	263	1.155		
	总数	313.985	267			
校方活动	组间	27.308	4	6.827	4.797	0.001
	组内	365.715	257	1.423		
	总数	393.023	261			
地缘优势	组间	4.178	4	1.045	0.700	0.593
	组内	389.675	261	1.493		
	总数	393.853	265			
人脉关系	组间	7.325	4	1.831	1.357	0.249
	组内	357.716	265	1.350		
	总数	365.041	269			
基础设施	组间	11.362	4	2.841	2.408	0.050
	组内	305.543	259	1.180		
	总数	316.905	263			

更进一步，我们想将有显著性差异的各项动因进行不同工作年限的重要性从高到低的排序。

由表 2.9.11 可以看出，在“学校声望”这项动因上，工作年限不同的同学对此的看重程度由高到低依次是：3 年以下＞ 3～5 年＞ 6～10 年＞ 15 年以上＞ 11～15 年。工作年限在 3 年以下的 MBA 同学，在报考的时候，最关注学校声望，这可能是因为工作年限相对较短的同学，事业刚刚起步，声望更高的学校可以给事业提升提供更大的筹码和保障。

在“校方活动”这项动因上，工作年限在 10 年以下的同学更加关注，而工作年限相对较长的同学关注的较少。造成这样的原因可能是，工作年限 10 年以内的同学，在事业上处于中下等水平，在事业上还有提升空间，个人精力正值巅峰，更加倾向于在学校的活动上扩大自己的交际圈，也更有精力参加学校举行的活动。工作年限较长的同学，可能没有足够的精力参加这些活动。

在"就业水平"这项动因上，工作年限在10年以下的同学更加关注，这可能是因为在这个阶段的同学在事业上进入了黄金时期，对这个动因的需求可能更加的迫切。

2.9.4 结论

从该案例的数据分析中，可以得到以下结论。

(1) 学生在选择MBA的时候，注重增加知识，扩展人脉、升迁加薪、跳槽转行等因素，忽略迁移户口等因素。在这些因素当中，最受重视的还是"加强知识"、"增加学历"等因素，这说明MBA同学在选择攻读MBA时，重点还是考虑到增加自身的知识储备。在选择不同类型的MBA课程中，在职班和脱产班的同学在动因上有着不同的偏好。

(2) 从入学人员年龄结构上来看，MBA学生的平均年龄为30岁，普遍的工作年限为3～5年，这说明潜在的MBA学生为30岁左右人群，这些人往往具有不错的学历基础及一定的实践经验。

(3) 从MBA学生入学前的工作性质、工作职位等因素来看，国有企业、民营企业和外资企业的中基层员工更倾向于攻读MBA学位，薪水在5 000～10 000元月薪区间的学生更倾向于在毕业以后得到更加丰厚的报酬。MBA的学生应该多多将MBA课程的学习当作是知识充电、结识挚友的难得良机，不应单纯的将MBA学位当作提升薪水的筹码，应放开眼界，利用在校期间多多交流和学习。

(4) MBA学生在选择攻读哪所学校的MBA课程时，往往更加关注的是学校声望和教学质量两个方面，在考虑选择学校时，更多的关注学校的硬件和软件实力，对自身的考虑停留在自身实力和学费的层面上。MBA学生应该更加关注自己的需求，从自身水平出发，找到真正适合自己的学校，才能走好未来的每一步。

回顾该案例的整个过程，作者发现还有一些可以改善的方面。例如设计问卷时一些题目用语不够简练、精确，因而影响了被访问者的理解与认识。在问卷发放过程中存在很大的局限性，只选取了3所学校的样本，而这么小的样本量不足以代表整个北京地区的MBA学生。今后若再进行相关方面的研究，可加以完善。

附录：调查问卷

北京地区各院校MBA入学意向调查问卷

亲爱的同学：

您好！真诚的感谢您能接受我们的调查。本问卷可能需要您3分钟时间，目的在于研究探讨于影响大家报考MBA的入学动机。

麻烦您按照您的真实情况填写，您所填写的信息、数据将仅用于本研究并得到严格保密。

谢谢您的参与和支持！

北京理工大学MC研究小组

第1题，您的性别：________。

A. 男　　B. 女

第2题，您的学校：________。

第3题，您是什么类型的MBA？

A. 脱产　　B. 在职　　C. 其他

第4题，入学之前，你对MBA的课程内容：________。

A. 很了解　　B. 较为了解　　C. 了解很少　　D. 不了解

第5题，你为什想继续攻读MBA？（5为最主要考虑的，1是没有考虑）

A. 加强自己的知识	5	4	3	2	1
B. 扩展自己的人脉	5	4	3	2	1
C. 逃避工作压力，回归校园生活	5	4	3	2	1
D. 为了工作升迁或加薪	5	4	3	2	1
E. 转换行业或公司	5	4	3	2	1
F. 迁入户口	5	4	3	2	1
G. 提高学历	5	4	3	2	1

第6题，您的年龄：________。

第7题，您的工作年限：________。

A. 3年以下　　B. 3～5年　　C. 6～10年　　D. 10～15年

E. 15年以上

第8题，您现在工作的工作性质（脱产同学请填之前工作的工作性质）：________。

A. 政府机关　　B. 事业单位　　C. 国企　　D. 外企

E. 民营企业　　F. 个体　　G. 自主创业　　H. 无工作

第9题，您现在工作的职位（脱产同学请填之前工作的职位）：________。

A. 学生　　B. 普通员工　　C. 基层管理者　　D. 中层管理者

E. 高层管理者　　F. 自由职业者　　G. 无工作

第10题，您目前的薪酬水平（每月）：________。

A. 5 000元以下　　B. 50 00～10 000元

C. 10 001～15 000元　　D. 15 001～20 000元

E. 20 000元以上

第 11 题，你期望在攻读 MBA 之后，未来的薪酬增加的百分比是________。

A. 没想通过这个途径增加薪酬

B. 25%　　C. 50%　　D. 75%　　E. 100%

F. 100%以上

第 12 题，你选择 MBA 攻读院校时主要考虑的是________。（5 为最主要考虑，1 是没有考虑）

A. 自己的成绩	5	4	3	2	1
B. 学费	5	4	3	2	1
C. 学校声望	5	4	3	2	1
D. 就业率	5	4	3	2	1
E. 学校的教育质量	5	4	3	2	1
F. 学校组织的活动	5	4	3	2	1
G. 地域好	5	4	3	2	1
H. 更强人脉关系	5	4	3	2	1
I. 基础设施好	5	4	3	2	1

感谢您的配合，希望您在 MBA 的学习和生活一切顺利！

2.10 工商管理类教材质量的分析与评价

参与者：马宝龙、高如珍、陈海红、曹雪、陈晨、包阳
起止时间：2013 年 1 月—2013 年 4 月

学习目的

本案例旨在使同学达到以下几个学习目的：

(1) 学习 SPSS 统计软件。

(2) 了解问卷的效度和信度检验方法。

(3) 利用收集的数据，运用描述性统计分析方法对数据进行汇总和整理，并解释其实际意义。

(4) 根据数据的特点和类型，以及要分析的内容，选择适当的图形或表格展示数据。

(5) 了解因子分析、回归分析等统计推断方法在实际问题中的应用。

(6) 掌握统计分析报告的撰写方法。

2.10.1 案例调查研究背景与实际意义

随着课程管理体制的改革，地方或学校获得了自主选用教材的权利，随之而来的一个问题就是如何科学地选用教材。

尽管教材并不是获得知识的唯一途径，但它对学生的学习仍然十分重要。因为教材不仅是教师授课的依据，是许多教学决策的基础，也是学生重要的自学材料。教师在课堂中做出的许多教学决策的基础都有赖于教材，这是因为教材在实现课程目标上具有很高的权威性。课堂中使用的教材在很大程度上对教学目标、测验及有关教学活动产生影响。甚至有人认为，课堂上发生的事，95％与教材有关联，即教材驱动着课程。同时，学生可以通过教材明确自己的学习任务和方向，并通过阅读教材理解相关的内容。因此，教材具有其他学习材料不可替代的作用。

优质的教材，除了涵盖学科课程的核心内容外，还应提供有助于学生学习该学科的学习策略。教材编制者不仅要考虑所需达成的目标，还要更多的考虑实现目标的途径，并将它呈现出来。优质教材面向学生，充分考虑学生已有经验和认知能力，在考虑教科书适用教学条件的基础上，恰当的组织教学内容，形成灵活的学习途径，以帮助学生实现课程的目标。同时，由于教材是学生重要的阅读材料，课文的质与量就十分重要，优质的教材应当是便于学生阅读和自主构建知识的。事实上，优质教材不仅能激发学生学习的兴趣，更能令他们积极参与学习。换言之，优质教材不但为学生提供知识，还让学生参与，与学生双向互动。此外，优质教材还应当为教师提供足够的教学资源和教学策略，以便于教室实

际的实施，并对教师的教学给予恰当的指导。

该案例基于以上考虑，运用管理统计学的相关知识，针对工商管理类教材进行了评价分析。

2.10.2 调查方案的设计

1. 研究思路及过程

在明确调查研究主题后，通过阅读相关文献并结合多位参与者意见，最终确定从教材内容、体系结构、编印设计、语言文字、使用效果五个方面对该教材质量进行分析，并同时考虑这些因素与教材质量的关系。该案例具体调查研究过程如图 2.10.1 所示。

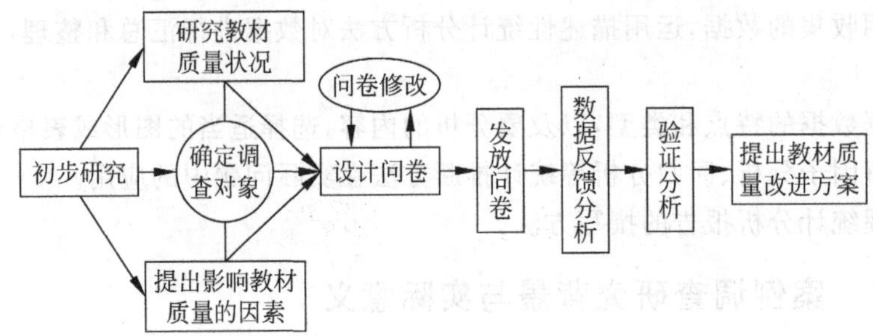

图 2.10.1 调查思路

2. 问卷设计

(1) 问卷的结构

围绕初步设定的教材内容、体系结构、编印设计、语言文字、使用效果几个变量，在查阅相关文献和调研的基础上进行了调查问卷的初步设计，并通过小范围讨论对问卷进行了相应修改，最终确定了使用的问卷(见附录)。调查问卷在结构上包括三个部分：第一部分为调查问卷的核心部分，主要围绕所设计的变量的相关问题展开调查；第二部分是对教材课程的授课老师的评价；第三部分为被调查者的基本信息，包括性别、年龄、受教育程度和性格特点等。

(2) 问卷设计特点

① 问卷要具有针对性，反映教材使用者心理；

② 问卷与调查主题紧密关联，问题的设计紧紧围绕着相关变量的展开；

③ 问卷设计基于简洁、精练的原则，避免繁杂冗长，不会使被调查者产生厌烦而随意回答问题，这样也保证了数据的真实性和有效性。

2.10.3　数据检验与分析

1. 学生对教材使用效果满意程度分析

从表 2.10.1 数据可知，所有变量的均值均大于 4。本调查问卷采用七点量表，中间值为 4。以 4 为检验值的单样本 t 检验结果(表 2.10.2)显示，均值差值大于 0 ，且双边 P 值均小于 0.001，均值均显著大于 4，差异非常显著。数据结果说明，学生对所使用的教材内容、教材结构、教材印刷质量、教材语言都比较满意，使用教材也达到较好的结果，授课教师水平得到学生的肯定，学生自身思想较为开放，愿意尝试新事物。

表 2.10.1　各变量的描述性统计

项　目	N	均　值	标准差	均值的标准误
内容	278	4.914	1.179 2	0.070 7
结构	278	5.297	0.891 6	0.053 5
印刷	278	5.06	1.118	0.067
语言	278	5.290	0.960 9	0.057 6
使用效果	278	4.942	1.090 1	0.065 4
授课教师水平	278	5.367	1.181 5	0.070 9
个人情况	278	5.406	0.875 3	0.052 5

表 2.10.2　单样本 t 检验结果

项　目	检验值＝ 4					
	t	df	Sig.（双侧）	均值差值	差分的 95％置信区间	
					下限	上限
内容	12.918	277	0.000	0.914	0.774	1.053
结构	24.258	277	0.000	1.297	1.192	1.402
印刷	15.798	277	0.000	1.059	0.927	1.191
语言	22.388	277	0.000	1.290	1.177	1.404
使用效果	14.406	277	0.000	0.942	0.813	1.071
授课教师水平	19.289	277	0.000	1.367	1.227	1.506
个人评价	26.775	277	0.000	1.406	1.302	1.509

2. 不同性别、年龄、学位、授课教师水平及个人情况对教材使用效果的满意程度是否存在差异

(1) 方差齐性检验

方差分析(analysis of variance，ANOVA)要求各组方差整齐，不过一般认为，如果各

组人数相，就算未能通过方差整齐检验，问题也不大。方差齐性检验是方差分析的重要前提，是方差可加性原则应用的一个条件。齐性检验时 F 越小（P 越大），就证明没有差异。

表 2.10.3 方差齐性检验

项 目	学 位		性 别		年 龄	
	Levene 统计量	显著性	Levene 统计量	显著性	Levene 统计量	Sig.
内容	3.838	0.010	1.040	0.308	0.181	0.835
结构	3.843	0.010	0.479	0.490	0.212	0.809
印刷	2.625	0.051	0.234	0.629	0.181	0.834
语言	3.876	0.010	3.457	0.064	5.075	0.007
使用效果	3.14	0.026	0.121	0.728	2.395	0.093

分别以学位、性别、年龄为因子对内容、结构、印刷、语言使用效果五个变量进行方差齐性检验。表 2.10.3 数据显示，以学位为因子时 P 值几乎均小于 0.05，不适合做方差分析；以性别为因子进行齐性检验时，P 值均大于 0.05，说明方差整齐；以年龄为因子进行齐性检验时，内容、结构、印刷三个变量通过检验，可以进行方差分析。

(2) 不同性别对教材使用效果的满意程度是否存在差异

以性别为分组变量进行了单因素方差分析，结果（如表 2.10.4 所示）表明除了语言变量对于男女生存在明显差异以外，其他变量并未在不同性别的情况下表现出显著的差异。

表 2.10.4 方差分析（以性别分组）

项 目		平方和	df	均方	F	Sig.
内容	组间	1.276	1	1.276	0.917	0.339
	组内	383.876	276	1.391		
	总数	385.151	277			
结构	组间	1.436	1	1.436	1.812	0.179
	组内	218.744	276	0.793		
	总数	220.179	277			
印刷	组间	1.214	1	1.214	0.971	0.325
	组内	345.057	276	1.250		
	总数	346.271	277			
语言	组间	4.364	1	4.364	4.791	0.029
	组内	251.422	276	0.911		
	总数	255.786	277			
使用效果	组间	0.790	1	0.790	0.664	0.416
	组内	328.368	276	1.190		
	总数	329.159	277			

(3) 不同年龄对教材使用效果的满意程度是否存在差异

以年龄为分组变量进行了单因素方差分析，大于 24 岁的为一组，小于等于 24 岁为一组。结果(如表 2.10.5 所示)表明不同年龄段在内容、印刷、语言和使用效果变量上的均值并不存在显著差异。然而，对于结构变量，不同的年龄段表现出了显著的差异。

表 2.10.5　方差分析(以年龄分组)

项　目		平方和	df	均　方	F	Sig.
内容	组间	7.510	2	3.755	2.734	0.067
	组内	377.642	275	1.373		
	总数	385.151	277			
结构	组间	8.169	2	4.084	5.298	0.006
	组内	212.010	275	0.771		
	总数	220.179	277			
印刷	组间	3.017	2	1.508	1.208	0.300
	组内	343.254	275	1.248		
	总数	346.271	277			
语言	组间	3.607	2	1.804	1.967	0.142
	组内	252.179	275	0.917		
	总数	255.786	277			
使用效果	组间	1.140	2	0.570	0.478	0.621
	组内	328.019	275	1.193		
	总数	329.159	277			

(4) 不同学位对教材使用效果的满意程度是否存在差异

通过方差齐性检验，可知学位不满足单因素方差分析基本假设前提，因此我们采用独立样本 t 检验来观察不同学位在各变量上是否存在差异，因为独立样本 t 检验对于方差不齐的耐受性要好些。首先我们按组别对各变量进行了描述性统计。

表 2.10.6　不同学位的各组描述性统计

项目	年级	N	均　值	标准差	均值的标准误
内容	≥3	144	5.091	1.093	0.091
	＜3	134	4.723	1.241	0.107
结构	≥3	144	5.391	0.820	0.068
	＜3	134	5.196	0.956	0.083
印刷	≥3	144	5.080	1.046	0.087
	＜3	134	5.037	1.195	0.103
语言	≥3	144	5.420	0.805	0.067
	＜3	134	5.151	1.090	0.094
使用效果	≥3	144	5.078	0.954	0.080
	＜3	134	4.796	1.206	0.104

表 2.10.7 独立样本 t 检验(以学位分组)

项目		方差方程的 Levene 检验		均值方程的 t 检验						
		F	Sig.	t	df	Sig.(双侧)	均值差值	标准误差值	差分的 95% 置信区间	
									下限	上限
内容	假设方差相等	4.339	0.038	2.628	276.000	0.009	0.368	0.140	0.092	0.644
	假设方差不相等			2.616	265.577	0.009	0.368	0.141	0.091	0.645
结构	假设方差相等	1.365	0.244	1.827	276.000	0.069	0.195	0.107	−0.015	0.404
	假设方差不相等			1.817	262.828	0.070	0.195	0.107	−0.016	0.406
印刷	假设方差相等	0.251	0.617	0.317	276.000	0.752	0.043	0.134	−0.222	0.307
	假设方差不相等			0.315	264.969	0.753	0.043	0.135	−0.223	0.308
语言	假设方差相等	5.784	0.017	2.355	276.000	0.019	0.269	0.114	0.044	0.495
	假设方差不相等			2.330	243.760	0.021	0.269	0.116	0.042	0.497
使用效果	假设方差相等	6.301	0.013	2.171	276.000	0.031	0.282	0.130	0.026	0.538
	假设方差不相等			2.153	253.160	0.032	0.282	0.131	0.024	0.540

从表 2.10.7 数据可知(如果方差齐,查阅假设方差相等栏目数据;如果方差不齐,查阅不假设方差相等栏目数据),结合表 2.10.6 和表 2.10.7 的数据可以得出:学位较高的人群相比学位较低的人群对教科书的内容、语言、和使用效果较满意,且具有显著差异,对结构、印刷不存在显著差异。

(5) 不同授课教师水平对教材使用效果的满意程度是否存在差异

表 2.10.8 不同授课水平的各组描述性统计

项目	授课教师水平	N	均值	标准差	均值的标准误
内容	≥5.36	164.000	5.291	1.029	0.080
	<5.36	114.000	4.371	1.174	0.110
结构	≥5.36	164.000	5.543	0.735	0.057
	<5.36	114.000	4.944	0.978	0.092
印刷	≥5.36	164.000	5.277	1.042	0.081
	<5.36	114.000	4.746	1.153	0.108
语言	≥5.36	164.000	5.621	0.704	0.055
	<5.36	114.000	4.814	1.077	0.101
使用效果	≥5.36	164.000	5.383	0.882	0.069
	<5.36	114.000	4.308	1.051	0.098

从表2.10.8中的描述性统计结果可以看出教师的教授水平高低会对教材的使用效果和教材质量的四个维度有影响，且表2.10.9的结果进一步说明教师水平高时相比较水平低的时，使用效果会更好，对内容、结构、印刷、语言和使用效果的评价结果更优。

(6) 不同个人情况对教材使用效果的满意程度是否存在差异

结果(如表2.10.10和表2.10.11所示)表明各变量在不同个人思想的情况下表现出了显著的差异，其中，思想较开放、愿意接受新事物的学生对使用效果等变量的反应较好。

3. 不同教材质量维度对教材使用效果的影响程度分析

根据结构方程的数据结果来看，教材质量很大程度上可以解释使用效果。理论上来说，教材质量越好，学生使用该教材能获得更好的效用。为了考察不同教材质量维度对使用效果的影响程度，我们以使用效果为因变量，教材质量的四个潜在变量为自变量进行线性回归分析。首先，我们进行了相关性分析。

如表2.10.12所示，由Pearson相关系数及其显著水平可知，教材的使用效果与教材的内容、结构、印刷、语言均存在显著的正相关关系，初步证明了我们的预期假设。

进一步，利用线性回归对教材使用效果进行分析，把教材内容、结构、印刷、语言作为自变量，分析各自变量对因变量的影响情况，得出线性回归方程。

表2.10.9　独立样本 t 检验(以教师水平分组)

项目		方差方程的Levene检验		均值方程的 t 检验						
		F	Sig.	t	df	Sig.(双侧)	均值差值	标准误差值	差分的95%置信区间	
									下限	上限
内容	假设方差相等	2.738	0.099	6.918	276.000	0.000	0.920	0.133	0.658	1.182
	假设方差不相等			6.756	221.978	0.000	0.920	0.136	0.652	1.188
结构	假设方差相等	4.768	0.030	5.828	276.000	0.000	0.599	0.103	0.397	0.801
	假设方差不相等			5.542	197.897	0.000	0.599	0.108	0.386	0.812
印刷	假设方差相等	0.713	0.399	4.005	276.000	0.000	0.532	0.133	0.270	0.793
	假设方差不相等			3.934	227.127	0.000	0.532	0.135	0.265	0.798
语言	假设方差相等	13.024	0.000	7.555	276.000	0.000	0.807	0.107	0.597	1.018
	假设方差不相等			7.026	179.175	0.000	0.807	0.115	0.581	1.034
使用效果	假设方差相等	4.489	0.035	9.237	276.000	0.000	1.075	0.116	0.846	1.304
	假设方差不相等			8.952	215.015	0.000	1.075	0.120	0.838	1.312

表 2.10.10 不同个人情况的各组描述性统计

项 目	个人评价	N	均 值	标准差	均值的标准误
内容	≥5.39	161	5.117	1.047	0.083
	＜5.39	117	4.633	1.293	0.120
结构	≥5.39	161	5.414	0.839	0.066
	＜5.39	117	5.137	0.940	0.087
印刷	≥5.39	161	5.193	1.065	0.084
	＜5.39	117	4.876	1.167	0.108
语言	≥5.39	161	5.511	0.871	0.069
	＜5.39	117	4.987	1.000	0.092
使用效果	≥5.39	161	5.192	0.944	0.074
	＜5.39	117	4.598	1.184	0.109

表 2.10.11 独立样本 t 检验(以个人情况分组)

项 目		方差方程的 Levene 检验		均值方程的 t 检验						
		F	Sig.	t	df	Sig.(双侧)	均值差值	标准误差值	差分的 95% 置信区间	
									下限	上限
内容	假设方差相等	6.880	0.009	3.446	276.000	0.001	0.484	0.141	0.208	0.761
	假设方差不相等			3.334	217.197	0.001	0.484	0.145	0.198	0.771
结构	假设方差相等	0.678	0.411	2.580	276.000	0.010	0.277	0.107	0.066	0.488
	假设方差不相等			2.534	232.666	0.012	0.277	0.109	0.062	0.492
印刷	假设方差相等	0.191	0.662	2.349	276.000	0.020	0.316	0.135	0.051	0.582
	假设方差不相等			2.315	236.218	0.021	0.316	0.137	0.047	0.586
语言	假设方差相等	0.066	0.797	4.646	276.000	0.000	0.523	0.113	0.302	0.745
	假设方差不相等			4.546	228.733	0.000	0.523	0.115	0.296	0.750
使用效果	假设方差相等	7.579	0.006	4.643	276.000	0.000	0.593	0.128	0.342	0.845
	假设方差不相等			4.482	214.778	0.000	0.593	0.132	0.332	0.854

表 2.10.12 Pearson 相关系数矩阵

项 目		使用效果	内容	结构	印刷	语言
使用效果	Pearson 相关性	1	0.702**	0.430**	0.360**	0.583**
	显著性(双侧)		0.000	0.000	0.000	0.000
	N	278	278	278	278	278

续表

项目		使用效果	内容	结构	印刷	语言
内容	Pearson 相关性	0.702**	1	0.438**	0.410**	0.464**
	显著性(双侧)	0.000		0.000	0.000	0.000
	N	278	278	278	278	278
结构	Pearson 相关性	0.430**	0.438**	1	0.420**	0.539**
	显著性(双侧)	0.000	0.000		0.000	
	N	278	278	278	278	278
印刷	Pearson 相关性	0.360**	0.410**	0.420**	1	0.516**
	显著性(双侧)	0.000	0.000	0.000		0.000
	N	278	278	278	278	278
语言	Pearson 相关性	0.583**	0.464**	0.539**	0.516**	1
	显著性(双侧)	0.000	0.000	0.000	0.000	
	N	278	278	278	278	278

** 在 0.01 水平(双侧)上显著相关。

对多个随机变量实验数据的分析研究有两种方法。一种方法是把多个随机变量分开,分别进行研究和分析,如统计分析、(简单)相关分析等。但由于多变量之间关系复杂,分开处理不仅会丢失很多信息,而且往往难以取得较好的研究结果。另一种方法是对多个随机变量同时进行研究,来揭示这些变量内在的关系和变化规律。向前选择变量法、向后删除变量法和逐步回归法就是同时处理多个随机变量的自变量筛选方法。在向前选择变量法中,一旦某个自变量被选入模型,它就永远留在模型中,然而,随着其他变量的引入,由于变量之间相互传递的相关关系,一些先进入模型的变量的解释作用可能会变得不再显著。而对于向后删除变量法,一旦某个变量被删除后,它就永远被排斥在模型外,但随着其他变量被删除,它对因变量的作用也可能会显著起来。因此,这两种方法都存在一定不足。逐步回归分析法将向前选择变量法和向后删除变量法结合起来,采取边进边退的方法,对于模型外部变量,只要它还可提供显著的解释信息,就可以再次进入模型,而对于已在模型内部的变量,只要它的偏 F 检验不能通过,则还可能从模型中删除。所以在该调查中模型采用了逐步回归分析法进行建立。

表 2.10.13 模型汇总

模型	R	R^2	调整 R^2	标准估计的误差
1	0.702[a]	0.493	0.491	0.777 92
2	0.760[b]	0.577	0.574	0.711 67

a. 预测变量:(常量),内容。

b. 预测变量:(常量),内容,语言。

表 2.10.14　方差分析检验结果

模型		平方和	df	均方	F	Sig.
1	回归	162.134	1	162.134	267.918	0.000[a]
	残差	167.025	276	0.605		
	总计	329.159	277			
2	回归	189.879	2	94.940	187.453	0.000[b]
	残差	139.279	275	0.506		
	总计	329.159	277			

a. 预测变量：(常量),内容。
b. 预测变量：(常量),内容,语言。
c. 因变量:使用效果。

表 2.10.15　系数检验结果[a]

模型		非标准化系数		标准系数	t	Sig.
		B	标准误差	试用版		
1	(常量)	1.754	0.200		8.757	0.000
	内容	0.649	0.040	0.702	16.368	0.000
2	(常量)	0.478	0.252		1.899	0.059
	内容	0.508	0.041	0.550	12.412	0.000
	语言	0.372	0.050	0.328	7.401	0.000

a. 因变量：使用效果。

表 2.10.16　多重线性回归拟合过程中已排除的变量检验情况[c]

模型		Beta In	t	Sig.	偏相关	共线性统计量
						容差
1	结构	0.152[a]	3.244	0.001	0.192	0.808
	印刷	0.087[a]	1.862	0.064	0.112	0.832
	语言	0.328[a]	7.401	0.000	0.408	0.785
2	结构	0.020[b]	0.406	0.685	0.025	0.665
	印刷	−0.049[b]	−1.049	0.295	−0.063	0.697

a. 模型中的预测变量：(常量),内容。
b. 模型中的预测变量：(常量),内容,语言。
c. 因变量:使用效果。

表 2.10.13 拟合了两个模型决定系数的改变情况,从调整 R^2 来看,随着变量"语言"的加入,可解释的变量占总变量的比例逐步增大。由表 2.10.16 可见,在模型 1 中,未进入模型的候选变量结构和语言还符合选入标准,可能需要选入；在模型 2 中,未进入的变

量均大于选入标准，因此无须再对其进行分析。表 2.10.14 是对拟合的两个模型的方差分析检验结果，由结果可知，两个模型均有统计学意义。表 2.10.15 给出了各系数检验结果，用的是 t 检验，从结果中可看出两个变量的显著性概率均小于 0.05，表示这些变量的系数与 0 有显著差异，内容和语言应当作为解释变量出现在方程中，还可以看出各变量的标准化回归系数为：内容(0.550)、语言(0.328)，通过对变量的标准化回归系数的比较可知，内容对使用效果的贡献最大。

2.10.4 结论

从该案例的数据分析，可以得出以下一些结论：

(1) 学生对所使用的教材内容、结构、印刷质量、语言都比较满意，使用教材也达到较好的结果，授课教师水平得到学生的肯定，学生自身思想较为开放，愿意尝试新事物。

(2) 除了语言变量对于男女生存在明显差异以外，其他变量并未在不同性别的情况下表现出显著的差异。

(3) 不同年龄段在印刷质量这个变量上的均值并不存在显著差异。然而，对于内容和结构两个变量，不同的年龄段表现出了显著的差异，尤其是结构变量。

(4) 学历较高的人群相比学历较低的人群对教科书的内容、结构、印刷和语言都较满意，其评价的使用效果较好，且这种差异是显著的。

(5) 教师水平对教材使用效果也有影响。教师水平高，教材使用效果会更好，学生对内容、结构、印刷和质量的评价结果更优。

(6) 除了印刷变量对于个人思想不存在明显差异以外，其他变量都在不同个人思想的情况下表现出了显著的差异，其中，思想较开放、愿意接受新事物的学生对使用效果等变量的反应较好。

(7) 调查显示，不同教材质量维度对使用效果的影响程度不同。其中，内容对使用效果的贡献最大，语言对使用效果影响次之。

附录：调查问卷

教材质量调查表

您好！为了了解目前我校使用教材的质量情况，特开展此项调查。

一、请依据您最熟悉的某本工商管理类教材的直观感受回答下列问题，问题的答案没有正确错误之分，只需您确定对每一问题的同意或是不同意的程度，在每题的答案中选中您的答案即可(每题都只选一个答案)。

答案详细解释如下。

1	2	3	4	5	6	7
非常不同意	不同意	稍不同意	既不同意也不反对	一般同意	同意	非常同意

教材的内容	
1. 教材内容紧跟当下发展的新进展、新观念	1 2 3 4 5 6 7
2. 教材涉及内容在学生的理解能力范围内	1 2 3 4 5 6 7
3. 教材对知识点的阐述清晰明确	1 2 3 4 5 6 7
4. 教材内容全面	1 2 3 4 5 6 7
5. 教材中范例(案例)和说明充足	1 2 3 4 5 6 7
6. 教材内容与实际联系紧密	1 2 3 4 5 6 7
教材的结构	
7. 教材的结构框架清晰	1 2 3 4 5 6 7
8. 组织编排循序渐进,逐步深入	1 2 3 4 5 6 7
9. 教材各章节前后衔接好	1 2 3 4 5 6 7
10. 教材逻辑清晰	1 2 3 4 5 6 7
教材的印刷	
11. 教材排版良好,清晰简洁	1 2 3 4 5 6 7
12. 教材图文并茂,生动形象	1 2 3 4 5 6 7
13. 教材封面设计吸引人	1 2 3 4 5 6 7
14. 教材纸张质量好	1 2 3 4 5 6 7
15. 教材印刷效果好	1 2 3 4 5 6 7
教材的语言	
16. 教材语言表达清晰,通俗易懂	1 2 3 4 5 6 7
17. 教材中词汇、符号和专业用语等符合学生能力水平	1 2 3 4 5 6 7
18. 教材语言文字准确无误	1 2 3 4 5 6 7
19. 教材语句通顺流畅	1 2 3 4 5 6 7
20. 教材采用有趣的表达方式	1 2 3 4 5 6 7
教材的使用效果	
21. 教材能提高学生的知识水平	1 2 3 4 5 6 7

22. 教材能提高学生的学习能力　1　2　3　4　5　6　7

23. 教材能提高学生解决实际问题的能力　1　2　3　4　5　6　7

24. 教材可以有效地激发学生的学习兴趣　1　2　3　4　5　6　7

25. 教材能够引发思考　1　2　3　4　5　6　7

26. 使用该教材使得学生收获很大　1　2　3　4　5　6　7

二、下面请您对该教材课程的授课老师作出简单评价，仅根据您的感觉对每一问题的同意或是不同意的程度。

1	2	3	4	5	6	7
非常不同意	不同意	稍不同意	既不同意也不反对	一般同意	同意	非常同意

1. 该课程老师具有足够的专业经验　1　2　3　4　5　6　7

2. 该课程老师思路清晰，表达能力强　1　2　3　4　5　6　7

3. 该课程老师授课形式好，确保我参与到课程中　1　2　3　4　5　6　7

4. 该课程老师的案例分析、讨论等能加深对课程的理解　1　2　3　4　5　6　7

三、以下是有关您的个人信息：请在下面与您情况相符的□内打“√”。

1. 您的学习层次：

□大专生　□本科生　□硕士生　□博士生

2. 您的性别：□男　□女

3. 您的年龄：

□18岁以下　□19～24岁　□25～34岁　□35～55岁

下列问题没有对错之分，仅根据您的个人情况确定对每一问题的同意或是不同意的程度。

1	2	3	4	5	6	7
非常不同意	不同意	稍不同意	既不同意也不反对	一般同意	同意	非常同意

4. 我喜欢追求新颖的科技与事物　1　2　3　4　5　6　7

5. 我乐于接受生活中的各种新奇　1　2　3　4　5　6　7

6. 我通常比别人更早了解理论上的新进展　1　2　3　4　5　6　7

7. 我相信科技的进步会带来美好的生活　1　2　3　4　5　6　7

再次感谢您的参与，并对您辛勤的劳动成果表示崇高的敬意！

2.11 人民币汇率的时间序列分析

参与者：徐丽萍、杨庚、曾磊、胡圣云、曲盛伟、陈乔木、于力新、韩可长、尹志锋、黄翼
起止时间：2007年3月—2007年5月

学习目的

本案例旨在分析人民币汇率随机变化的规律，应用时间序列分析方法来建立汇率的预测模型。具体要达到以下几个学习目的。

(1) 了解汇率及外汇市场的基本知识，并以人民币汇率为例，学习分析时间序列数据的基本方法，如移动平均法、指数平滑法等。

(2) 应用自相关函数和偏自相关函数识别时间序列模型，并建立 AR(p)、ARMA(p,q)或 ARIMA(p,d,q)等线性时间序列模型。

(3) 对时间序列模型进行残差分析及诊断检验，并运用通过检验的时间序列模型对未来数据进行预测，并比较预测效果。

(4) 应用 SPSS 软件进行时间序列分析的基本操作方法。

2.11.1 研究的背景与现实意义

2005年7月21日，我国对人民币汇率形成机制作出重大改革，美元对人民币交易价格由1美元兑换8.27元人民币调整为1美元兑换8.11元人民币，升值2%，同时放弃与美元挂钩，开始实行以市场供求为基础，参考一篮子货币的变化进行调节的有管理的浮动汇率制度。一篮子货币(basket)是指将多个主要贸易国的货币，依照往来贸易比重，编制成综合的货币指数。例如新加坡币的汇率便是与新加坡贸易伙伴国的一篮子货币挂钩的，亚洲金融风暴发生前的泰国和以色列的汇率也都是与一篮子货币挂钩的。

把与我国贸易、投资等有密切关系的国家的货币放到一个篮子中，参考一篮子货币的变化对人民币汇率水平进行实时的调整，有利于人民币汇率的稳定，从而更能满足我国对外贸易、资本转移、劳务收支等的要求。我国选择参考一篮子货币，而非完全的盯住一篮子货币的汇率政策，使汇率调节具有更大的弹性和灵活性。这一举动对于整个经济社会意义重大。因为人民币汇率开始自由浮动，所以无论对投资者还是对政府来说，对人民币汇率进行预测分析都是非常必要的。开展这项实践研究正是基于这样的考虑。

2.11.2 研究方案的设计

本案例将对中国汇率改革之后的人民币汇率走势变化进行分析和研究，建立预测模型。由于汇率是一种在特定时刻记录下来的数据，因此适宜采用时间序列分析方法进行建模。

研究过程分为三个阶段：采集数据；建立时间序列模型并进行模型检验；评价模型的预测效果(见图 2.11.1)。

首先是采集数据阶段。通过互联网收集中国汇率改革以后，即 2005 年 7 月 21 日以后的人民币汇率数据，包括中国工商银行和中国银行的外汇牌价，以及国家外汇管理局公布的中间价。由于目的是考察人民币跟主要币种的汇率变化趋势，因此收集了“人民币兑欧元”及其他几种主要货币的汇率数据。

汇率数据的记录方式除了有每日中间价以外，还有现汇买入价、现钞买入价、卖出价和基准价等。由于研究目的主要是研究人民币汇率的走势，并学习时间序列数据的统计分析方法，因此本案例只采用了一种汇率数据(中国工商银行的“人民币兑欧元”现汇买入价)作研究。

数据采集的时间段从 2005 年 7 月 22 日至 2007 年 4 月 18 日，共 421 个数据。将数据分成两组：第一组是从 2005 年 7 月 22 日到 2007 年 4 月 6 日的汇率数据，用于建立时间序列模型；第二组是 2007 年 4 月 6 日以后的汇率数据，用于检验模型的预测效果。

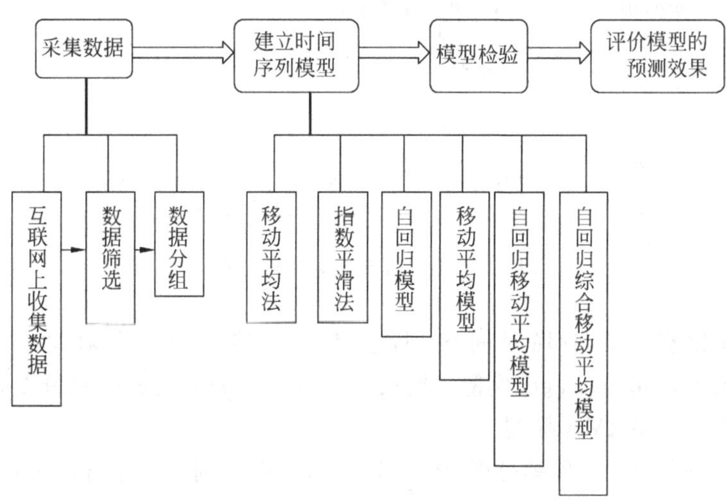

图 2.11.1　研究方案及步骤

第二阶段是建立时间序列模型并进行模型检验。先用简单的移动平均法和指数平滑法来分析汇率数据的走势；再根据汇率数据的自相关函数和偏自相关函数图形，初步确定时间序列模型的形式和模型的阶数；然后用 SPSS 软件建立几种时间序列模型来拟合原始数据，并进行残差分析和诊断检验。

最后是预测阶段。运用通过检验的时间序列模型作实际汇率的预测，并与实际汇率数据作比较，以检验模型的预测效果。

由于汇率数据不像一般的经济数据具有季节性或是明显的周期性，所以在分析中不考虑季节性和周期性因素，仅考虑汇率随时间变化的趋势和特点。

2.11.3 数据分析过程与结果

首先，画出“人民币兑欧元”汇率的记录数据图(图 2.11.2)，可以看出汇率数据不是一个平稳序列。

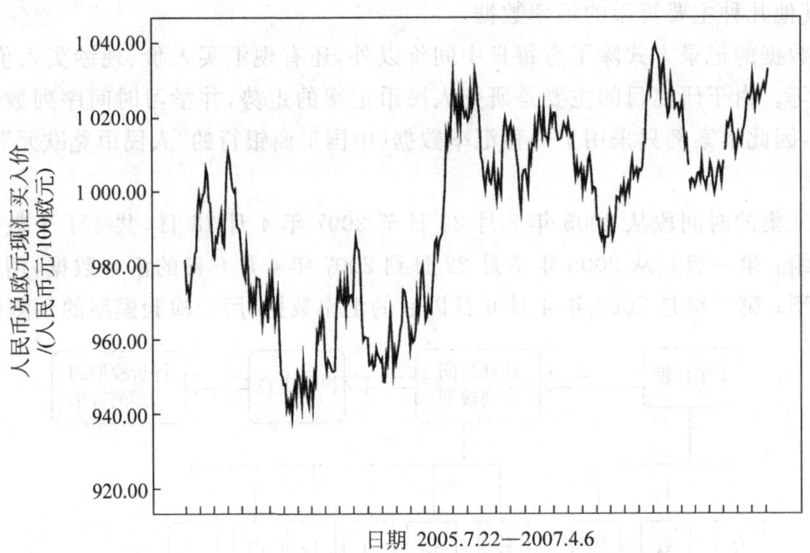

图 2.11.2 人民币兑欧元汇率

如果汇率数据不是平稳时间序列，就不能直接用自回归移动平均(ARMA, autoregression moving average)模型建模或是作预测。需要先进行差分变换，转化为平稳时间序列，再建立 ARMA 模型。

因此，作汇率数据的一阶差分图(图 2.11.3)，可以看到一阶差分后的序列是一个比较平稳的时间序列。

下面首先采用简单的移动平均法和指数平滑法作汇率数据的趋势分析，然后再建立 ARMA(p,q)或 ARIMA(p,d,q)类型的线性时间序列模型，作进一步的深入分析。

1. 移动平均法和指数平滑模型

(1) 移动平均法

根据移动平均法，选取三种滞后阶数(n=3,6,16)的移动平均模型作比较，结果见图 2.11.4。为了更清楚地观察各模型的预测效果，这里只选取 2006 年 10 月 9 日至 2007 年 4 月 6 日的部分数据作比较。根据图 2.11.4，汇率数据是不断走高的。可以看到，使

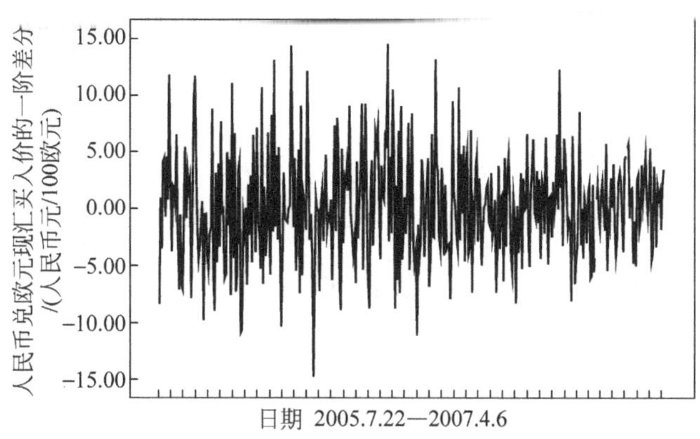

图 2.11.3 人民币兑欧元汇率的一阶差分

用移动平均法进行时间序列的预测，能平滑掉数据的偶然波动影响。随着滞后阶数 n 的增大，曲线对实际数据拟合程度逐渐降低，虽然曲线变得更加平滑，但与实际的误差却随之加大。这一点从残差的标准差也可以看出来(见表 2.11.1)。随着 n 的增大，残差的均值和方差都不断地增大。

比较图 2.11.4 的三个图，可以认识到：运用移动平均法时，增大滞后的阶数虽然能使平滑效果更好，但会使预测值对时间序列数据的实际变动不敏感。另外，移动平均值也并不总能很好反映出数据变动的趋势。如 $n=16$ 的移动平均图，在曲线的第一个峰处，数据已经开始下行了，但移动平均曲线却仍显示向上。

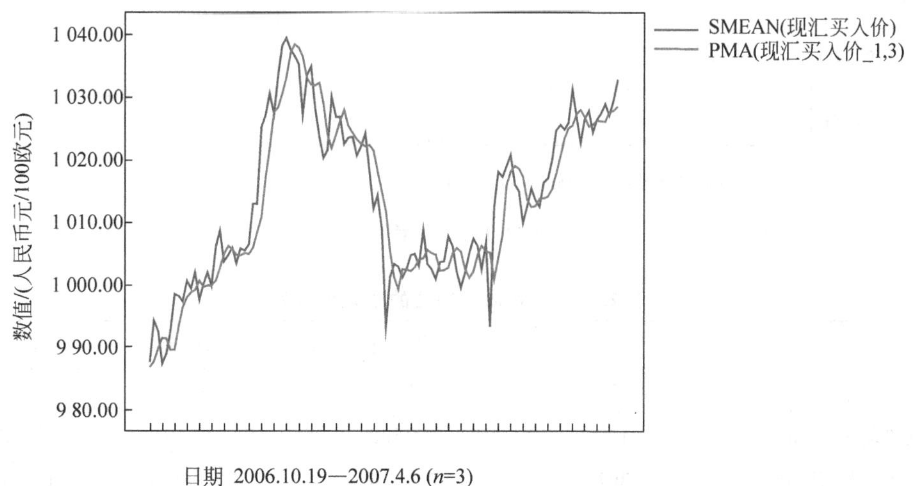

图 2.11.4 三种移动平均模型的数据与原汇率数据的比较

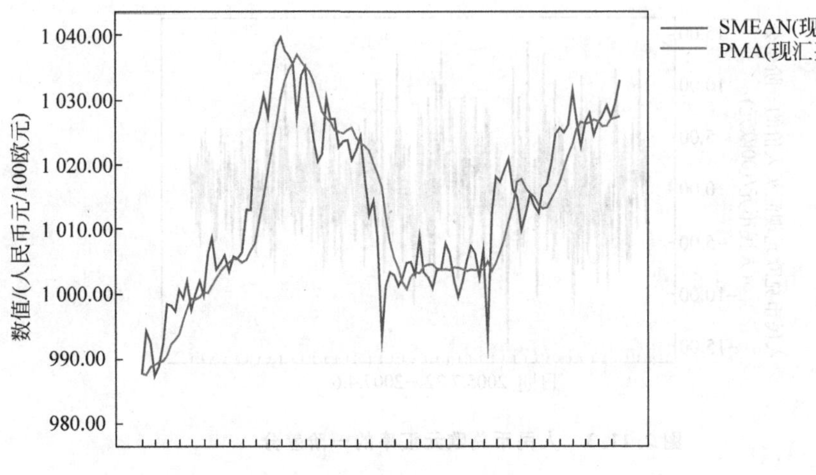

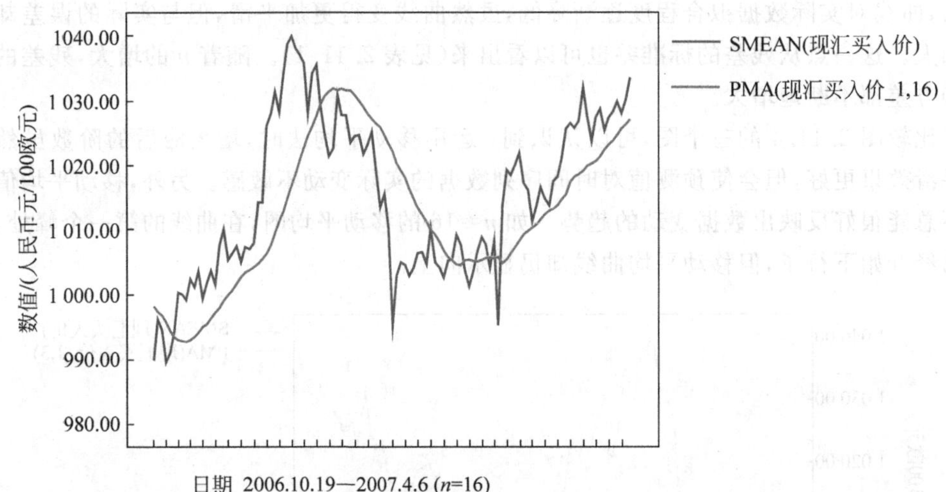

图 2.11.4 （续）

表 2.11.1 移动平均法的残差分析表

	N	均 值	标准差	方 差
移动平均模型(n=3)	410	0.2710	5.88024	34.577
移动平均模型(n=6)	407	0.4652	7.43192	55.233
移动平均模型(n=16)	397	0.7510	10.68201	114.105
有效的 N(listwise)	397			

(2) 指数平滑模型

本节建立汇率数据的指数平滑模型$\hat{y}_{t+1}=\alpha y_t+(1-\alpha)\hat{y}_t$，并加以分析。

在指数平滑模型中，平滑系数 α 的取值至关重要，它决定了模型的平滑水平以及对预测值与实际结果之间差异的响应速度。平滑常数 α 越接近于 1，近期数据对平滑预测值影响越大，而同时远期实际值对本期平滑值的影响程度下降越快；平滑常数 α 越接近于 0，近期数据对平滑预测值影响变小，而远期实际值对本期平滑值影响程度下降越慢。由此可见，当时间序列相对平稳时，可取较小的 α，以不忽略远期实际值的影响；当时间序列波动较大时，应选取较大的 α，以更多的考虑当期数据的影响。

根据 SPSS 软件中的指数平滑建模功能，可通过计算机自动搜索最优平滑系数 α，选取搜索步长 0.01，搜索起点为 0，终点为 1，结果如表 2.11.2 所示。可见当 α 取 0.9 时，误差平方和最小，因此模型预测效果最好。由原汇率数据的图 2.11.2 可以看出，汇率数据波动较大，故选取的 α 值比较大。

表 2.11.2　指数平滑系数搜索结果

系　列	模型列	Alpha(水平)	误差平方和
现汇买入价_1	1	0.900 00	10 210.55
	2	1.000 00	10 256.87
	3	0.800 00	10 378.47
	4	0.700 00	10 794.66
	5	0.600 00	11 532.67
	6	0.500 00	12 733.73
	7	0.400 00	14 677.06
	8	0.300 00	17 987.91
	9	0.200 00	24 483.45
	10	0.100 00	42 610.07

对 $\alpha=0.9$ 时的指数平滑模型的预测结果与原始汇率作比较，由图 2.11.5 可见模型的拟合效果很好。由模型残差的直方图(图 2.11.6)知，残差近似服从正态分布，并且表 2.11.3表明残差通过了均值为零的 t 检验。根据残差的自相关函数(图 2.11.7)可判断残差序列是不相关的。因此，残差序列可以看成是随机误差，即“白噪声”。这表明 $\alpha=0.9$ 的指数平滑模型是汇率数据的一个较好的预测模型。

表 2.11.3　指数平滑模型(α=0.9)的残差均值检验

项目	检验值 = 0					
	t	df	Sig.(双侧)	平均差	95%的置信区间	
					下界	上界
指数平滑模型的残差	0.430	412	0.667	0.105 401 96	−0.376 023 7	0.586 827 6

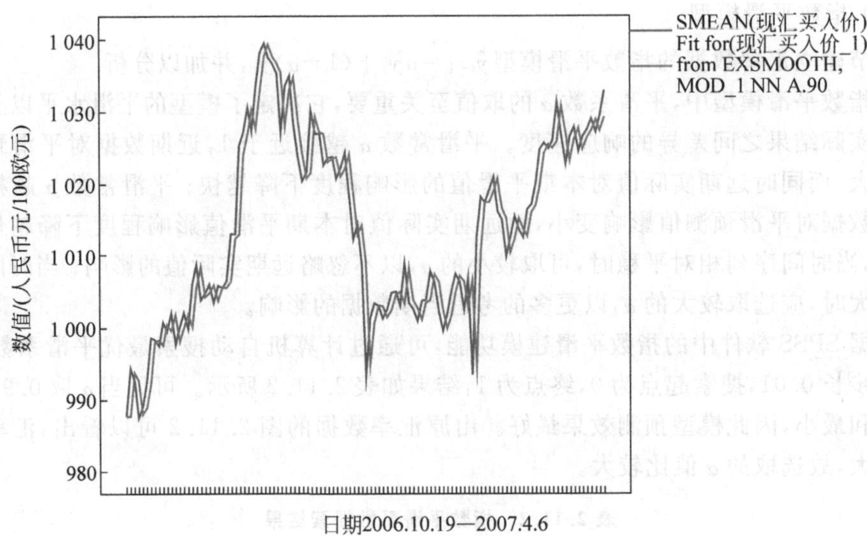

图 2.11.5 指数平滑模型与原汇率数据的比较

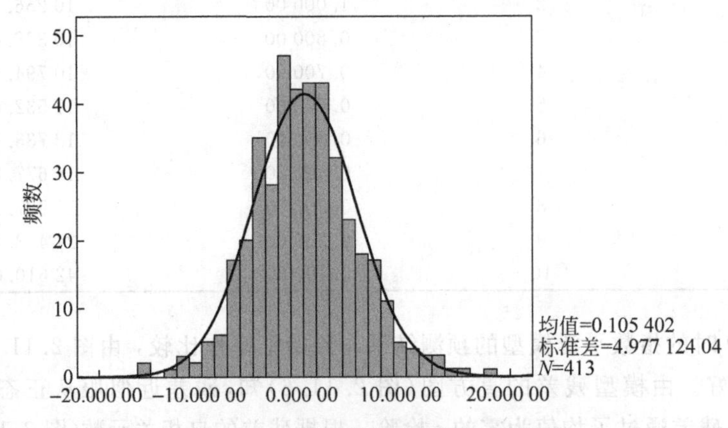

图 2.11.6 指数平滑模型的残差直方图

2. 汇率数据的线性时间序模型

对于一般的线性时间序列模型，可以统一的表示为差分自回归移动平移(autoregression-integrated moving average，ARIMA)模型，即 ARIMA(p,d,q)模型。建立线性时间序列模型，需要先通过序列的自相关函数和偏自相关函数的图形来识别模型的阶数，即 p,d,q 的取值。

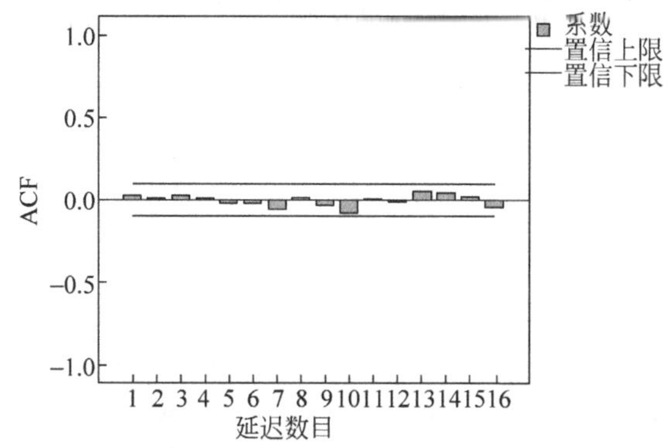

图 2.11.7 指数平滑模型残差的自相关函数(ACF)图

图 2.11.8 和图 2.11.9 分别给出了人民币兑欧元汇率数据的自相关函数及偏自相关函数的前 16 个值的图形表示。表 2.11.4 和 2.11.5 分别给出了它们的具体数值及检验结果。由图 2.11.8 和表 2.11.4 知,汇率数据的自相关函数是拖尾的,但是下降的非常缓慢。由图 2.11.9 和表 2.11.5 知,偏自相关函数是截尾的,从图 2.11.9 容易看出,2 阶及 2 阶以上的偏自相关函数近似等于零。由此可见,汇率数据应该是非平稳时间序列,这一点通过前面的图 2.11.2 已经有所认识。

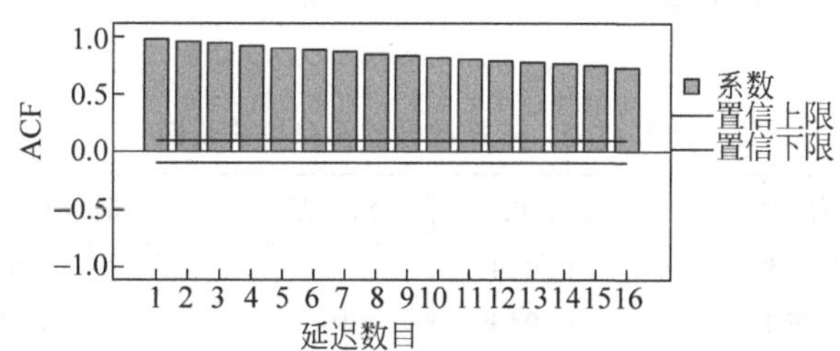

图 2.11.8 人民币兑欧元汇率自相关函数

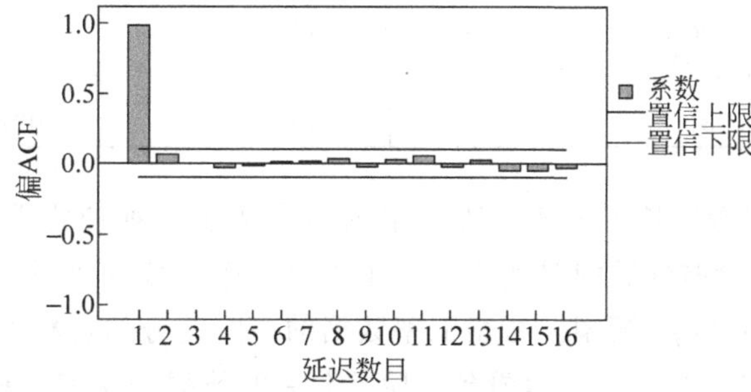

图 2.11.9 人民币兑欧元汇率偏自相关函数

表 2.11.4 汇率数据的自相关函数

滞 后	自相关	标准误差(a)	Box-Ljung 统计量		
			值	df	Sig. (b)
1	0.978	0.049	397.760	1	0.000
2	0.959	0.049	781.253	2	0.000
3	0.940	0.049	1 150.869	3	0.000
4	0.921	0.049	1 506.074	4	0.000
5	0.901	0.049	1 847.162	5	0.000
6	0.882	0.049	2 174.999	6	0.000
7	0.864	0.049	2 490.437	7	0.000
8	0.848	0.049	2 794.837	8	0.000
9	0.831	0.049	3 087.878	9	0.000
10	0.816	0.048	3 370.792	10	0.000
11	0.803	0.048	3 645.408	11	0.000
12	0.788	0.048	3 911.059	12	0.000
13	0.776	0.048	4 168.826	13	0.000
14	0.761	0.048	4 417.633	14	0.000
15	0.745	0.048	4 656.598	15	0.000
16	0.728	0.048	4 885.533	16	0.000

(a) 假定的基础过程是独立性(白噪声)。

(b) 基于渐近卡方近似。

表 2.11.5 汇率数据的偏自相关函数

滞 后	偏自相关	标准误差	滞 后	偏自相关	标准误差
1	0.978	0.049	9	−0.020	0.049
2	0.064	0.049	10	0.023	0.049
3	0.001	0.049	11	0.051	0.049
4	−0.031	0.049	12	−0.023	0.049
5	−0.012	0.049	13	0.023	0.049
6	0.008	0.049	14	−0.046	0.049
7	0.013	0.049	15	−0.047	0.049
8	0.031	0.049	16	−0.027	0.049

如果将汇率数据看作是不平稳序列，就需要先作差分变换使之平稳化，再进行分析。由图 2.11.3，汇率一阶差分后的时间序列基本上是一个平稳序列，因此可以考虑为汇率数据建立 ARIMA(p,1,q)模型。考察汇率数据的一阶差分的自相关函数(图 2.11.10)和偏自相关函数(图 2.11.11)，可以看到一阶差分后的数据是序列不相关的，并且近似为白噪声，因此想到对原汇率数据拟合 ARIMA(0,1,0)模型，即随机游走模型。

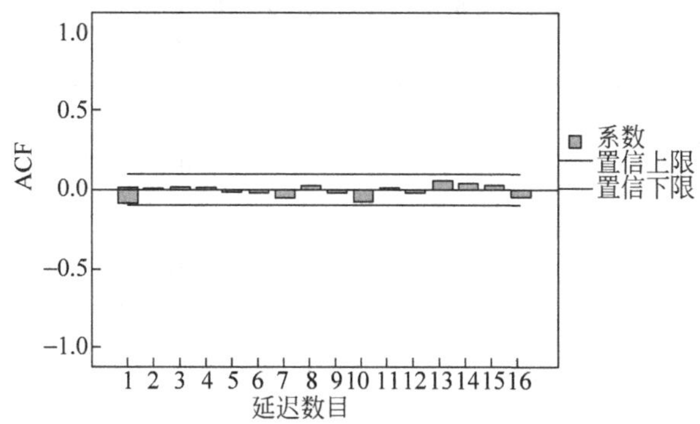

图 2.11.10　人民币兑欧元汇率的一阶差分的自相关函数

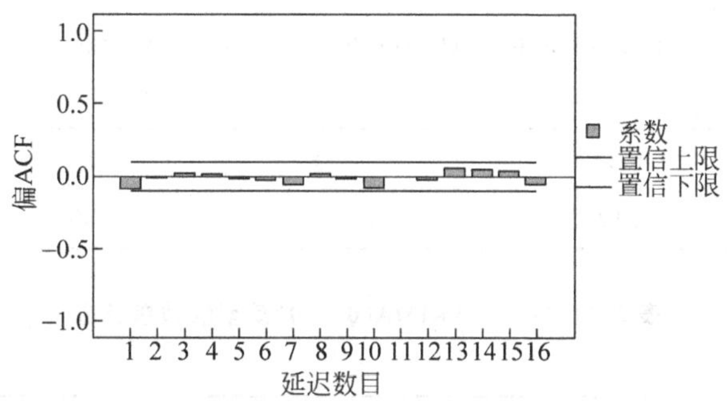

图 2.11.11　人民币兑欧元汇率的一阶差分的偏自相关函数

当然，也可以将汇率数据勉强看作是一个平稳时间序列，用一阶自回归模型，即 AR(1) 来建立模型。另外，原始汇率数据(图 2.11.2)显示汇率具有随时间变化的趋势，因此还将建立以时间为自变量的汇率的一阶自回归模型。

下面分别为汇率数据建立 ARIMA(0,1,0)模型，ARIMA(1,0,0)即 AR(1)模型和带有时间趋势的一阶自回归模型。对这些模型进行检验，并比较它们的预测效果，进而找出最优的汇率预测模型。

(1) ARIMA(0,1,0)模型及其检验

ARIMA(0,1,0)模型为 $y_t - y_{t-1} = C + \varepsilon_t$，$\varepsilon t \sim N(0,\ \sigma_\varepsilon^2)$，即为随机游走模型。实际上，建立 ARIMA(0,1,0)模型，即是对时间序列数据作一阶差分变换。应用 SPSS 软件得到 ARIMA(0,1,0)模型的参数估计和基本分析结果见表 2.11.6。从 SPSS 输出的 parameter estimates 项可知模型的常数项 $C=0.124$，但检验的 p 值很大，说明可以认为常数项为零。从 SPSS 输出的 residual diagnostics 项中看到残差的标准差为 $\sigma_\varepsilon=4.961$。因此，分析得到的汇率模型为 $y_t = y_{t-1} + \varepsilon_t$，$\varepsilon_t \sim N[0,(4.961)^2]$。

表 2.11.6(a) ARIMA(0,1,0)模型

模型描述[a]

模型名称	模型_7
因变量	SMEAN(现汇买入价)
转换	无
常数	包含
自回归	无
无季节性差分	1
移动平均数	无

应用模型_7 的说明。

a. 由于模型中没有季节性因素,数据的季节性会被忽略。

表 2.11.6(b) ARIMA(0,1,0)模型的参数估计

参数估计

	估计	标准差	t	渐进 Sig
常数	0.124	0.244	0.508	0.612

表 2.11.6(c) ARIMA(0,1,0)模型的残差诊断

残差诊断

残差的数量	412
参数的数量	0
残差 df	411
调整后残差平方和	10 116.539
残差平方和	10 116.539
残差方差	24.614
模型标准误差	4.961
对数似然函数	−1 243.989
Akaike's Information Criterion(AIC)	2 489.979
Schwarz's Bayesian Criterion(BIC)	2 494.000

考查残差的自相关函数(图 2.11.12),可知残差序列是不相关的。而通过残差的正态 Q-Q 图(图 2.11.13)可知,残差近似服从正态分布。因此,可以认为残差序列是白噪声,所以随机游走模型为

$$y_t = y_{t-1} + \varepsilon_t, \quad \varepsilon_t \sim N[0,(4.961)^2]$$

能够用于预测汇率。

因为当 $p=0,q=0$ 时,ARIMA(p,1,q)模型已经通过了模型的诊断,能够满足预测

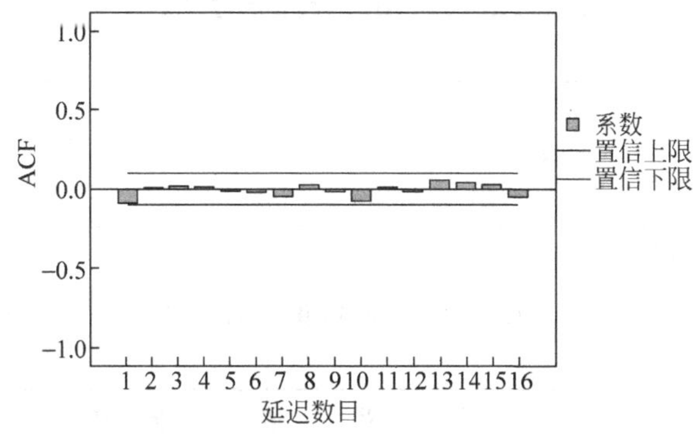

图 2.11.12 ARIMA(0,1,0)模型的残差的自相关函数

的基本要求,故此不再考虑更高阶(p 或 q 取更大值)的 ARIMA(p,1,q)模型了。

(2) AR(1)模型及其检验

本节将把汇率数据看作是平稳序列,建立一阶自回归模型 $y_{t+1}=C+\varphi_1 y_t+\varepsilon_t, \varepsilon_t \sim N(0,\sigma_\varepsilon^2)$。AR(1)的建模可以通过 SPSS 的自回归过程完成,也可以通过 SPSS 的 ARIMA 过程来完成。这里选择用 Autoregression 模块来建立汇率的 AR(1)模型,得到如下结果(见表 2.11.7)。

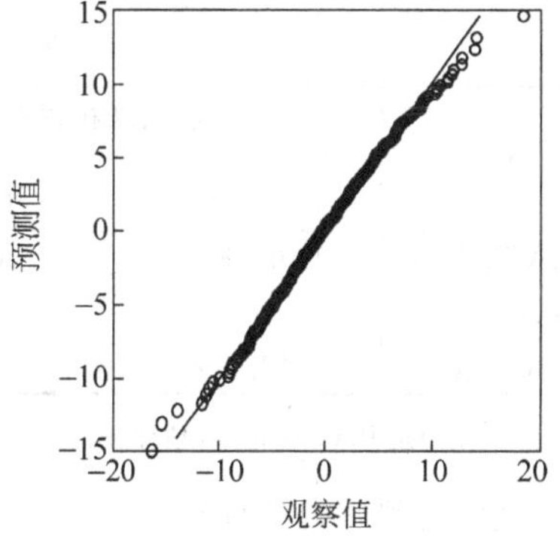

图 2.11.13 ARIMA(0,1,0)模型的残差的 Q-Q 图

① 模型参数 $\varphi_1=0.986$。

② 常数项 $C=13.772$,其 p 值为 0.121,在 0.1 的显著性水平下可以认为 $C=0$。

表 2.11.7(a) AR(1)模型描述

模型名称	模型_2
因变量	SMEAN(现汇买入价)
自变量 1	LAGS(现汇买入价_1,1)
常数	包含
自回归	1

表 2.11.7(b) AR(1)模型的自相关系数

自相关系数

Rho(AR1)	标准误差
−0.077	0.049

应用的是 Prais-Winsten 估计法。

表 2.11.7(c) AR(1)模型的方差分析

ANOVA

模 型	平方和	df	均 方
回归	298 068.9	1	298 068.873
残差	9 987.060	409	24.418

应用的是 Prais-Winsten 估计法。

表 2.11.7(d) AR(1)模型的拟合效果

模型拟合

R	R^2	平稳的 R^2	估计的标准误差	DurbinWatson
0.984	0.968	0.967	4.941	1.990

应用的是 Prair-Winsten 估计法。

表 2.11.7(e) AR(1)模型的系数

模 型	非标准化系数		标准系数	*t*	Sig.
	B	标准误差	试用版		
LAGS(现汇买入价_1,1)	0.986	0.009	0.984	110.484	0.000
(常量)	13.772	8.869		1.553	0.121

应用的是 Prair-Winsten 估计法。

③ 模型残差的标准差 $\sigma_\varepsilon=4.941$。

④ Durbin-Waston 统计量的值为 1.990,近似等于 2,说明残差序列是不相关的。

下面画出残差序列的自相关函数(图 2.11.14)和 Q-Q 图(图 2.11.15)。从自相关图可以进一步确定残差序列是不相关的,而从 Q-Q 图可以看出残差序列是近似正态分布

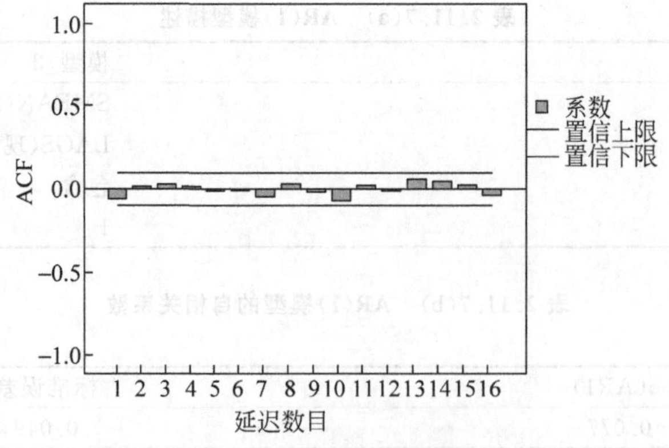

图 2.11.14 AR(1)模型的残差的自相关图

的。因此，模型的残差序列是白噪声，这说明 AR(1)模型

$y_t = 13.772 + 0.986 y_{t-1} + \varepsilon_t, \varepsilon_t \sim N(0,[4.941)^2]$

能够用于预测汇率。

(3) 带有时间趋势项的一阶自回归模型

因为汇率数据具有随时间变化的趋势，本节将为汇率数据建立带有时间趋势项的一阶自回归模型，即 $y_t = C + \varphi_1 y_{t-1} + \beta t + \varepsilon t, \varepsilon_t \sim N(0, \sigma_\varepsilon^2)$，并对模型进行检验。

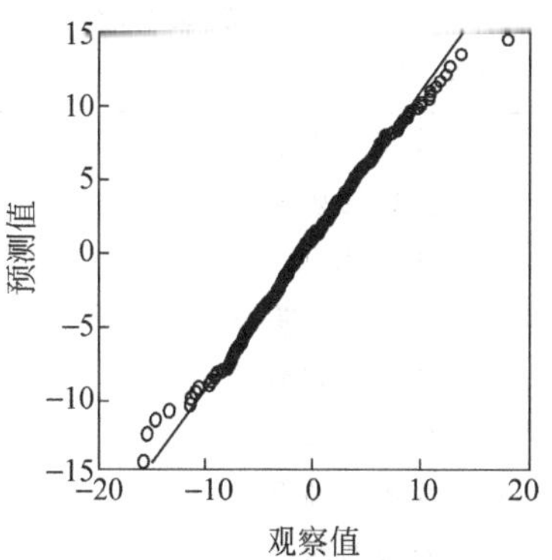

图 2.11.15　AR(1)模型的残差的 Q-Q 图

表 2.11.8 列出了 SPSS 软件使用 ARIMA 模块建立带有时间趋势项的一阶自回归模型的输出结果，从中可以得到以下信息：

① 模型参数 $\varphi_1 = 0.964$。

② $\beta = 0.138$。

③ 常数项 $C = 966.362$。

以上三个参数的 p 值均非常小（小于 0.005），因此可以认为它们都不等于零。

④ 模型残差的标准差为 $\sigma_\varepsilon = 4.927$。

画出残差序列的自相关函数（图 2.11.16）和 Q-Q 图（图 2.11.17）。从自相关图可以进一步确定残差序列是不相关的，而从 Q-Q 图可以看出残差序列是近似正态分布的。因此，模型的残差序列是白噪声，这说明模型

$$y_t = 966.362 + 0.964 y_{t-1} + 0.138t + \varepsilon_t, \quad \varepsilon_t \sim N[0,(4.927)^2]$$

也能够用于汇率的预测。

表 2.11.8(a)　带有时间趋势项的自回归模型的模型描述

模型描述[a]

模型名称	模型_18
因变量	SMEAN(现汇买入价)
转换	无
自变量	时间变量
常数	包含
自回归	1
无季节性 差分	0
移动平均数	无

应用模型_18 的说明。

(a) 由于模型中没有季节性因素，数据的季节性会被忽略。

表 2.11.8(b) 带有时间趋势项的自回归模型的残差诊断

残差诊断

残差的数量	413
参数的数量	1
残差 df	410
调整后残差平方和	10 016.589
残差平方和	10 016.636
残差方差	24.274
模型标准误差	4.927
对数似然函数	−1 244.457
Akaike's Information Criterion(AIC)	2 494.915
Schwarz's Bayesian Criterion(BIC)	2 506.985

表 2.11.8(c) 带有时间趋势项的自回归模型的参数估计

参数估计

		估 计	标准误差	t	Approx Sig
无季节滞后	自回归 1	0.964	0.013	75.990	0.000
回归系数	时间变量	0.138	0.047	2.926	0.004
常量		966.362	11.648	82.967	0.000

应用 Melard 算法来估计。

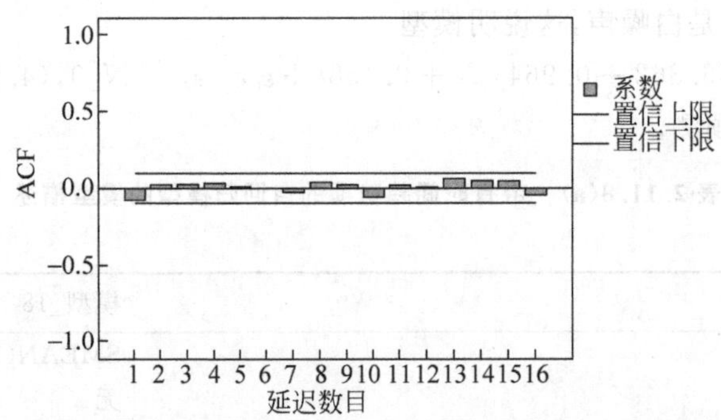

图 2.11.16 带有时间趋势项的一阶自回归模型的残差的自相关图

3. 预测模型的比较

根据上面的分析，指数平滑模型($\alpha=0.9$)、随机游走模型 ARIMA(0,1,0)、一阶自回归模型 AR(1)以及带有时间趋势项的一阶自回归模型对原汇率数据的拟合效果都很好，并且都通过了模型的残差检验，因此都可以用于预测。但指数平滑模型只适合作一步预测，其多步的预测值与一步预测值相等．因此，下面使用其余三个模型分别对汇率数据作多步预测，并比较它们的预测效果的优劣。

(1) 用 ARIMA(0,1,0)模型预测汇率

用前面得到的 ARIMA(0,1,0)模型，即随机游走模型 $y_t = y_{t-1} + \varepsilon_t, \varepsilon_t \sim N[0,(4.961)^2]$，作 1 至 8 步的预测，使用 SPSS 软件分析的输出结果见表 2.11.9。从表中可看出前几步的预测误差相对较小，而后误差逐渐增大。从模型的置信度为 95%的预测区间可以看出，预测的步长越大，预测区间也越宽，即预测的精度越差。说明模型的短期预测效果好。

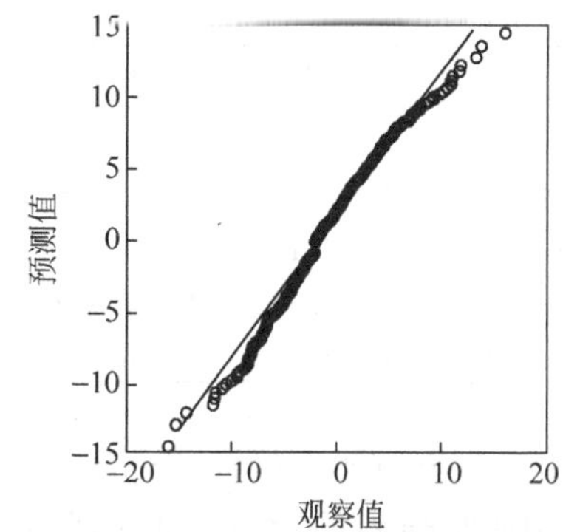

图 2.11.17　带有时间趋势项的一阶自回归模型的残差的 Q-Q 图

表 2.11.9　ARIMA(0,1,0)模型的预测结果

日　期	实际值	预测值	95%预测区间下限	95%预测区间上限	绝对误差
2007-4-9	1 028.70	1 032.994	1 023.229 57	1 042.758 59	−4.294
2007-4-10	1 030.34	1 033.118	1 019.292 35	1 046.943 96	−2.778
2007-4-11	1 032.43	1 033.242	1 016.288 71	1 050.195 76	−0.812
2007-4-12	1 033.97	1 033.366	1 013.766 49	1 052.966 13	0.604
2007-4-13	1 040.08	1 033.490	1 011.550 81	1 055.429 97	6.590
2007-4-16	1 043.14	1 033.614	1 009.552 06	1 057.676 87	9.526
2007-4-17	1 041.87	1 033.739	1 007.717 1	1 059.759 99	8.131
2007-4-18	1 045	1 033.863	1 006.011 35	1 061.713 89	11.137

(2) 用 AR(1)模型作预测

用得到的 AR(1)模型 $y_t = 13.772 + 0.986 y_{t-1} + \varepsilon_t, \varepsilon_t \sim N[0,(4.941)^2]$作 1 至 8 步的预测，应用 SPSS 软件的输出结果见表 2.11.10。从中可看出 AR(1)模型 4 步以上的预测误差增大的非常厉害。类似于随机游走模型，从置信度为 95%的预测区间可以看出，预测的步长越大，预测区间也越宽，即预测的精度越差。说明时间序列模型的只适合于短期预测。

表 2.11.10　AR(1)的预测结果

日　期	实际值	预测值	95%预测区间下限	95%预测区间上限	绝对误差
2007-4-9	1 028.70	1 032.193	1 022.460 27	1 041.926 02	−3.493
2007-4-10	1 030.34	1 031.529	1 017.877 72	1 045.179 83	−1.189
2007-4-11	1 032.43	1 030.877	1 014.294 32	1 047.459 02	1.553

续表

日　期	实际值	预测值	95%预测区间下限	95%预测区间上限	绝对误差
2007-4-12	1 033.97	1 030.237	1 011.244 47	1 049.228 72	3.733
2007-4-13	1 040.08	1 029.608	1 008.545 78	1 050.670 88	10.472
2007-4-16	1 043.14	1 028.992	1 006.103 67	1 051.879 66	14.148
2007-4-17	1 041.87	1 028.386	1 003.861 25	1 052.911 5	13.484
2007-4-18	1 045	1 027.792	1 001.781 01	1 053.803 49	17.208

(3) 带有时间趋势项的一阶自回归模型作预测

用前面得到的带有时间趋势项的一阶自回归模型 $y_t=966.362+0.964y_{t-1}+0.138t+\varepsilon_t$，$\varepsilon_t\sim N[0,(4.927)^2]$作1至8步的预测，应用SPSS软件的输出结果见表2.11.11。从中可以看出预测误差表现出了与前面两个模型类似的性质，都是随着预测步长的加大，误差也随之增大，尤其是4步以上的预测误差非常大。同样，从模型的置信度为95%的预测区间可以看出，预测的步长越大，预测区间也越宽，即预测的精度越差。

表 2.11.11　带有时间趋势项的一阶自回归模型的预测结果

日　期	实际值	预测值	95%预测区间下限	95%预测区间上限	绝对误差
2007-4-9	1 028.70	1 032.667	1 022.939 98	1 042.393	−3.966 73
2007-4-10	1 030.34	1 032.476	1 018.906 92	1 046.044 5	−2.135 71
2007-4-11	1 032.43	1 032.297	1 015.900 57	1 048.692 45	0.133 49
2007-4-12	1 033.97	1 032.129	1 013.445 78	1 050.811 63	1.841 29
2007-4-13	1 040.08	1 031.972	1 011.354 79	1 052.588 99	8.108 11
2007-4-16	1 043.14	1 031.826	1 009.529 34	1 054.121 99	11.314 34
2007-4-17	1 041.87	1 031.690	1 007.909 85	1 055.469 43	10.180 36
2007-4-18	1 045	1 031.563	1 006.456 73	1 056.670 21	13.436 53

将三个预测模型的前8步预测的误差平方和列在表2.11.12中，可以看到根据前8步的预测效果，ARIMA(0,1,0)模型最好，其次是带有时间趋势项的自回归模型，效果最差的是AR(1)模型。

表 2.11.12　各模型预测结果的比较

模　型	ARIMA(0,1,0)	AR(1)	带有时间趋势项的自回归模型
误差平方和	351.502	817.713	501.640

另外，比较三个模型在相同步长上的95%预测区间可以发现，带有时间趋势项的自回归模型的预测精度最高，其次是AR(1)模型，随机游走模型的预测精度最低。这一点说明，带有趋势项的自回归模型的预测效果要比随机游走模型更好。

因此可以得到结论：人民币兑欧元的汇率数据是一个非平稳序列，用带有时间趋势项的一阶自回归模型和随机游走模型来进行预测效果较好，而平稳序列的 AR(1)模型虽然也通过了残差检验，但其预测效果较差。

2.11.4 结论

通过研究发现，人民币兑欧元的汇率数据基本上属于随机游走序列。对人民币兑美元等其他主要货币的汇率数据作类似的分析，也可得到相同的结论。

汇率数据随时间变化的趋势比较明显，在上面的介绍中考虑了此时间序列随时间变化的线性趋势，但这一分析仍然比较粗糙。因为从汇率的时间序列图可以看到，汇率随时间变化的趋势更接近于 S 形曲线。然而，本案例主要致力于介绍线性时间序列分析在研究汇率预测问题上的应用方法，因此并没有讨论更复杂的趋势函数。另外，因为从直观上看汇率数据不具有周期性的特点，所以在讨论中也没有分析剔除趋势后的周期性或季节性因素，这可以作为进一步深入研究的内容。

三个预测模型表现出来的一个共同特点是步长为 3 或 4 的时候预测效果要优于步长为 1 或 2 的预测，这说明人民币兑欧元的汇率在 2007 年 4 月 9 日、10 日两天可能有较大的波动，因而出现了比后两天更大的预测误差。另外，这也说明仅用线性时间序列预测汇率还是不够精确的，可考虑用更复杂的非线性时间序列模型来预测汇率。

CHAPTER 3 第3章 SPSS统计软件应用

3.1 SPSS 软件简介

3.1.1 关于 SPSS 软件

SPSS 是“社会科学统计软件包”(satatistical package for the social science)的简称，是一种集成化的计算机数据处理应用软件。目前，世界上最著名的数据分析软件是 SAS 和 SPSS。SAS 由于是为专业统计分析人员设计的，具有功能强大、灵活多样的特点，为专业人士所喜爱。而 SPSS 是为广大的非专业人士设计，它操作简便，好学易懂，简单实用，因而很受非专业人士的青睐。此外，比起 SAS 软件来，SPSS 主要针对社会科学研究领域开发，因而更适合应用于教育科学研究，是国外教育科研人员必备的科研工具。自 1988 以来年，中国高教学会首次推广了这种软件，从此成为国内教育科研人员最常用的工具，它在通信、医疗、银行、证券、保险、制造、商业、市场研究、科研、教育等多个领域和行业中都发挥着巨大的作用，是统计、计划和管理等部门实现科学管理决策的有力工具。

3.1.2 SPSS 软件的特点

(1) 工作界面友好完善、布局合理、操作简便，熟悉微软公司产品的用户学起 SPSS 操作很容易上手。SPSS 界面完全是菜单式，大部分统计分析过程可以借助鼠标通过菜单命令的选择、对话框参数设置，点击功能按钮来完成，不需要用户记忆大量的操作。

(2) 集数据录入、资料编辑、数据管理、统计分析、报表制作、图形绘制为一体。从理论上说，只要计算机硬盘和内存足够大，SPSS 可以处理任意大小的数据文件，无论文件中包含多少个变量，也无论数据中包含多少个案例。

(3) 统计功能丰富，包括常规的集中量数和差异量数、相关分析、回归分析、方差分析、卡方检验、t 检验和非参数检验；也包括近期发展的多元统计技术，如多元回归分析、聚类分析、判别分析、主成分分析和因子分析、时间序列分析等方法。

(4) 具有强大的统计图绘制和编辑功能，并增强了三维统计图的绘制功能，图形更为美观大方，输出报告形式灵活、编辑方便易行。

(5) 具有完善的数据转换接口，可以方便地和 Windows 其他应用程序进行数据共享和交换，如：Excel、FoxPro、Lotus 和 ASCLL 等产生的数据文件。

(6) 具有强大的程序编辑能力和二次开发能力,方便高级用户完成更为复杂的统计分析任务的需要,具有丰富的内部函数和统计功能。

(7) 容易学习,SPSS拥有强大的辅助说明系统,可帮助用户学得更快。在分析过程中,如果不知道下一步应如何执行,可以按下"Show me"或"What's this?"的按钮,SPSS就会立即显示出合适的统计定义供用户参考。

3.1.3 SPSS的功能

SPSS可以实现数据编辑、表格生成、图形生成、与其他软件的链接以及各种统计分析功能,下面分别予以介绍。

1. SPSS的数据编辑功能

在SPSS的数据编辑器窗口中,不仅可以对打开的数据文件进行增加、删除、复制、剪切和粘贴等常规操作,还可以对数据文件中的数据进行排序、转置、拆分、聚合、加权等操作,对多个数据文件可以根据变量或个案进行合并。可以根据需要把将要分析的变量集中到一个集合中,打开时指定打开该集合,而不必打开整个数据文件。

2. 表格的生成和编辑

利用SPSS可以生成数十种风格的表格,利用专门的编辑窗口或直接在查看器中可以编辑所生成的表格。在SPSS的高版本中,统计成果多被归纳为表格和(或)图形的形式。

3. 图形的生成和编辑

利用SPSS可以生成数十种基本图和交互图。其中基本图包括条形图、线图、面积图、饼图、高低图、帕雷托图、控制图、箱形图、误差条图、散点图、直方图、ROC曲线图、*P-P*概率图、*Q-Q*概率图、序列图和时间序列图等,有的基本图中又可进一步细分。交互图比基本图更漂亮,可有不同风格的二维、三维图。交互图包括条形交互图、点形交互图、线形交互图、带形交互图、饼形交互图、箱形交互图、误差条形交互图、直方交互图和散点交互图等。图形生成以后,可以进行编辑。

4. SPSS的统计功能

SPSS的统计功能是SPSS的核心部分,其基本统计功能包括:(1)样本数据的描述和预处理;(2)假设检验(包括参数检验、非参数检验及其他检验);(3)方差分析(包括一般的方差分析和多元方差分析);(4)列联表分析;(5)相关分析;(6)回归分析;(7)聚类分析;(8)判别分析;(9)因子分析;(10)时间序列分析;(11)可靠性分析。

5. 与其他软件的链接

SPSS能打开Excel、DaBase、FoxBase、Lotus、Access，文本编辑器等生成的数据文件。SPSS生成的图形可以保存为多种图形文件格式。现在的SPSS软件支持OLE技术和ActiveX技术，使生成的表格或交互图对象可以与其他同样支持该技术的软件进行自动嵌入与链接。

3.2 数据的输入与整理

数据资料是统计研究的基础。如果没有数据资料，统计也就无从谈起。数据资料收集好了后，并不能立即进行统计分析，还要对其进行整理，建立数据文件。定义变量是输入数据的前提。

3.2.1 变量类型与定义变量

在建立SPSS数据文件之前，首先要定义变量。定义变量，不仅要按照规则定义变量名，而且要定义标量的类型，说明变量的实际含义，在一些特定情况下，给出变量的标签和值标签等信息。

1. 统计变量的定义

SPSS中的变量与数学中的变量定义相同，即其值可变的量称为变量。SPSS中的变量属性有4个：变量名、变量类型、变量标签、变量长度。定义SPSS有关的变量至少要定义变量命和变量类型，另外两个属性可以采用默认值。

(1) 变量名

变量名即变量的名称，定义一个变量首先应当为其命名。SPSS的变量命名规则如下：

① 变量名不多于8个字符；

② 首字必须为字母；

③ 变量名中不能使用SPSS的保留字；

④ 系统不区分大小写字母。

(2) 变量类型

SPSS变量有3种基本类型：数值型、字符型和日期型。数值型变量按不同要求可分为5种，再加上自定义型，所以可以定义的类型变量有8种。系统默认的变量类型为标准数值型变量。每个变量由系统给定默认长度。所谓默认长度就是用字符数来表示的显示宽度。其中小数点或其他分界符包括在总的长度之内。在SPSS数据编辑窗口中单击类型列方框中的按钮，弹出变量类型对话框如图 3.2.1 所示，用户可根据具体资料的属性对数据进行定义。

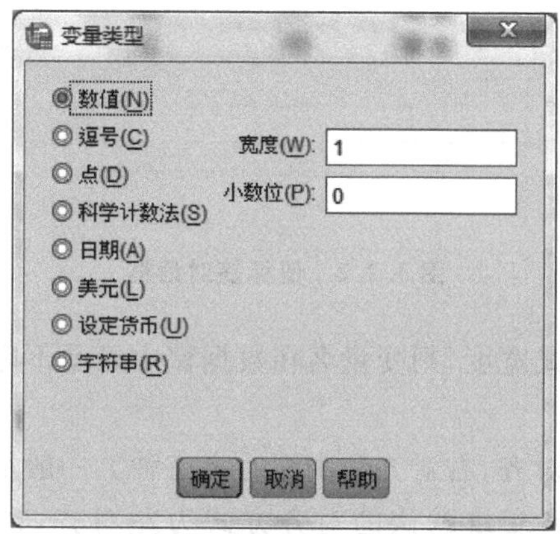

图 3.2.1　变量类型对话框

如图 3.2.1 所示，变量类型对话框中列出如下 8 种数据类型：

标准数值型、加显逗号的数值型、定义带圆点的数值型变量、科学计数型、日期型、货币型、自定义型和字符型。

(3) 变量的标签和变量值标签

① 变量标签

变量标签是对变量名的更进一步说明，由于变量名只能由 8 个或 8 个以下的字符组成，当这 8 个字符还不能表示这个变量的含义时，就需要变量标签来对这个变量含义进行解释。在统计分析的输出结果中会在与变量名相对应的位置显示该变量的标签，有助于分析输出结果。

② 变量值标签

变量值标签是对变量的取值附加的进一步说明。对分类变量往往要定义其取值的标签。与变量标签一样，变量值标签也是一个可选择的属性，可定义也可不定义。例如，性别的值标签可定义如图 3.2.2 所示。

(4) 变量的格式

① 宽度(width)

变量的宽度是指在数据窗中该变量的字符数。但要注意的是，定义变量时格式宽度不仅要考虑变量类型定义的总长度，还要考虑变量名所占的宽度，取其中较大的一个作为该变量定义格式宽度，该格式宽度是可取的最小值。即：

格式宽度≥变量总长度，同时，格式宽度≥变量名长度。

如果变量总长度>格式宽度，显示输入的数值可能被截去尾部；

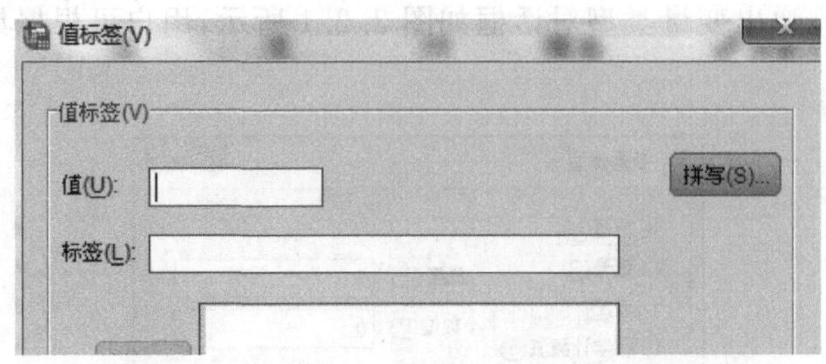

图 3.2.2　值标签对话框

如果变量名长度>格式宽度，则变量名在数据窗中显示不完全。

② 对齐方式(align)

对齐的方式可分为左对齐、右对齐和中间对齐三种。一般情况下，数值型变量默认的对齐方式为右对齐；字符型变量默认的对齐方式为左对齐，也可以指定为中间对齐的方式。

③ 缺失值(missing)

在实际的调查和科研工作中，往往会因为某种原因使记录的数据失真，或者没有测到，或者没有记录到。在 SPSS 中对字符型变量默认的缺失值为空格，对数值型变量，默认的缺失值为零。用户可以定义自己的缺失值标记。

2. 定义变量的步骤

下面给出定义变量的步骤，单击数据窗口下的 Variables View(变量视图)选项卡，则出现如图 3.2.3 所示的定义变量窗口。

文件(F)　编辑(E)　视图(V)　数据(D)　转换(T)　分析(A)　直销(M)　图形(G)　实用程序(U)　窗口(W)　帮助

	名称	类型	宽度	小数	标签	值	缺失	列	对齐	度量标准	角色
1	性别	数值(N)	8	2		无	无	8	右	未知	输入
2											
3											
4											
5											

图 3.2.3　定义变量窗口

(1) 定义变量名

若不对变量名称进行定义，则在输入变量时，系统按变量的顺序给出变量的默认定义：Var00001、Var00002、Var00003 等。

若想定义自己的变量名，则在名称下的单元格中直接输入自己定义的变量名。如图 3.2.3 中的性别。

（2）定义变量类型

输入变量名后，对变量类型进行定义。在类型下选择变量类型，单击该单元格，出现图标 数值(N) … ，再单击这个图标按钮，打开如图 3.2.1 所示的变量类型对话框，从中选择变量类型。

（3）定义变量的标签和变量值标签

① 定义变量标签

定义变量名的主对话框中，在标签所在列，变量名所在行的对应方框中就是定义变量名标签。

② 变量值标签

点击定义变量的对话框中的值，则在变量所在行与该列相对应的方框中出现一个黑色的小按钮 无 … ，点击此按钮，出现定义变量值标签的对话框，如图 3.2.2 所示。

该对话框包括 3 个较小的矩形框。用这 3 个矩形框来定义值标签。在第一个矩形框中输入变量的第一个值，第二个矩形框中输入对应值的标签，第三个矩形框则显示值标签清单。例如对上图中的“性别”变量，用户用值“1”表示“男”，用值“2”表示性别“女”。则先在第一框中输入“1”，然后在第二个方框中输入“男”，然后点击“添加”按钮，清单中增加了一个值标签。重复上述步骤，直至值标签定义完毕。按“确定”按钮返回变量定义窗口。

（4）定义缺失值

单击缺失下的单元格，出现图标 无 … ，再单击右边的按钮打开如图 3.2.4 所示的缺失值对话框。

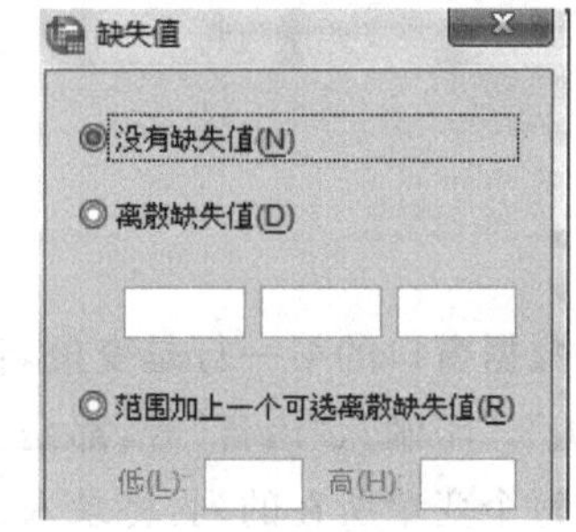

图 3.2.4　定义用户缺失值对话框

对话框中有 3 个单选项：

- 没有缺失值：无缺失值，为系统默认选项；
- 离散缺失值：下面有三个矩形框，选中此选项时，矩形框被激活，在各框中键入可能出现于该变量的观测值中的缺失值，实际输入的数值也可以少于 3 个。如前面定义了分别用值“1”表示“男”，用值“2”表示性别“女”，在对收集数据整理后发现，有的记录的“性别”这个变量的值为“3”或“4”，这显然是没有意义的，故应该将其定义为缺失值。故在矩形框里分别录入“3”和“4”。
- 范围加上一个可选离散缺失值：缺失值范围外加一个离散缺失值，选择此项可以给出一个缺失值的范围，低为下限，高为上限。如果所定义的变量为连续变量，系统在分析数据时遇到制定的上下限之间的数据，将作为缺失值处理。此选项可以看成前两个选项的结合，意义基本同前面一样。

一般来说，上面定义的缺失值或缺失值范围内未必能把所有的缺失值全部包括在内，在系统分析时如果发现了定义的缺失值，我们可以返回数据文件将它们修改处理，然后再重新定义其他缺失值或缺失范围。

(5) 定义变量的格式

变量的显示格式包括两个内容，一个是变量的显示宽度，另一个是显示变量的对齐方式。系统默认的显示宽度为 8。在定义变量显示对齐方式的列“Align”中，提供了 3 个可以选择的对齐方式：左——左对齐、居中——中间对齐和右——右对齐，选择时，单击需要的对齐方式即可。

3.2.2 数据的录入

1. 直接输入数据

在输入数据前，需明了数据窗口的结构。图 3.2.5 是一个数据窗口的示例。

文件(F) 编辑(E) 视图(V) 数据(D) 转换(T) 分析(A) 直销(M) 图形(G) 实用程序(U) 窗口(W) 帮助

282：教材名称

	问卷编号	使用效果	内容	结构	印刷	语言
1	1	5.48	4.38	6.4	5	5.66
2	2	4.48	6.00	6.0	6	6.34
3	3	3.19	3.28	4.3	7	5.98
4	4	5.00	4.38	5.1	5	5.34
5	5	6.22	6.66	5.7	7	4.94
6	6	2.98	3.28	4.3	5	4.71

图 3.2.5 数据窗口示例

数据窗口的第一行是变量名的行。图 3.2.4 中的“问卷编号”、“使用效果”、“内容”、“机构”、“印刷”、“语言”等，都是变量名。

每个变量所在的列，将录入这个变量的所有数据。

数据窗口最左边的一列，是机器自动产生的序号。每一个被调查对象的数据称为一条记录，占一行。

(1) 按单元格输入数据

要输入某个观测量的某个变量值，可将鼠标光标移动到相应单元格，单击鼠标，被定位的单元格边框加黑显示，也可用键盘的方向键将加黑的单元格框移至相应的位置，输入数据。

(2) 按变量输入数据

定义了一个变量，可以马上输入该变量的数值。一般都是从第一个变量值开始输入。将输入单元格定位于该变量与第一个观测量的交叉点单元格，输入变量的第一个值，按回车键或向下移动键，黑框单元格定位于观测量序号为 2 的单元格，输入第二个数据。

(3) 按观测量输入数据

按观测量输入数据实际上是要首先确定要输入的观测量,将观测量最左边的单元格激活,输入该观测量的第一个变量值,按“Tab”键,数据编辑器接收输入的数值,同时激活右边一个单元格。接下来,在被激活的单元格中输入该观测量的第二个变量的值。

2. 读入数据

SPSS除了能打开SPSS的生成数据文件外,还能打开Excel、DaBase、FoxBase、Lotus、Access,文本编辑器等生成的数据文件。当要读入上述已存在的数据文件时,可按以下操作进行。点击“文件”→“打开”→“数据”后,系统出现一个打开文件窗口,如图3.2.6所示。在该窗口中选择相应的查找范围及要读入文件的类型和名称单击“打开”按钮即可。

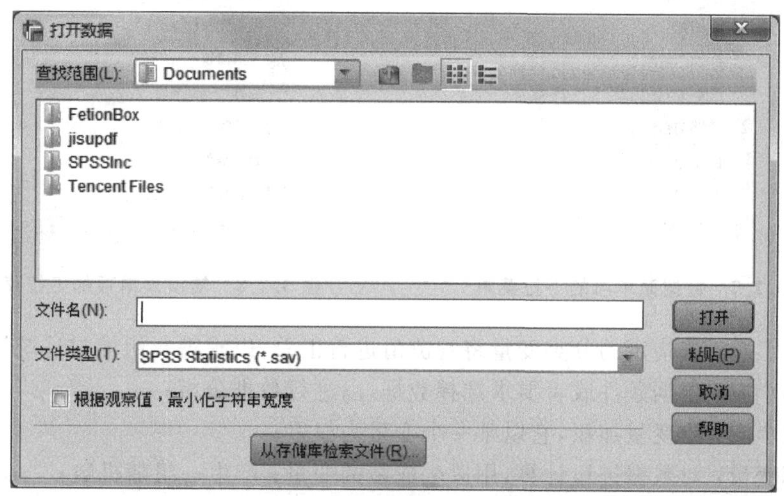

图3.2.6 打开数据文件的窗口

3.2.3 数据整理

数据文件输出到数据编辑器以后,就可以用SPSS的统计过程进行分析了。但有时候,由于没有按照要求采样,或需要对全部数据进行重新分类以后再处理,这样,就要先对原数据文件进行编辑和转换。数据文件的编辑主要用到主菜单中的“数据”菜单和“转换”菜单。如图3.2.7和图3.2.8所示。它主要包括以下内容。

- 排序个案:按照某个变量值重新排列观测值在数据文件中的顺序;
- 转置:把数据文件的行列进行转置;
- 重组:数据重组功能;

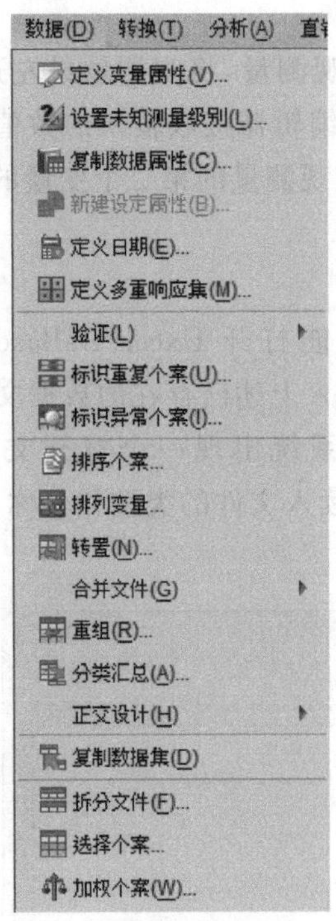

图 3.2.7　数据菜单项的下拉菜单

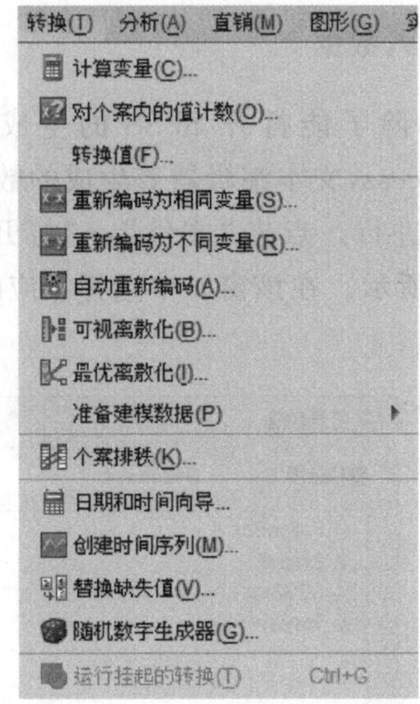

图 3.2.8　转换菜单项的下拉菜单

- 分类汇总：按指定的分类变量将观测值进行汇总，以求得每组的描述统计量；
- 选择个案：根据条件或者要求选择数据，以进行数据分析；
- 加权个案：给变量加权，它以某一个变量为权重；
- 计算变量：对数据进行计算，用以生成新的变量；产生一组随机数；
- 对个案内的值计数：每一组观测值(即一行)对应不同的变量，在这一行中有些观测值是一样的，这个菜单的功能是计算相同观测值的个数，并生成一个新的变量；
- 对变量值进行重新编码，并生成一个新变量，变量名可以相同也可以不同，另外，还有自动重新编码功能，它是将原变量值取整；
- 对变量进行离散化，即把连续的变量值分成离散的变量值，并生成新变量保存这些离散值，如分为2类，则原变量的前50%就是1，后50%就是2；
- 个案排秩：对变量求秩，并生成新变量保存秩值；
- 创建时间序列：根据原变量创建时间序列变量，这要利用一些函数，比如差分序列、移动平均序列、滞后序列和进行序列修匀等；
- 替换缺失值：在进行时间序列分析时缺失观测值影响数据分析，所以按照上面创建时间序列数据的方法生成一个新变量，该变量中的值除了缺失值外，都是原变量的值，缺失值用某种方法所估计的值代替。

上述功能中，我们常用的是排序个案、选择个案、计算变量和重新编码。其中关于选择个案的详细操作可参见本部分第四节假设检验。下文将重点介绍排序个案、计算变量和重新编码三个功能。

1. 数据排序

数据排序的作用是按某个分组变量的数值的升序或降序对整个数据文件的个案进行重新排列，其基本步骤如下：

(1) 选择“数据”→“排序个案”，启动排序功能，如图 3.2.9 所示，进入其主对话框。

(2) 从对话框左侧的变量列表中选中需要排序的变量，如图中所示的“综合实力”变量，单击➤按钮使之进入“排序依据”框。可以同时选择多个变量进行排序。

(3) 在排列顺序栏中选择一种排序方式，可以选择升序或降序，各个变量的排序方式可以不同。

(4) 以上选择确定后，单击“确定”按钮即可。

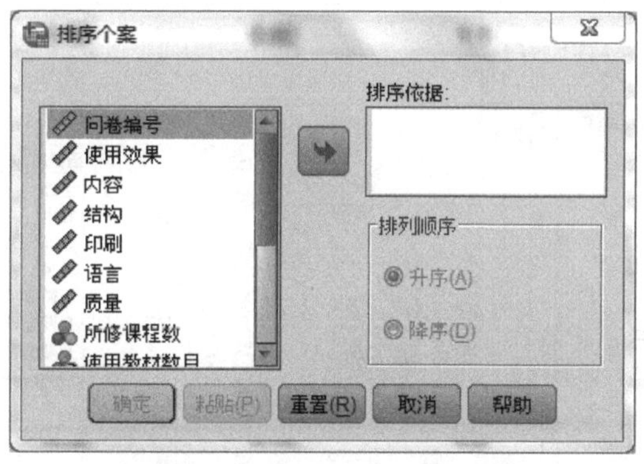

图 3.2.9 排序对话框

2. 计算变量

统计中，建立的数据文件中包含的数据可能来自统计调查的原始测量结果，统计分析要通过研究变量之间关系来揭示现象的内在数量规律，例如，统计学中大量的相对指标的指标值是不可能通过实际测量得到的，而需要利用有联系的变量的比值计算出来，计算所得的数值就成为新变量的观测值。SPSS 提供了强大的计算变量功能，新变量的值可以利用此功能方便的求得。

利用计算变量命令计算新变量步骤如下。

(1) 选择“转换”→“计算变量”，启动计算功能，如图 3.2.10 所示，进入其主对话框，如图 3.2.11 所示。

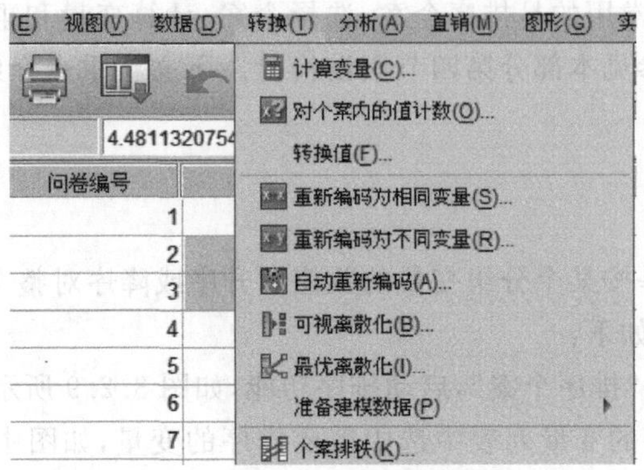

图 3.2.10 进入计算过程

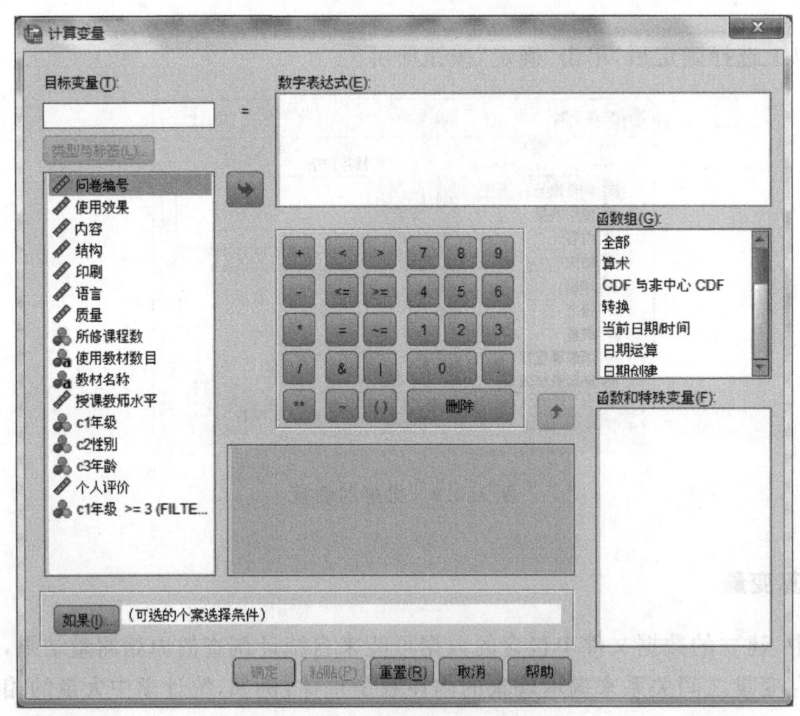

图 3.2.11 计算变量主对话框

(2) 在“数字表达式”框给出 SPSS 算术表达式和函数，可以人工输入，也可以通过窗口下的按钮以及函数下拉菜单完成算术表达式和函数的输入工作。

(3) 在“目标变量”输入框中输入存放计算结果的变量名，作为新变量的变量名。新变量的变量类型默认为数值型，用户可以根据需要单击“类型与标签”按钮修改，还可以对新变量加变量标签。

（4）如果用户仅希望对符合一定条件的个案进行变量进行，则单击“如果”按钮，出现如图 3.2.12 所示的窗口。选择“如果个案满足条件则包括”选项，然后输入条件表达式。否则，本步骤可略去。

（5）以上选择确定后，单击“确定”按钮即可。

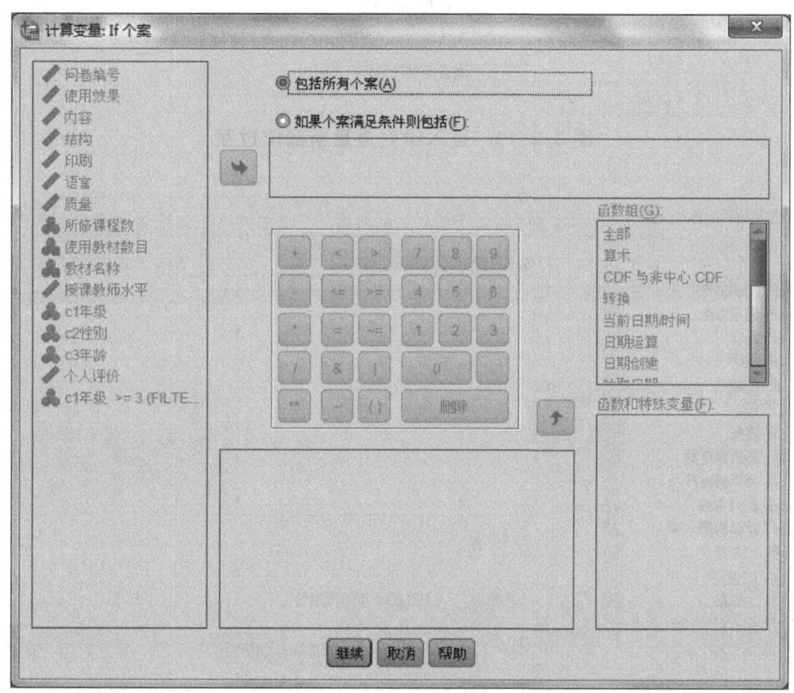

图 3.2.12　条件表达式对话框

3. 变量分组

数据分析中，将连续变量转换为等级变量，或者将分类变量不同的变量等级进行合并是常见的工作。而 Recode 过程可以很好地完成这一类任务。Recode into Same Variable 是对原始变量的取值进行修改；而 Recode into Different Variable 是根据原始变量的取值生成一个新变量来表示分组情况。但为了保存原始信息的完整性，一般选后者。

以对调查者的年龄分组为例说明在 SPSS 中变量分组的基本操作，具体步骤如下：

（1）选择“转换”→“重新编码为不同变量”，启动分组功能，如图 3.2.13 所示，进入其主对话框。如图 3.2.14 所示。

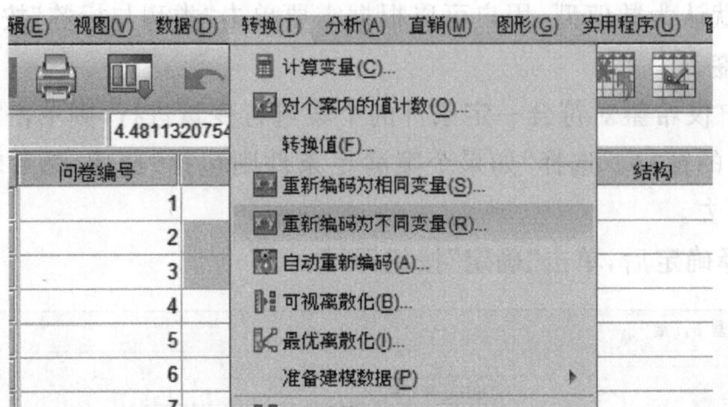

图 3.2.13 进入给变量重新赋值过程

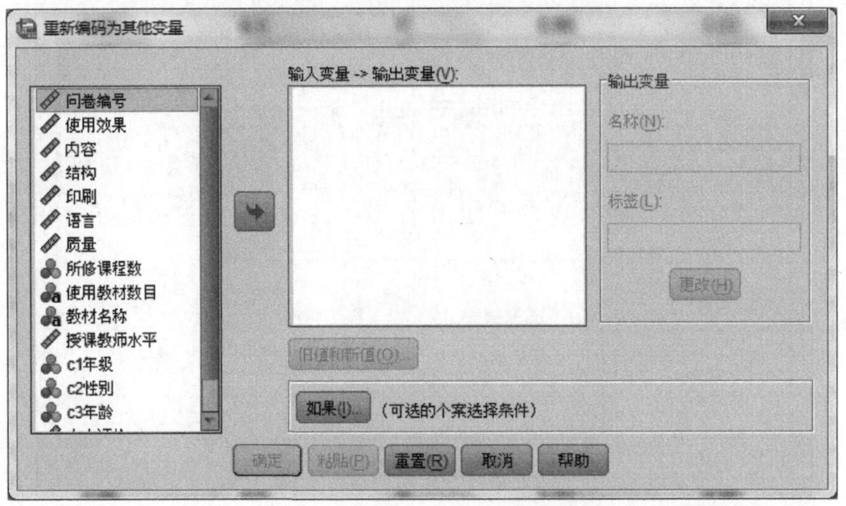

图 3.2.14 赋值给一个不同变量主对话框

(2) 将分组变量选择到"输入变量→输出变量"框中。这里我们选择调查对象的年龄变量"年龄"。

(3) 在"输出变量"后输入存放分组结果的变量名,并单击"更改"按钮确认。可以在"标签"后输入相应的变量名标签。如图 3.2.13 所示,我们用新变量"group"来存放分组的结果。

(4) 如果用户仅希望对符合一定条件的个案进行变量进行,则单击"如果"按钮,出现类似于图 3.2.12 所示的窗口。选择"如果个案满足条件则包括"选项,然后输入条件表达式。否则,本步骤可略去。

(5) 单击"旧值和新值",系统弹出变量值定义对话框,如图 3.2.15 所示。

图 3.2.15　新旧变量值对话框

在旧值栏中选中一选项，将原变量的有效值或原值的范围输入被激活的矩形框，在新值栏中，可以对将要给新变量赋予的新值做出如下选择。

在“值”框中键入新值，单击“添加”按钮添加到“旧→新”显示框中，框里显示出“原值(原值的范围)→新值”。

➢ 系统缺失：单击“添加”按钮移入“旧→新”栏，表明原变量的旧值被定义为新变量的缺失值。

➢ 复制旧值：表明在旧值栏中指定的原变量旧值仍作为新变量的值予以保留，而那些没有指定的值将不再包括在新变量的值之中，作为系统缺失值。

➢ 输出变量为字符串：选择此项，无论原变量是数值或字符型，新变量都赋值为字符型变量，并可在 Width 框中指定新变量的宽度。

➢ 将数值字符串移动为数值(“5”→5)：当主对话框选择要重新赋值的变量为字符型变量时，这个选项才会被激活，它可以将以数值作为字符串的字符型变量转换成为数值型变量。

此处我们把年龄“小于 17 岁”的归为组别“1”；“18～25 岁”的归为组别“2”；“26～35

岁”的归为组别“3”；“36～45 岁”的归为组别“4”；“46～55 岁”的归为组别“5”和“大于 66 岁”的归为组别“6”。

(6) 以上选择确定后，单击“继续”按钮返回主对话框，单击“确定”按钮执行原变量的重新赋值。

3.3 数据统计描述及图表方法

3.3.1 描述性统计过程

描述统计是搜集、整理和描述数据资料的方法。描述统计过程实际上是首先通过一定的行之有效的调查方法，搜集某方面的数据，然后对这些资料进行汇总、归纳和计算，将原始资料整理成为有条理的能够说明被研究现象特征的科学指标，最后再以相应的统计图、统计表表现出来。

描述性统计分析是统计分析的第一步，做好这一步是下面进行正确统计推断的先决条件。SPSS 的许多模块均可完成描述性分析，但专门为该目的而设计的几个模块则集中在描述统计菜单中，主要有 5 个过程。

频率过程的主要功能是产生频数表；描述过程则是一般性的统计描述；探索过程用于对数据概况不清时的探索性分析；交叉表过程则完成计数数据和等级数据的统计描述和一般的统计检验；比率过程描述了两个定比变量的比率。常用的 x^2 检验也是在这个模块中进行的。这里着重介绍前两个功能，即频率过程和描述过程。

1. 频数分析过程

频数分布表是描述性统计中最常用的方法之一。频率过程就是专门为产生频数表而设计的它不仅可以产生详细的频数表，还可以按要求给出某百分位点的数值，以及常用的条形图、饼图等统计图。

下面我们以第二部分案例分析 2.3 中分析“冲甲前对学校了解程度”的频数为例说明 SPSS 频数分析过程。具体步骤如下：

(1) 从 SPSS 的“分析”→“描述统计” →“频率”，启动频数分析过程，如图 3.3.1 所示，进入其主对话框后，选中对话框左边矩形框中的变量“冲甲前对学校了解程度”，单击向右的箭头键，使它们进入变量矩形框。如图 3.3.2 所示。

(2) 在左下角选中显示频率表格复选框，确定是否在结果中输出频数表。

(3) 单击统计量按钮后弹出统计量对话框如图 3.3.3 所示，用于定义需要计算的其他描述统计量。

现将各部分解释如下：

- 百分比位值复选框组，定义需要输出的百分位数，可计算四分位数、割点(每隔指定

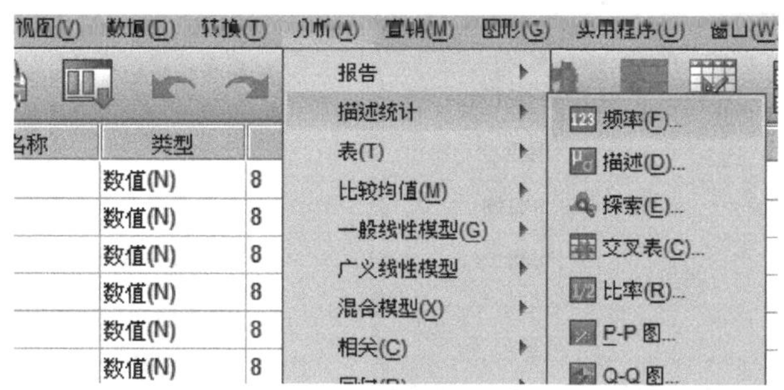

图 3.3.1　频率分析进入过程

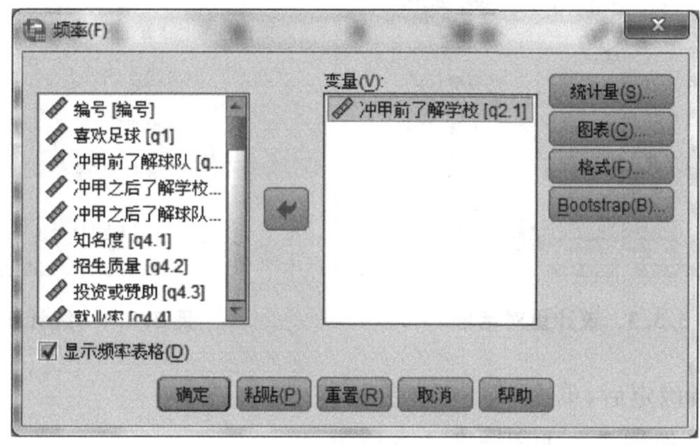

图 3.3.2　频率分析主对话框

的百分位输出当前百分位数)或直接指定某个百分位数,如直接指定输出 P2.5 和 P97.5。

- 集中趋势复选框组用于定义描述集中趋势的一组指标：均值、中位数、众数、合计。
- 离散复选框组用于定义描述离散趋势的一组指标：标准差、方差、范围、最小值、最大值和均值的标准误。
- 分布复选框组用于定义描述分布特征的两个指标：偏度和峰度。
- 值为组的中点复选框。当你输出的数据是分组频数数据,并且具体数值是组中值时,选中该复选框以通知 SPSS 免得它犯错误。

(4) 单击“图表”按钮,弹出图表对话框,用于设定所做的统计图如图 3.3.4 所示。

- 图表类型单选钮组用来定义统计图类型,有 4 种选择：条形图、饼图和直方图,其中直方图还可以选择是否加上正态曲线。
- 图表值单选钮组用来定义是按照频数还是按百分比做图(即影响纵坐标刻度)。

我们选择直方图单选按钮,单击“继续”按钮返回频率对话框。

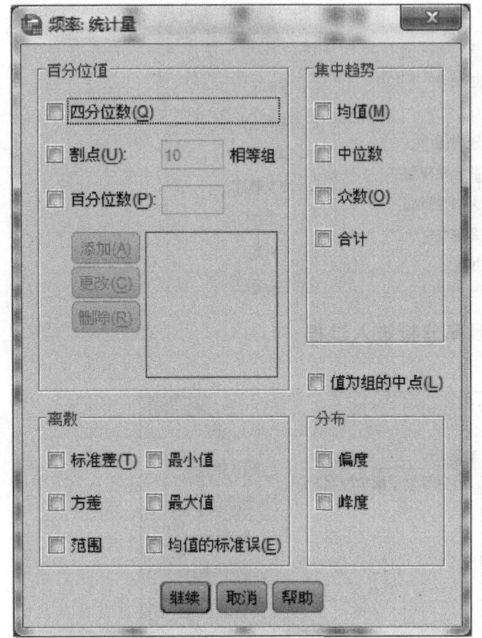

图 3.3.3 统计量对话框

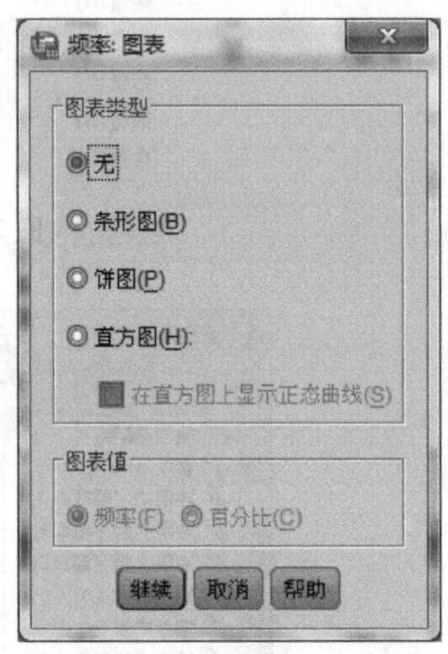

图 3.3.4 统计图形对话框

(5) 以上选择确定后,单击"确定"按钮即可。

最后得到结果如表 3.3.1 和图 3.3.5 所示。

表 3.3.1 冲甲前对学校了解程度的频数分布表

态度		频数	百分比/%	有效百分比/%	累积百分比/%
有效	1	36	10.4	10.4	10.4
	2	67	19.3	19.3	29.7
	3	92	26.5	26.5	56.2
	4	105	30.3	30.3	86.5
	5	47	13.5	13.5	100.0
	合计	347	100.0	100.0	

注:表中 1 代表"非常不同意";2 代表"不同意";3 代表"不确定";4 代表"同意";5 代表"非常同意";后文中各表中数值的定义与此相同。

从表 3.3.1 可以看出,在冲甲前,调查者对"比较了解学校"这样看法的调查结果分别为:有 47 人非常同意这个观点,占总数的 13.5%;有 47 人非常同意这个观点,占总数的 13.5%;有 105 人同意这个观点,占总数的 30.3%;有 92 人对这个观点不确定,占总数的 26.5%;有 67 人不同意这个观点,占总数的 19.3%;有 36 人非常不同意这个观点,占

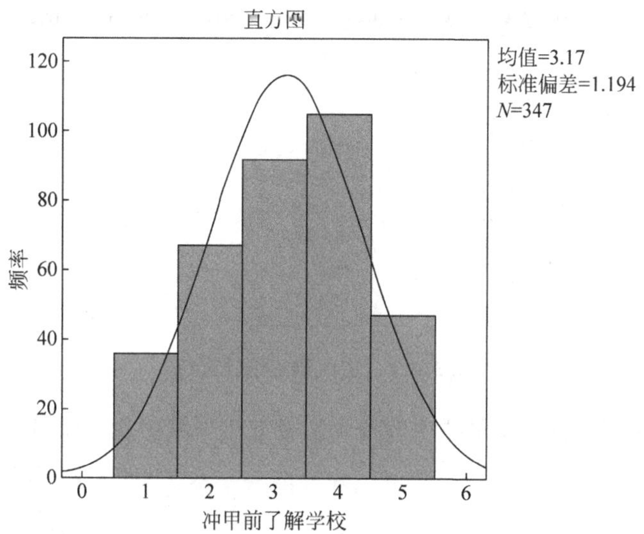

图 3.3.5 冲甲前对学校了解程度直方图

总数的 10.4%。可以把对这个观点非常不同意和不同意的受访者认为是在冲甲前对不学校不了解,则从表中可以看出,在冲甲前对学校不了解的受访者占总数的 29.7%,即有 29.7%的被调查者在球队冲甲前不了解北京理工大学。

2. 描述统计过程

描述统计量是研究随机变量综合特征(参数)的重要工具,它们集中描述了变量随机变化的特征。SPSS 中主要给出了均值、算术和、标准差、最大值、最小值、极差和平均数标准误差等常用的统计量,在 SPSS 的众多统计过程中都可以输出变量的统计量值。如果仅需要了解统计量的值,那么使用 Descriptives 过程计算更加简便快捷。

描述统计过程的基本操作步骤如下。

(1) 从 SPSS 的"分析"→"描述统计" → "描述",启动频数分析过程,如图 3.3.6 所示,进入其主对话框后,选中对话框左边矩形框中的变量"冲甲前对学校了解程度",单击向右的箭头键,使它们进入变量矩形框,如图 3.3.7 所示。

(2) 单击"选项"按钮后弹出"描述:选项"对话框如图 3.3.8 所示,用于定义需要计算的其他描述统计量。

对话框中,均值、标准差、最小值、最大值 4 个选项为系统默认选项。

对话框上端有描述变量集中程度的选项:均值、合计。离散选项栏是设置描述变量离散程度的统计量选项。分布参数选项栏与频数分析相应选项栏内容相同。

显示顺序选项栏中包括:

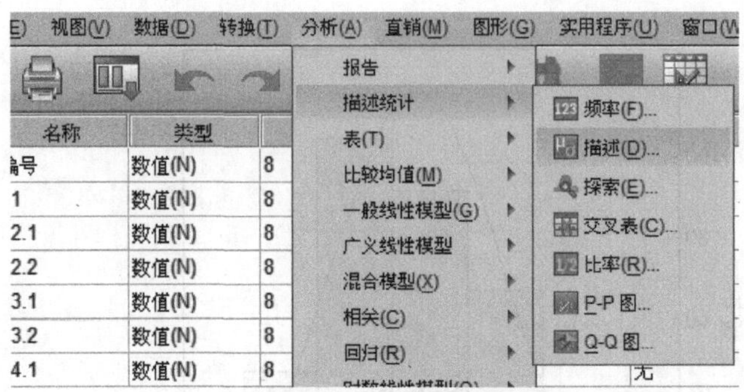

图 3.3.6　进入描述统计过程

变量列表：按选入分析变量栏中的各个变量的排列顺序显示输出结果。

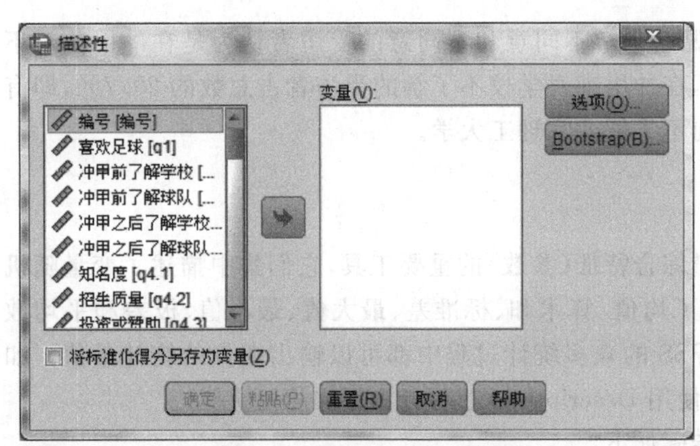

图 3.3.7　描述统计主对话框

图 3.3.8　统计选项对话框

字母顺序：按变量名起头字母的顺序显示输出结果。

按均值的升序排序：按平均值升序显示输出结果。

按均值的降序排序：按平均值降序显示输出结果。

单击“继续”按钮返回主对话框。

(3) 以上选择确定后，单击“确定”按钮即可。

3.3.2　统计图概述

统计图是显示统计分析结果的一种直观形式。它具有简明扼要、形象生动、通俗易懂

等特点。利用点、线、面等各种几何图形描述统计数据的一种形式，其特点是简单明了，形象具体且一目了然。SPSS具有很强的制图功能，可以绘制多种统计图形，这些图形可以由各种统计分析过程产生，也可以由菜单图形中的相应菜单产生。

常用的统计图形主要有：条形图(bar)、线图(line)、面积图(area)、饼图(pie)、箱图(boxplot)、直方图(histogram)、散点图(acatter)、时间序列图(sequence)和控制图(control)等。这里我们主要介绍条形图(bar)、饼图(pie)和直方图(histogram)。

1. 条形图

条形图(bar charts)用直条的长短来表示非连续性资料的数量大小。可在频数分析过程中绘制条形图，在此主要介绍调用图形菜单的条形图绘制条形图。

其基本操作步骤如下。

(1) 从SPSS的"图形→旧对话框→条形图"，进入条形图主对话框，如图3.3.9所示。在定义选项框的下方有一数据类型栏，系统提供了3种数据类型。

- 个案组摘要：以组为单位体现数据；
- 各个变量的摘要：以变量为单位体现数据；
- 个案值：以观察样例为单位体现数据。

大多数情形下，统计图都是以组为单位的形式来体现数据的。

在定义选项框的上方有3种直条图可选：简单箱图、复式条形图、堆积面积图。默认设置为简单箱图选项。

(2) 单击"定义"按钮，进入"定义简单条形图：个案组摘要"对话框，如图3.3.10所示。

图3.3.9 条形图主对话框

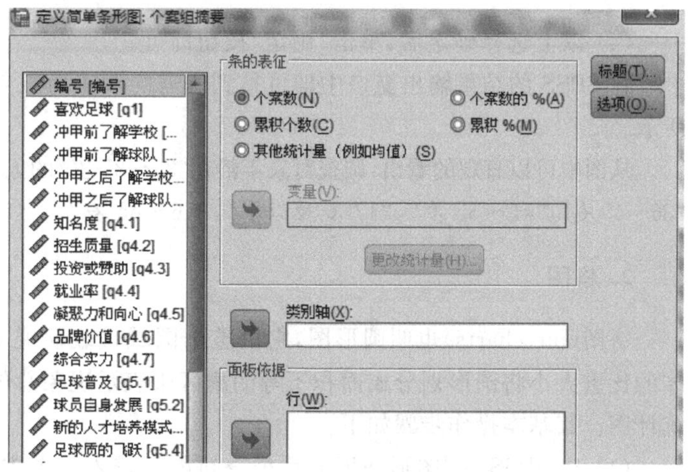

图3.3.10 观测量分组概述对话框

在左边的变量列表中选中要绘制条形图的变量，并单击向右的箭头键使其进入“类别轴”框。

在条的表征栏选择一个单选框，表示条形图中矩形条的统计意义，它们分别是：

- 个案数：观测量数 N；
- 累积个数：至当前分类的累计频数；
- 累积%：至当前分类的累计频率；
- 其他统计量：其他概述函数。

(3) 单击“标题”，打开如图 3.3.11 所示的标题对话。在此框中为将要输出的条形图确定标题(title)、子标题(subtitle)和脚注(footnote)。然后单击“继续”按钮继续。

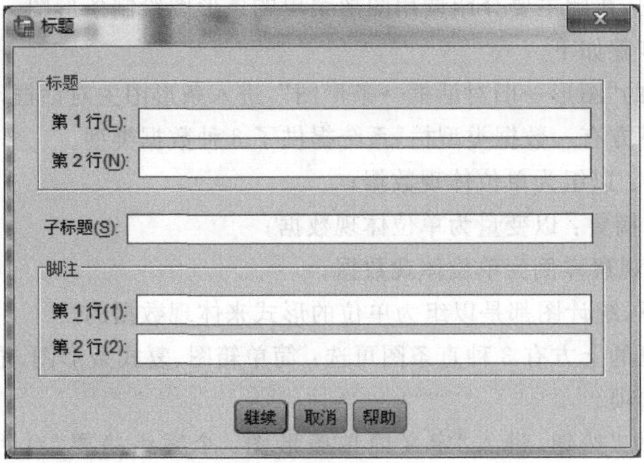

图 3.3.11 图标题对话框

(4) 以上选择确定后，单击“确定”按钮即可。

在 SPSS 的结果输出窗口中即可得到所需的调查对象年龄分布条形图，如图 3.3.12 所示。

从图中可以直观的看出，调查对象年龄在“26～35 岁”的人最多，然后依次是“18～25 岁”，“36～45 岁”，“46～55 岁”，“17 岁及以下”，“56～65 岁”。

2. 饼图

饼图(pie charts)也叫圆形图，它以整个圆域代表研究对象总体，按各构成部分占总体的比重大小将圆形划分成面积不等的扇区来表示现象总体内部结构及比例关系的一种统计图。其基本操作步骤如下。

(1) 从 SPSS 的“图形→旧对话框→饼图”，进入饼图主对话框，如图 3.3.13。在“图表中的数据为”(图中对数据的描述模式)栏内有：

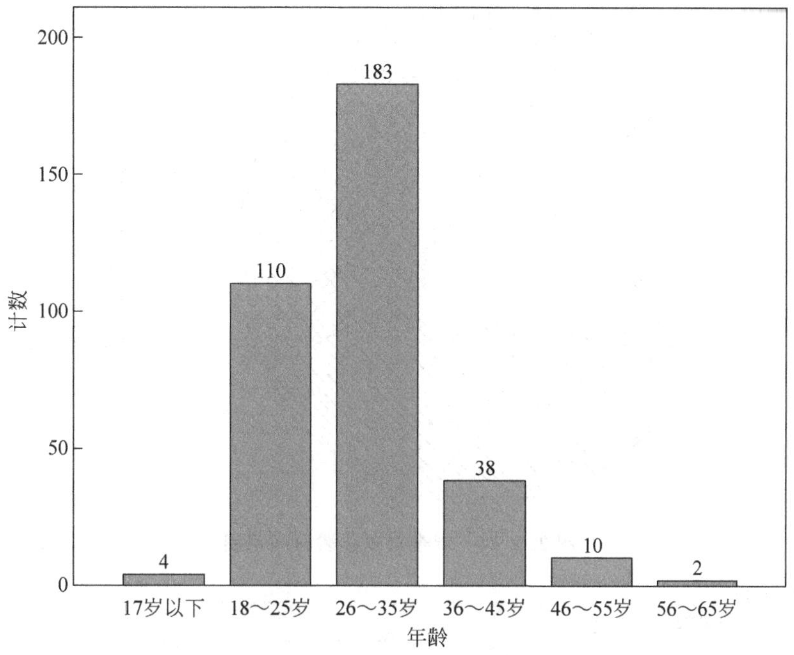

图 3.3.12　调查对象年龄分布条形图

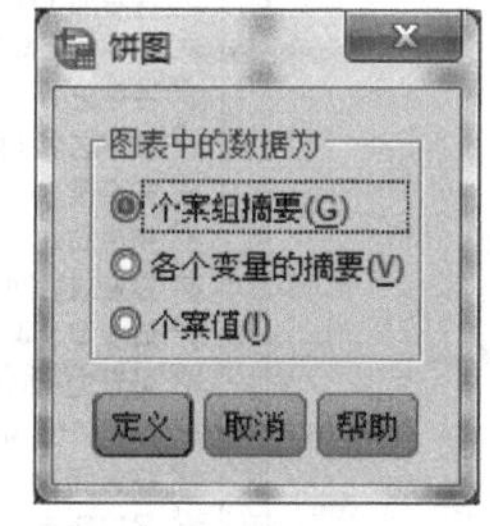

图 3.3.13　条形图主对话框

- 个案组摘要：以组为单位体现数据；
- 各个变量的摘要：以变量为单位体现数据；
- 个案值：以观察样例为单位体现数据。

此处选择默认设置为选项"个案组摘要"。

(2) 随后单击"定义"按钮，进入"定义饼图：个案组摘要"对话框，接着进行与条形图中相同的操作即可得到关于调查对象年龄分布的饼图，如图 3.3.14 所示。

3. 直方图(histogram)

调用"图形"菜单的"直方图"过程，可绘制直方图。直方图是用直条的长短来表示连续性的绝对数(或称频数)资料的多少。其基本操作步骤如下。

(1) 从 SPSS 的"图形→旧对话框→直方图"，进入直方图主对话框，如图 3.3.15 所示。

(2) 在左边的变量列表中选中要绘制直方图的变量，并单击向右的箭头键使其进入"变量"框。

(3) 单击"标题"输入该直方图的名称。

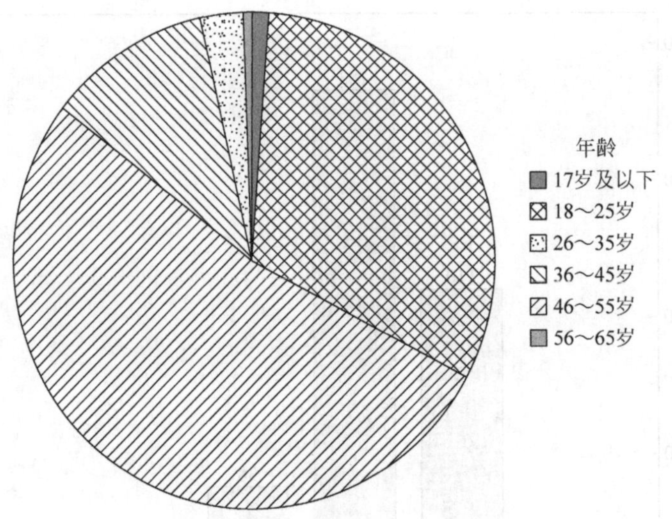

图 3.3.14 调查对象年龄分布饼图

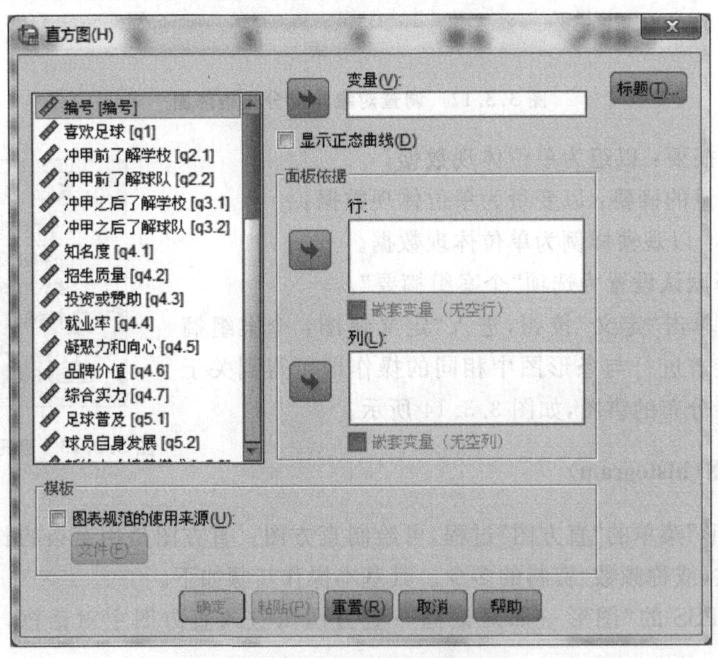

图 3.3.15 直方图主对话框

(4) 以上选择确定后，单击"确定"按钮即可在 SPSS 的结果窗口中得到所需的直方图，如图 3.3.5 所示(见频数分布)。

3.4　均值比较与 t 检验

在用从总体中随机抽取一定数量的样本进行研究来推论总体的特征过程中，由于总体中的每个个体间均存在差异，即使严格遵守随机抽样原则也会由于随机抽样误差导致样本统计量与总体参数之间有所不同。在所有数字特征中，均值是反映总体一般水平的最重要的特征，调查得来的样本能否认为是来自于某个确定均值的总体？就需要样本均值与总体均值之间的差异。这类问题属于统计学的假设检验问题。

进行均值比较常用 t 检验的方法，按不同的比较方式 SPSS 提供 3 个 t 检验过程：

- 单样本 t 检验过程
- 独立样本 t 检验过程
- 配对样本 t 检验过

3.4.1　单样本 t 检验过程

单样本 t 检验检验单个变量的均值是否与给定的常数之间存在差异。下面我们以案例分析 2.1 中分析“各个层面满意度的 t 检验”部分的分析内容为例说明 SPSS 单样本 t 检验的分析过程。此案例分析中通过单样本 t 检验来检验各个层面获得的评价均值是否与常数 3 之间存在显著差异。SPSS 分析过程如下：

从 SPSS 的“分析”→“比较均值” → “单样本 t 检验”，进入单样本 t 检验过程，如图 3.4.1 所示，进入其主对话框后，选中对话框左边矩形框中的变量“个性服务”、“服务态度”、“忠诚度”、“促销活动”、“服务流程”及“满意度”，单击向右的箭头键，使它们进入检验变量矩形框。在检验值检验值栏中填入 3，其余适用系统默认值，如图 3.4.2 所示。

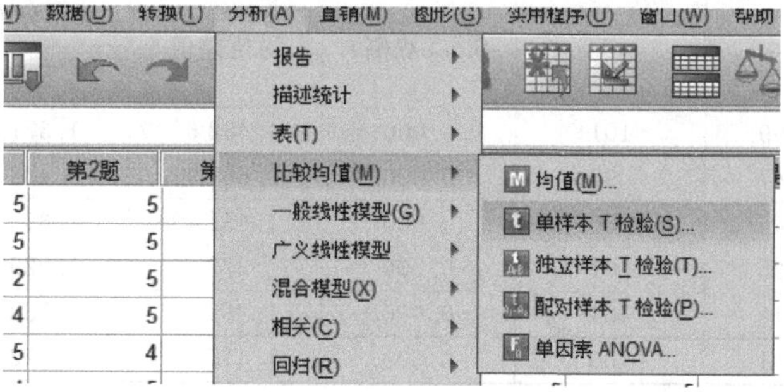

图 3.4.1　进入 SPSS 单样本 t 检验过程

然后单击“确定”按钮提交运行。所得的结果如表 3.4.1、表 3.4.2 所示。

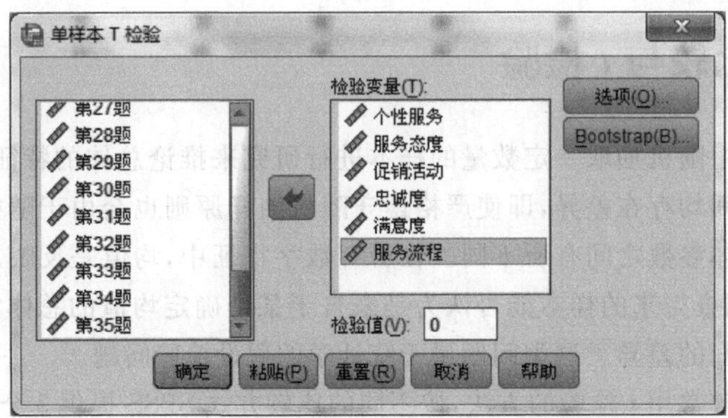

图 3.4.2 单样本 t 检验的主对话框

表 3.4.1 单样本 t 检验计算所得统计量值

单个样本统计量

项　目	N	均　值	标准差	均值的标准误差
服务态度	102	4.492 6	0.617 86	0.061 18
促销活动	97	3.668 0	0.920 55	0.093 47
服务流程	101	4.451 5	0.587 13	0.058 42
满意度	102	4.372 5	0.728 63	0.072 15
个性服务	102	4.289 2	0.769 74	0.076 22
忠诚度	101	4.415 8	0.724 81	0.072 12

表 3.4.2 单样本 t 检验结果

单个样本检验

项　目	检验值＝3					
	t	df	Sig.（双侧）	均值差值	差分的 95％置信区间	
					下限	上限
服务态度	24.399	101	0.000	1.492 65	1.371 3	1.614 0
促销活动	7.147	96	0.000	0.668 04	0.482 5	0.853 6
服务流程	24.845	100	0.000	1.451 49	1.335 6	1.567 4
满意度	19.025	101	0.000	1.372 55	1.229 4	1.515 7
个性服务	16.915	101	0.000	1.289 22	1.138 0	1.440 4
忠诚度	19.631	100	0.000	1.415 84	1.272 8	1.558 9

表 3.4.1 中，N 表示样本数，表 3.4.2 中，t 表示 t 检验的 t 值，df 表示自由度，Sig.(双侧)表示双尾 t 检验概率，均值差值表示样本均值与检验值之差，差分的 95％置信区间表示在 95％的可信度下差值的可信区间，下限表示该区间的下限，上限表示该区间的

上限。

从结果可知，所有变量双边 p 值(Sig.(双侧))均非常小(小于 0.001)。这说明客户对该 4S 店的服务流程、个性化服务、服务态度、促销活动、总体满意度和忠诚度等层面因素的评价均值均与 3 存在显著差异，而从表 3.4.1 中的各因素均值的大小可以看出，它们的值均显著大于 3。

3.4.2　独立样本 t 检验过程

独立样本 t 检验用于检验来自正态总体的两个彼此独立的样本之间的差异。下面我们以案例分析 2.5 中分析“间接 * 延迟”型回报的感知价值大于“直接 * 延迟”型回报的感知价值是否是由于误差造成的这一问题为例来说明 SPSS 中独立样本 t 检验的分析过程。

1. 数据准备(数据选择过程)

由于案例分析 2.5 中需要分析“间接 * 延迟”型回报的感知价值是否大于“直接 * 延迟”型回报的感知价值，所以我们需要首先将数据中回报时间为延迟的数据选择出来作分析。因此我们首先需要使用 SPSS 的数据选择功能。选数据菜单的选额个案命令项，弹出选择个案对话框(图 3.4.3)，系统提供如下几种选择方法。

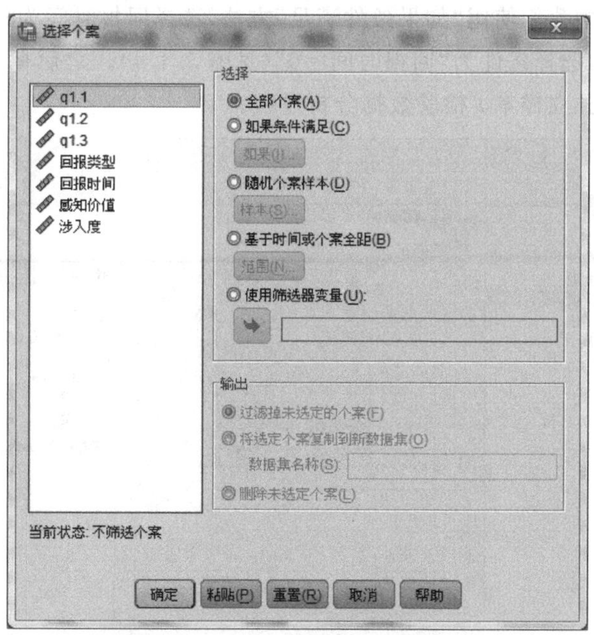

图 3.4.3　数据选择对话框

(1) 全部个案：表示所有的变量数据都被选择，该选项可用于解除先前的选择；

(2) 如果条件满足：表示按指定条件选择，单击"如果…"按钮，弹出"选择个案：If"对话框(图 3.4.4)，先选择变量，然后定义条件；

(3) 随机个案样本：表示对变量数据进行随机抽样，单击"样本…"按钮，弹出"选择个案：随机样本"对话框，有两种选择方式，一种是大约抽样(approximately)即键入抽样比例后由系统随机抽取，另一种是精确抽样(exactly)即要求从第几个观察值起抽取多少个。

(4) 基于时间或个案的全部：表示顺序抽样，点击"范围…"按钮，弹出"选择个案：范围"对话框，用户定义从第几个观察值抽到第几个观察值。

(5) 使用筛选器变量：表示用指定的变量作过滤，用户先选择 1 个变量，系统自动在数据管理器中将该变量值为 0 的观察单位标上删除标记，系统对有删除标记的观察单位不作分析。若用户在选择个案对话框的未选定个案框中选删除项，则系统将删除所有被标上删除标记的观察单位。

调用选择个案命令完成定义后，SPSS 将在主窗口的最下面状态行中显示筛选范围字样；若调用该命令后的数据库被用户存盘，则当这个数据文件再次打开使用时，仍会显示筛选范围字样，意味着数据选择命令依然有效。

案例分析 2.5 中我们使用"如果条件满足"方法，选择回报时间为延迟型的样本，即选择变量为回报时间，选择条件为"回报时间＝0"(见图 3.4.4)。之后单击"继续"→"确定"即可进入进一步的独立样本 t 检验数据分析过程。

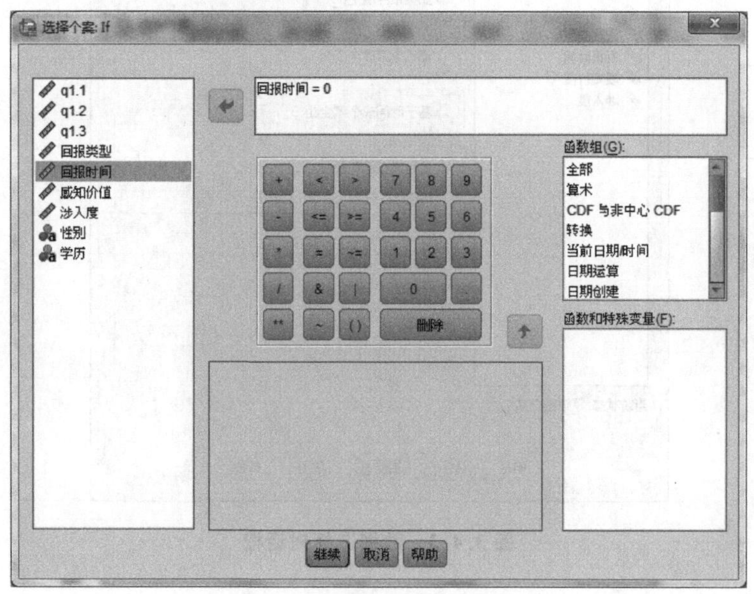

图 3.4.4　选择条件对话框

2. 统计分析

选择“分析”→“比较均值” → “独立样本 t 检验”，进入独立样本 t 检验过程，（见图 3.4.5），进入其主对话框后，从对话框左侧的变量列表中选“感知价值”变量，单击➤按钮使之进入检验变量框，选回报类型单击➤按钮使之进入分组变量框（见图 3.4.6），单击“定义组…”按钮弹出定义组定义框（见图 3.4.7），在组 1 中输入 0，在组 2 中输入 1，单击继续按钮，返回独立样本 t 检验对话框，单击确定按钮即完成分析。

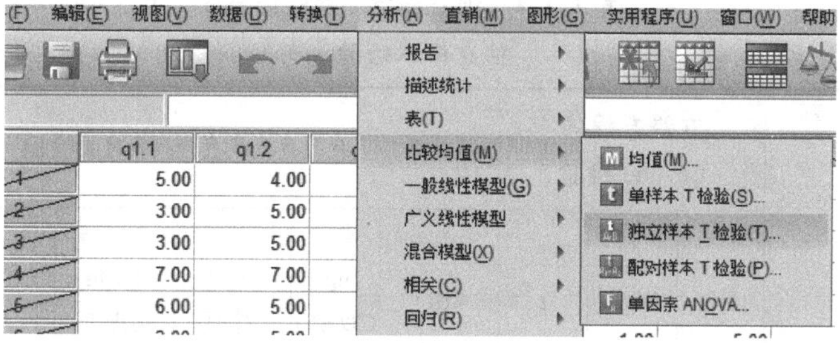

图 3.4.5　进入 SPSS 独立样本 t 检验过程

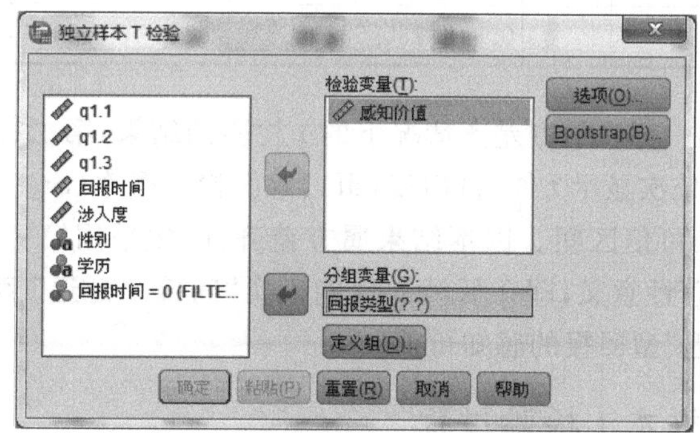

图 3.4.6　独立样本 t 检验的主对话框

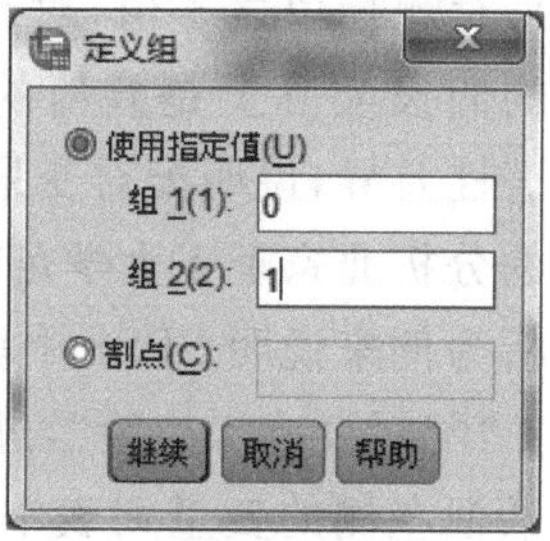

图 3.4.7　定义组对话框

以低涉入度下的分析为例，最后得到结果如表 3.4.3 和表 3.4.4 所示。

表 3.4.3　独立样本 t 检验计算所得统计量值

组统计量

回报类型		N	均　值	标准差	均值的标准误差
感知价值	0.00	150	5.193 3	1.108 08	0.090 47
	1.00	144	5.057 9	1.304 66	0.108 72

表 3.4.4　独立样本 t 检验结果

独立样本检验

类　型		方差方程的 Levene 检验		均值方程的 t 检验						
		F	Sig.	t	df	Sig.（双侧）	均值差值	标准误差值	差分的 95% 置信区间 下限	差分的 95% 置信区间 上限
感知价值	假设方差相等	4.444	0.036	0.961	292	0.337	0.135 46	0.140 97	−0.141 99	0.412 92
	假设方差不相等			0.958	280.522	0.339	0.135 46	0.141 44	−0.142 96	0.413 89

t 检验的结果，第一行表示方差齐情况下的 t 检验的结果，第二行表示方差不齐情况下的 t 检验的结果。依次显示 t 值、自由度(df)、双侧检验概率(Sig.(双侧))、均值差值、标准误差值及其 95%可信区间。因本结果属方差齐性，故采用第一行结果：$t=0.961$，P=0.337，有差别显著性意义，即在低涉入度能证实“间接＊延迟”型回报的感知价值显著性大于“直接＊延迟”型回报的感知价值。

3.4.3　配对样本 t 检验过程

配对样本的 t 检验用于检验来自总体的两个具有配对特点的样本均值之间的差异。配对样本 t 检验实际上是先求出每对测量值之差值，对差值求均值。检验配对变量均值之差是否显著不等于 0。其检验的假设实际上是差值的均值与零均值之间差异的显著性。如果差值均值与 0 均值无显著性差异，说明配对变量均值之间无显著性差异。

下面我们以案例分析 2.3 中的分析北京理工大学足球队冲甲前后被调查者对北京理工大学的了解程度的变化的比分析为例来说明 SPSS 中配对样本 t 检验的分析过程。

选择“分析”→“比较均值”→“配对样本 t 检验”，进入配对样本 t 检验过程，进入其主对话框(如图 3.4.8 示)。从对话框左侧的变量列表中单击“冲甲前了解学校[q2.1]”，这时在右方的配对变量框中 Variable1 处出现冲甲前了解学校[q2.1]，再从变量列表中单击“冲甲后了解学校[q3.1]”，右方的配对变量中 Variable2 处出现冲甲后了解学校[q3.1]，如图 3.4.9 所示。之后单击确定按钮即完成分析。

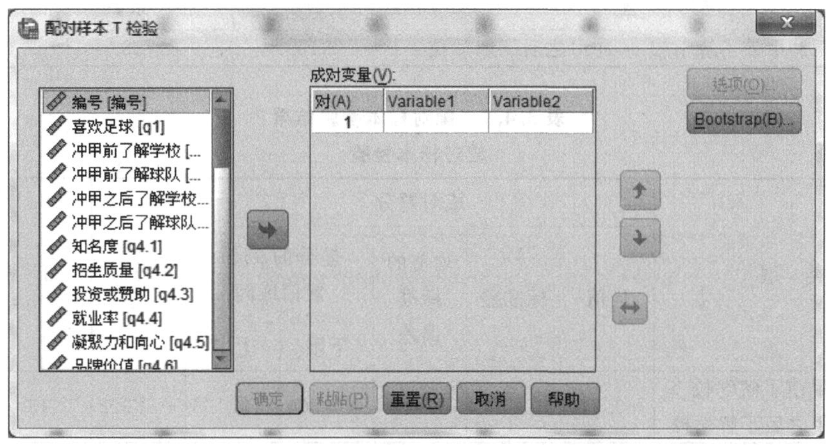

图 3.4.8　配对样本 t 检验的主对话框

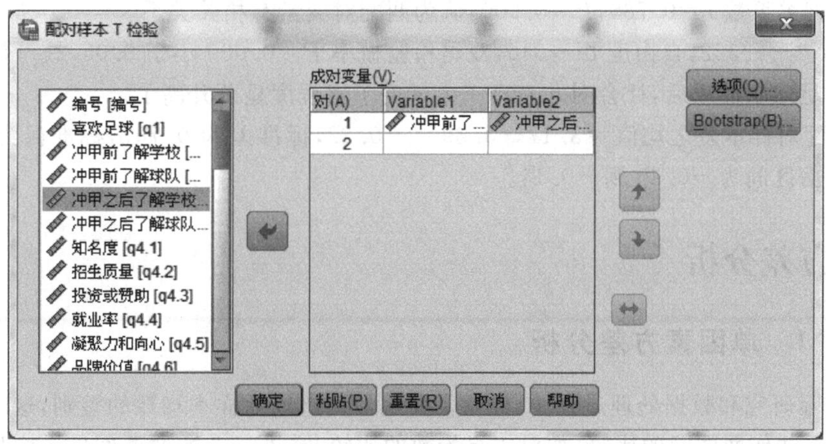

图 3.4.9　选择变量后的配对样本 t 检验的主对话框

所得输出结果如表 3.4.5、表 3.4.6 和表 3.4.7 所示。

表 3.4.5　配对样本统计量

成对样本统计量

类　型		均　值	N	标准差	均值的标准误差
对 1	冲甲前了解学校	3.17	347	1.194	0.064
	冲甲之后了解学校	3.39	347	1.141	0.061

表 3.4.6 配对样本相关系数

成对样本相关系数

类型		N	相关系数	Sig.
对 1	冲甲前了解学校 & 冲甲之后了解学校	347	0.785	0.000

表 3.4.7 配对样本检验结果

成对样本检验

类型		成对差分					t	df	Sig.（双侧）
		均值	标准差	均值的标准误差	差分的 95% 置信区间				
					下限	上限			
对 1	冲甲前了解学校 & 冲甲之后了解学校	−0.219	0.767	0.041	−0.300	−0.138	−5.322	346	0.000

由表 3.4.5、表 3.4.6 和表 3.4.7 得到结果如下：

(1) 相关系数 $r=0.785$，$P=0.000$，认为两配对变量有相关关系。

(2) $t=-5.322$，自由度 df=346，双尾检验概率 $P=0.000$ 小于 0.05，故可认为北京理工大学足球队冲甲后，社会对北京理工大学的了解程度显著升高了。

(3) 配对样本差之均值 $=3.17-3.39=-0.22$，标准差为 0.767，标准误为 0.041，95%的可信区间为 −0.30 到 −0.14。

3.5 方差分析

3.5.1 单因素方差分析

在实际研究和数据处理过程中，经常需要比较两组以上样本均数的差别，这时不能使用 t 检验方法作两两间的比较（如对 4 组均数的比较，需进行 6 次两两间的 t 检验），这势必增加两类错误的可能性（如原先 α 定为 0.05，这样进行多次的 t 检验将使最终推断时的 $\alpha>0.05$）。故对于两组以上的均数比较，必须使用单因素方差分析的方法，当然单因素方差分析方法亦适用于两组均数的比较。

以下我们以案例分析 2.7 中分析“消费者的使用时间同对保健品性能关注度的关系”这一问题的分析过程为例，介绍 SPSS 中单因素方差分析的过程。

激活分析菜单，选择比较均值中的“单因素 ANOVA…”项（如图 3.5.1 所示），弹出单因素 ANOVA 对话框。从对话框左侧的变量列表中选择“使用时间”，单击➤按钮使之进入因子框，选择“改善皮肤”、“减缓软组织退化”、“帮助钙吸收”、“改善亚健康”、“补充微量元素”变量，单击➤按钮使之进入因变量列表框，如图 3.5.2 所示。

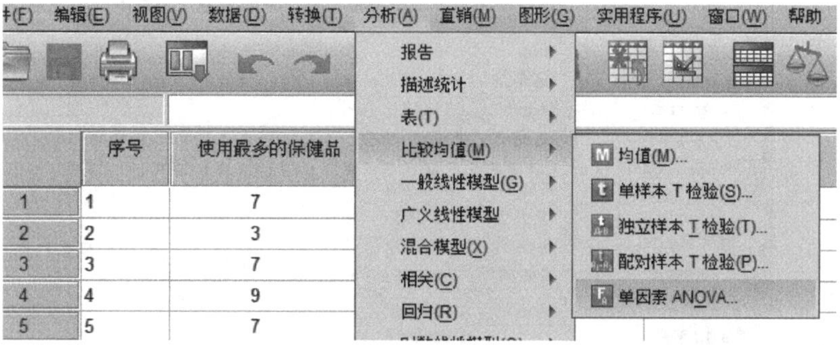

图 3.5.1 进入 SPSS 单因素方差分析过程

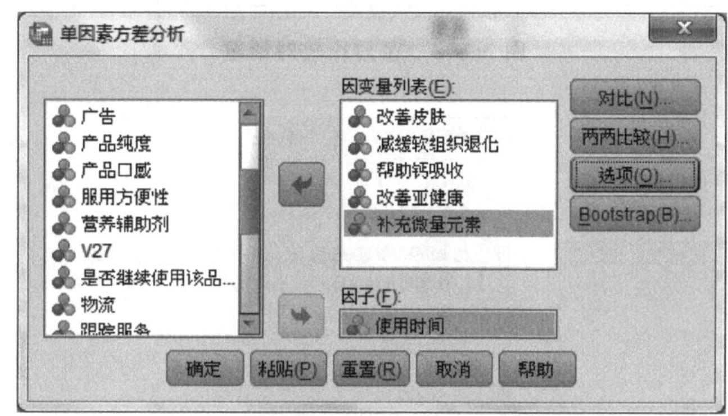

图 3.5.2 单因素方差分析对话框

在主对话框的右方，有三个功能按钮：

“对比”，可以指定一种要用 t 检验来检验的先验的项对比。

“两两比较”，可以指定一种多重比较检验。

“选项”，可以指定要输出的统计量，指定处理缺失值的方法。

此处我们进行多个样本均值间两两比较，单击对话框的“两两比较”按钮打开“单因素 ANOVA：两两比较”对话框（如图 3.5.3 所示），这时可见在假定方差齐性框中有多种比较方法供选择，此处选用 LSD(least-significant difference，最小显著差法），如图 3.5.3 所示。单击“继续”按钮，返回单因素方差分析主对话框。

单击主对话框中“选项”按钮，打开选择输出统计量的对话框，将描述性选上，如图 3.5.4 所示，单击“继续”按钮，返回主对话框。然后单击“确定”按钮，提交运行，得到如表 3.5.1、表 3.5.2 和表 3.5.3 所示结果。

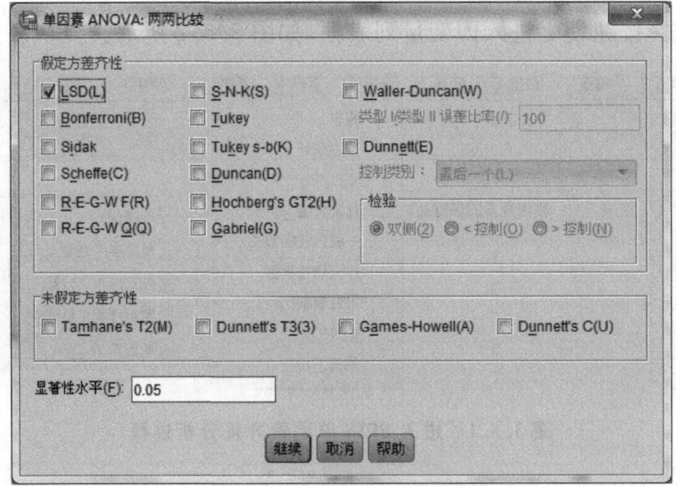

图 3.5.3 多重比较对话框

图 3.5.4 选择输出统计量的对话框

表 3.5.1 描述

组 别		N	均 值	标准差	标准误差	均值的 95% 置信区间		极小值	极大值
						下限	上限		
减缓软组织退化	1	39	2.282	0.998 6	0.159 9	1.958	2.606	1.0	5.0
	2	33	2.303	1.103 5	0.192 1	1.912	2.694	1.0	5.0
	3	14	2.000	1.176 7	0.314 5	1.321	2.679	1.0	4.0
	4	16	2.625	1.258 3	0.314 6	1.954	3.296	1.0	5.0
	总数	102	2.304	1.097 2	0.108 6	2.088	2.519	1.0	5.0

续表

组　别		N	均值	标准差	标准误差	均值的 95% 置信区间		极小值	极大值
						下限	上限		
帮助钙吸收	1	39	2.282	0.998 6	0.159 9	1.958	2.606	1.0	5.0
	2	33	2.182	1.158 0	0.201 6	1.771	2.592	1.0	5.0
	3	14	1.714	0.611 2	0.163 4	1.361	2.067	1.0	3.0
	4	16	1.938	0.928 7	0.232 2	1.443	2.432	1.0	3.0
	总数	102	2.118	1.007 8	0.099 8	1.920	2.316	1.0	5.0
改善亚健康	1	39	1.615	0.814 8	0.130 5	1.351	1.880	1.0	4.0
	2	33	1.667	0.736 0	0.128 1	1.406	1.928	1.0	4.0
	3	14	1.929	0.828 7	0.221 5	1.450	2.407	1.0	4.0
	4	16	1.438	0.727 4	0.181 9	1.050	1.825	1.0	3.0
	总数	102	1.647	0.779 0	0.077 1	1.494	1.800	1.0	4.0
改善皮肤	1	39	2.282	1.168 6	0.187 1	1.903	2.661	1.0	5.0
	2	33	1.909	0.947 5	0.164 9	1.573	2.245	1.0	4.0
	3	14	1.571	0.851 6	0.227 6	1.080	2.063	1.0	4.0
	4	16	3.000	1.366 3	0.341 6	2.272	3.728	1.0	5.0
	总数	102	2.176	1.163 9	0.115 2	1.948	2.405	1.0	5.0
补充微量元素	1	39	2.026	1.063 4	0.170 3	1.681	2.370	1.0	5.0
	2	33	1.697	0.883 3	0.153 8	1.384	2.010	1.0	4.0
	3	14	1.643	0.928 8	0.248 2	1.107	2.179	1.0	4.0
	4	16	1.750	0.856 3	0.214 1	1.294	2.206	1.0	4.0
	总数	102	1.824	0.958 7	0.094 9	1.635	2.012	1.0	5.0

表 3.5.2　单因素方差分析结果 ANOVA

组　别		平方和	df	均　方	F	显著性
减缓软组织退化	组间	2.961	3	0.987	0.816	0.488
	组内	118.617	98	1.210		
	总数	121.578	101			
帮助钙吸收	组间	3.987	3	1.329	1.321	0.272
	组内	98.601	98	1.006		
	总数	102.588	101			
改善亚健康	组间	1.864	3	0.621	1.025	0.385
	组内	59.430	98	0.606		
	总数	61.294	101			

续表

组别		平方和	df	均方	F	显著性
改善皮肤	组间	18.770	3	6.257	5.194	0.002
	组内	118.053	98	1.205		
	总数	136.824	101			
补充微量元素	组间	2.665	3	0.888	0.966	0.412
	组内	90.158	98	0.920		
	总数	92.824	101			

表 3.5.3 多重比较检验结果

LSD

因变量	(I)使用时间	(J)使用时间	均值差(I—J)	标准误差	显著性	95%置信区间	
						下限	上限
减缓软组织退化	1	2	−0.0210	0.2602	0.936	−0.537	0.495
		3	0.2821	0.3428	0.413	−0.398	0.962
		4	−0.3429	0.3266	0.296	−0.991	0.305
	2	1	0.0210	0.2602	0.936	−0.495	0.537
		3	0.3030	0.3509	0.390	−0.393	0.999
		4	−0.3220	0.3352	0.339	−0.987	0.343
	3	1	−0.2821	0.3428	0.413	−0.962	0.398
		2	−0.3030	0.3509	0.390	−0.999	0.393
		4	−0.6250	0.4026	0.124	−1.424	0.174
	4	1	0.3429	0.3266	0.296	−0.305	0.991
		2	0.3220	0.3352	0.339	−0.343	0.987
		3	0.6250	0.4026	0.124	−0.174	1.424
帮助钙吸收	1	2	0.1002	0.2372	0.674	−0.371	0.571
		3	0.5678	0.3125	0.072	−0.052	1.188
		4	0.3446	0.2978	0.250	−0.246	0.936
	2	1	−0.1002	0.2372	0.674	−0.571	0.371
		3	0.4675	0.3199	0.147	−0.167	1.102
		4	0.2443	0.3056	0.426	−0.362	0.851
	3	1	−0.5678	0.3125	0.072	−1.188	0.052
		2	−0.4675	0.3199	0.147	−1.102	0.167
		4	−0.2232	0.3671	0.545	−0.952	0.505
	4	1	−0.3446	0.2978	0.250	−0.936	0.246
		2	−0.2443	0.3056	0.426	−0.851	0.362
		3	0.2232	0.3671	0.545	−0.505	0.952

续表

LSD

因变量	(I)使用时间	(J)使用时间	均值差(I—J)	标准误差	显著性	95%置信区间	
						下限	上限
改善亚健康	1	2	−0.051 3	0.184 2	0.781	−0.417	0.314
		3	−0.313 2	0.242 6	0.200	−0.795	0.168
		4	0.177 9	0.231 2	0.443	−0.281	0.637
	2	1	0.051 3	0.184 2	0.781	−0.314	0.417
		3	−0.261 9	0.248 4	0.294	−0.755	0.231
		4	0.229 2	0.237 2	0.336	−0.242	0.700
	3	1	0.313 2	0.242 6	0.200	−0.168	0.795
		2	0.261 9	0.248 4	0.294	−0.231	0.755
		4	0.491 1	0.285 0	0.088	−0.074	1.057
	4	1	−0.177 9	0.231 2	0.443	−0.637	0.281
		2	−0.229 2	0.237 2	0.336	−0.700	0.242
		3	−0.491 1	0.285 0	0.088	−1.057	0.074
改善皮肤	1	2	0.373 0	0.259 6	0.154	−0.142	0.888
		3	0.710 6*	0.342 0	0.040	0.032	1.389
		4	−0.717 9*	0.325 8	0.030	−1.365	−0.071
	2	1	−0.373 0	0.259 6	0.154	−0.888	0.142
		3	0.337 7	0.350 1	0.337	−0.357	1.032
		4	−1.090 9*	0.334 4	0.002	−1.754	−0.427
	3	1	−0.710 6*	0.342 0	0.040	−1.389	−0.032
		2	−0.337 7	0.350 1	0.337	−1.032	0.357
		4	−1.428 6*	0.401 7	0.001	−2.226	−0.631
	4	1	0.717 9*	0.325 8	0.030	0.071	1.365
		2	1.090 9*	0.334 4	0.002	0.427	1.754
		3	1.428 6*	0.401 7	0.001	0.631	2.226
补充微量元素	1	2	0.328 7	0.226 9	0.151	−0.122	0.779
		3	0.382 8	0.298 8	0.203	−0.210	0.976
		4	0.275 6	0.284 8	0.335	−0.289	0.841
	2	1	−0.328 7	0.226 9	0.151	−0.779	0.122
		3	0.054 1	0.305 9	0.860	−0.553	0.661
		4	−0.053 0	0.292 2	0.856	−0.633	0.527
	3	1	−0.382 8	0.298 8	0.203	−0.976	0.210
		2	−0.054 1	0.305 9	0.860	−0.661	0.553
		4	−0.107 1	0.351 0	0.761	−0.804	0.589
	4	1	−0.275 6	0.284 8	0.335	−0.841	0.289
		2	0.053 0	0.292 2	0.856	−0.527	0.633
		3	0.107 1	0.351 0	0.761	−0.589	0.804

* 均值差的显著性水平为0.05。

结果分析如下：

- 表 3.5.1 为“描述性”项所得输出结果：分别有组别、各组例数(N)、均值(Mean)、标准差(Std. Deviation)、标准误(Std. Error)、均值 95%置信区间的下限和上限、极小值和极大值。
- 以改善皮肤为例分析，表 3.5.2 为单因素方差分析结果。从表中可以知方差来源于两部分，即组间和组内，其自由度(df)分别为 3 和 98，总自由度为 101；离差平方和：组间离差平方和为 18.770，组内离差平方和为 118.053，总的离差平方和为 136.824；均方(mean squares)：组间均方为 6.257，组内均方为 1.205；F 值为 5.194，$P=0.002<0.05$。由此可以否定原假设，说明使用时间不同的顾客对产品性能中改善皮肤表现这一项的关注度存在显著差异。
- 表 3.5.3 为采用 LSD 法进行均值多重比较的结果；LSD 法是 t 检验完成值间的两两比较，结果表明通过 LSD 检验得出：第 1 组和第 3 组，第 4 组和第 1 组、第 2 组、第 3 组的均值存在显著性差异。第 2 组与第 1 组和第 3 组的均值没有显著差异。

3.5.2 双因素方差分析

SPSS 软件“分析”菜单下“一般线性模型”(简称 GLM)模块的“单变量”过程可以用于进行一个因变量受一个或多个自变量影响的多元方差分析，可以检验有关一个因变量的各种分组下受其他变量影响的零假设以及研究因素之间的交互作用。以下我们以案例分析 2.5 中验证所提研究假设的分析过程为例，介绍 SPSS 中双因素方差分析的过程。

选择从 SPSS 的“分析”→“一般线性模型”→“单变量”，进入单响应变量方差分析过程，弹出单变量过程对话框。从对话框左侧的变量列表中选“感知价值”，单击➤按钮使之进入因变量框，选择“回报类型”与“回报时间”变量，单击➤按钮使之进入固定因子框，如图 3.5.5 所示。

单击“模型”按钮进入定义分析模型对话框(图 3.5.6)。①全因子选项为系统默认的模型，该项选择建立全模型。全模型包括所有的因素变量的主效应、所有协变量主效应、所有因素与因素的交互效应，不包括协变量与其他因素的交互效应。选择此项后无须进行进一步的操作，单独效应是在其他因素固定在某一水平时，因变量在某一因素不同水平间的差异。因素的主效应就是因变量在一个因素各水平间的平均差异。当一个因素的单独效应随另一个因素的变化而变化时，称两个因素间存在交互效应。不打开此对话框，即选择了全模型(本例选择此项)，之后可单击“继续”按钮返回主对话框。②设定选项，建立自定义的模型，如仅选择模型中的主效应。此部分读者如果有兴趣，可参看相关书籍。

在图 3.5.5 中，单击“选项”按钮，系统弹出一个新窗口，见图 3.5.7。

(1) 估计的边际均值栏。①在因子与因子交互框中列出了在模型对话框中所指定的

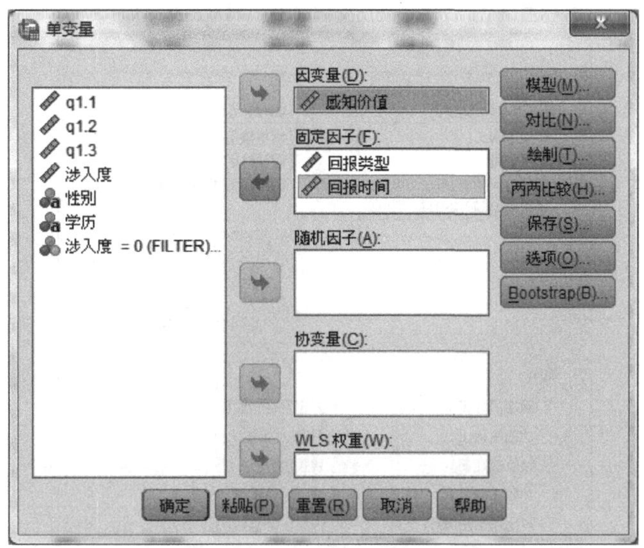

图 3.5.5 "单变量"过程主对话框

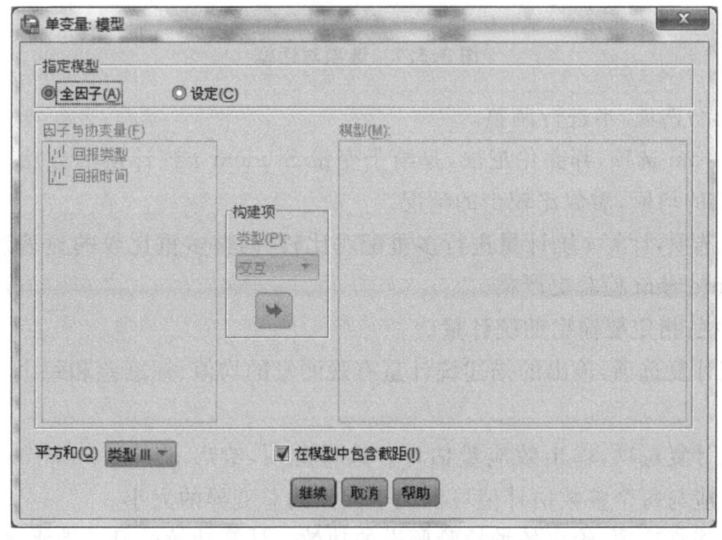

图 3.5.6 定义分析模型对话框

效应项，单击移动箭头，将其复制到显示均值框中。②在显示均值框中有主效应时激活次框下面的比较主效应复选项，对主效应的标记均值进行组间的配对比较。③置信区间调节参数框列出了进行多重组间比较时置信区间和显著性水平调整方法的选项，打开下拉菜单，共有 3 个选项。

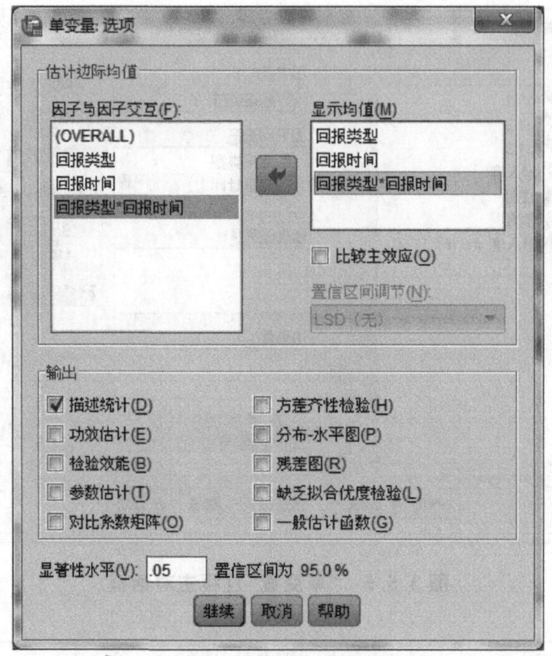

图 3.5.7 选项对话框

- LSD(无)选项,不进行调整。
- Bonferroni 选项,邦弗伦尼法,是给予变量 Student t 统计量的方法。适用于要进行比较的均值,对数比较少的情况。
- Sidak 选项,计算 t 统计量进行多重配对比较,调整多重比较的显著性水平。限制比 Bonferroni 检验更严格。

(2) 输出栏,指定要输出的统计量。

- 描述统计复选项,输出的描述统计量有观测量的均值、标准差和每个单元格中的观察量数。
- 功效估计复选项,输出效应量估计。选择此项,给出 η^2(eta-Square)值,它反映了每个效应与每个参数估计值可以归于因素的总变异的大小。
- 检验效能复选项,给出各种检验假设的功效。计算功效的显著性水平,系统默认的临界值是 0.05。
- 参数估计复选项,给出各因素变量的模型参数估计、标准误、t 检验的 t 值、显著性概率和 95%的置信区间。
- 对比系数矩阵复选项,显示变换系数矩阵或 L 矩阵。
- 方差齐性检验复选项,进行方差齐性检验。

• 分布-水平图复选项，绘制观测量均值一标准差图、观测量均值一方差图。

• 残插图复选项，绘制残差图。给出观测值、预测值散点图和观测量数目对标准残差的散点图，加上正态和标准化残差的正态概率图。

• 缺乏拟合优度检验复选项，可以根据一般估计函数自定义假设检验。对比系数矩阵的行与一般估计函数是线性组合的。

(3) 在显著性水平框中改变置信区间框内多重比较的显著性水平。

本例在此对话框中，把因子与因子交互栏的"回报类型"、"回报时间"、"回报类型 * 回报时间"放入显示均值栏，选择描述性统计，其余选取默认值，单击"继续"按钮返回单变量主对话框。

在主对话框中单击"绘制"按钮，系统弹出一个新对话窗，见图 3.5.8。在此对话框中，把因子栏中的"回报类型"放入水平轴栏，把变量"回报时间"放入单图栏，单击"添加"按钮再单击"继续"按钮返回单变量主对话框后单击"确定"按钮提交运行，得到表 3.5.4、表 3.5.5、表 3.5.6、表 3.5.7、表 3.5.8 和图 3.5.9 的结果。

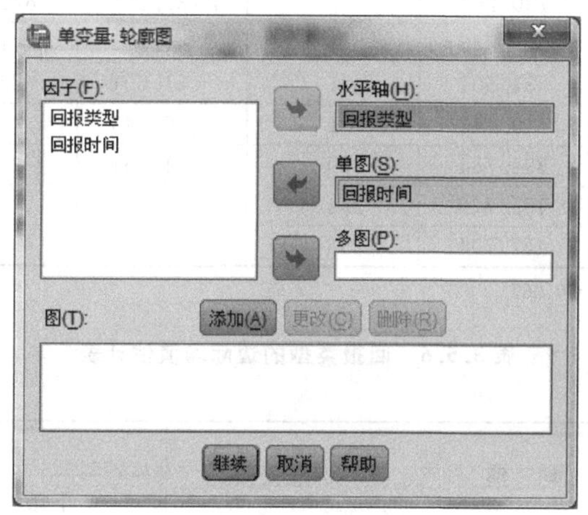

图 3.5.8 绘制对话框

表 3.5.4 描述性统计量

因变量：感知价值

回报类型	回报时间	均　值	标准偏差	N
0.00	0.00	5.506 8	1.061 55	73
	1.00	4.896 1	1.075 05	77
	总计	5.193 3	1.108 08	150

续表

回报类型	回报时间	均　值	标准偏差	N
1.00	0.00	5.407 4	1.177 81	72
	1.00	4.708 3	1.339 12	72
	总计	5.057 9	1.304 66	144
总计	0.00	5.457 5	1.118 00	145
	1.00	4.805 4	1.209 39	149
	总计	5.127 0	1.208 20	294

表 3.5.5　双因素方差分析结果

主体间效应的检验

因变量:感知价值

源	Ⅲ型平方和	df	均方	F	Sig.
校正模型	32.919[a]	3	10.973	8.061	0.000
截距	7 730.267	1	7 730.267	5 678.488	0.000
回报类型	1.515	1	1.515	1.113	0.292
回报时间	31.501	1	31.501	23.140	0.000
回报类型 * 回报时间	0.143	1	0.143	0.105	0.746
误差	394.784	290	1.361		
总计	8 155.778	294			
校正的总计	427.704	293			

a. $R^2=0.077$(调整 $R^2=0.067$)

表 3.5.6　回报类型的边际均值估计表

因变量: 感知价值

回报类型	均　值	标准误差	95%置信区间	
			下限	上限
0.00	5.201	0.095	5.014	5.389
1.00	5.058	0.097	4.867	5.249

表 3.5.7　回报时间的边际均值估计表

因变量: 感知价值

回报时间	均值	标准误差	95%置信区间	
			下限	上限
0.00	5.457	0.097	5.266	5.648
1.00	4.802	0.096	4.614	4.990

表 3.5.8 回报类型 * 回报时间的边际均值估计表

因变量：感知价值

回报类型	回报时间	均　值	标准误差	95%置信区间	
				下限	上限
0.00	0.00	5.507	0.137	5.238	5.776
	1.00	4.896	0.133	4.634	5.158
1.00	0.00	5.407	0.138	5.137	5.678
	1.00	4.708	0.138	4.438	4.979

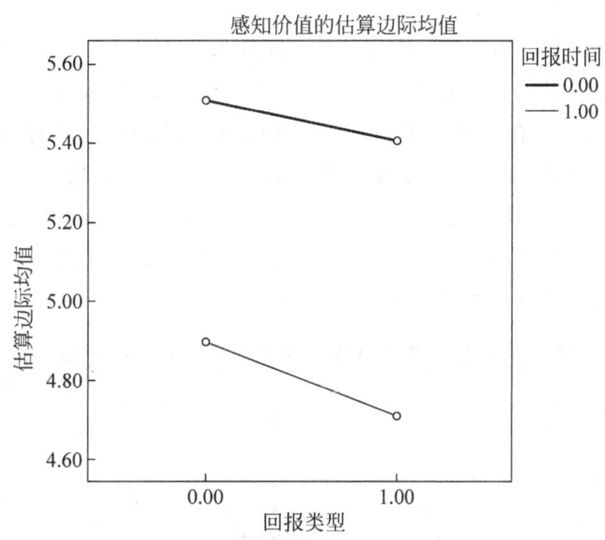

图 3.5.9 交互作用图

- 表 3.5.4 显示的是描述统计量的计算结果，包括总的均数，标准差和例数。
- 表 3.5.5 显示：因素“回报类型”$F=1.113$，$P=0.292$，按照 0.05 的显著性水平，不能拒绝原假设，即不同“回报类型”之间的感知价值没有差异；因素“回报时间”$F=23.140$，$P=0.000$，按照 0.05 的显著性水平，拒绝原假设，即不同“回报时间”之间的感知价值差异显著；因素“回报类型 * 回报时间”的交互作用 $F=0.105$，$P=0.746$，按照 0.05 的显著性水平，接受原假设，可认为“回报类型 * 回报时间”的交互作用不显著，即“回报类型”与“回报时间”之间不存在交互作用。
- 表 3.5.6、表 3.5.7 和表 3.5.8 显示各水平和各单元格水平均值，标准差和 95%的可信区间。
- 图 3.5.9 中折线几乎平行，说明回报类型因素与回报时间因素不存在交互作用。

3.6 相关与线性回归分析

3.6.1 相关分析

通过调用 SPSS 的双变量过程可对变量进行相关关系的分析，计算有关的统计指标，以判断变量之间相互关系的密切程度。调用该过程命令时允许同时输入两变量或两个以上变量，但系统输出的是变量间两两相关的相关系数。以下我们以案例分析 2.8 中分析报考因素中的“学校声望”与“对专业现状满意”间相关分析的过程为例说明 SPSS 中如何实现两变量的相关分析。

激活分析菜单选相关中的双变量命令项，如图 3.6.1 所示。弹出双变量相关主对话框，在对话框左侧的变量列表中选“学校声望”与“满意”(即表示对专业现状满意)单击➤按钮使之进入变量框；再在相关系数框中选择相关系数的类型，共有 3 种：Pearson 为通常所指的相关系数(r)，Kendell's tau-b 为非参数资料的相关系数，Spearman 为非正态分布资料的 Pearson 相关系数替代值，本例选用 Pearson 项；在显著性检验框中可选相关系数的单侧或双侧检验，本例选双侧检验(图 3.6.2)。其余使用系统默认值，之后单击“确定”提交运行。最终系统返回如表 3.6.1 所示的结果。

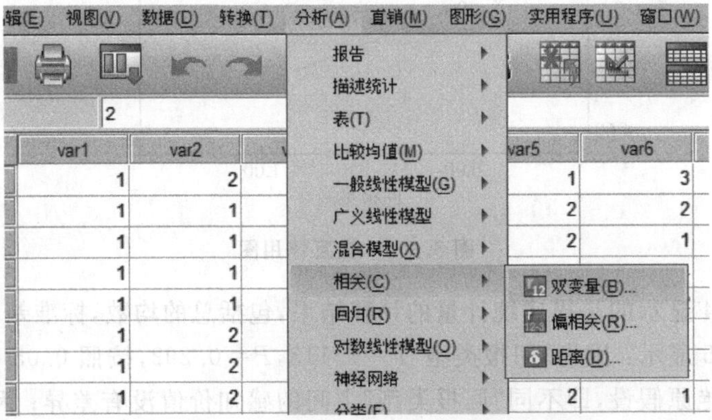

图 3.6.1 进入 SPSS 相关分析过程

表 3.6.1 相关分析结果

项 目		学校声望	满 意
学校声望	Pearson 相关性	1	0.087*
	显著性(双侧)		0.016
	N	755	755

续表

项目		学校声望	满意
满意	Pearson 相关性	0.087*	1
	显著性(双侧)	0.016	
	N	755	755

* 在 0.05 水平(双侧)上显著相关。

表 3.6.1 结果显示 Pearson 相关系数为 0.087,$P=0.016$,故说明拒绝相关系数为 0 的假设,即认为“学校声望”与“对专业现状满意度”之间有相关关系。

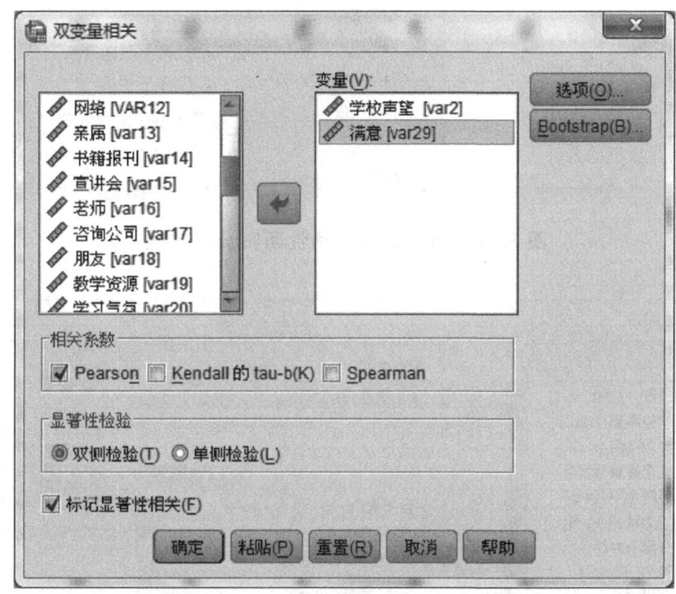

图 3.6.2 两变量相关分析主对话框

3.6.2 线性回归分析

线性回归是描述变量之间线性依存关系的定量的统计方法,它可以根据一批样本值来估计这种线性关系,建立回归方程。以下我们以案例分析 2.8 中分析“报考因素与专业现状满意度的回归分析”部分的内容为例,说明 SPSS 中线性回归的分析过程。

单击“分析”→“回归”→“线性”进入线性回归分析的过程,如图 3.6.3 所示,进入其主对话框后,选中对话框左边矩形框中的变量“满意”,单击向右的箭头键,使它们进入因变量栏中,选中变量“声望”,“专业排名”,“文化背景”,“经济水平”,“能力特长”、“兴趣”单击向右的箭头键,使它们进入自变量栏中,方法选取“逐步”,如图 3.6.4 所示。其余使用默认选项，单击“确定”提交运行得到结果如表 3.6.2、表 3.6.3、表 3.6.4、表 3.6.5 和表 3.6.6 所示。

图 3.6.3 进入 SPSS 线性回归分析过程

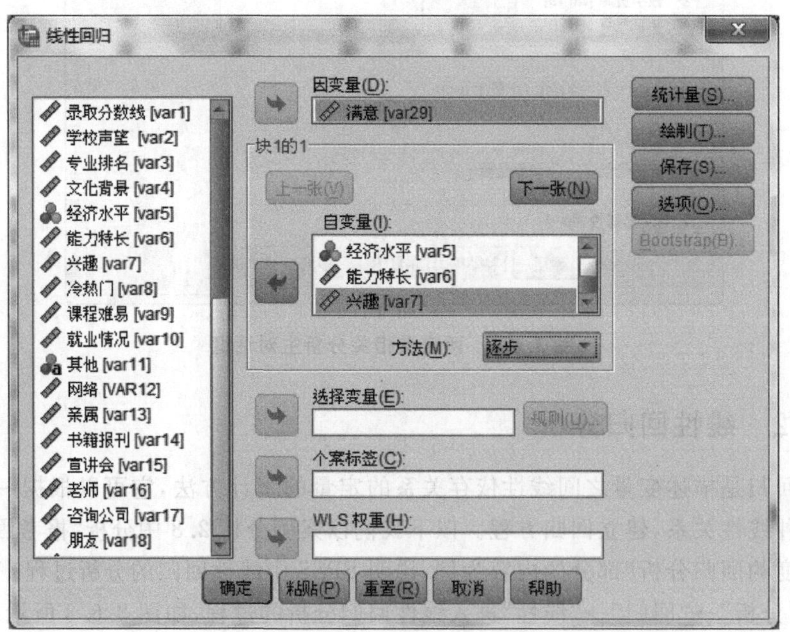

图 3.6.4 线性回归主对话框

表 3.6.2 模型的筛选过程

输入/移去的变量[a]

模型	输入的变量	移去的变量	方 法
1	兴趣	.	步进(准则：F-to-enter 的概率≤0.050,F-to-remove 的概率≥0.100)。
2	文化背景	.	步进(准则：F-to-enter 的概率≤0.050,F-to-remove 的概率≥0.100)。
3	能力特长	.	步进(准则：F-to-enter 的概率≤0.050,F-to-remove 的概率≥0.100)。

a. 因变量：满意。

表 3.6.3 模型判定系数的改变过程

模型汇总

模 型	R	R^2	调整 R^2	标准估计的误差
1	0.399[a]	0.159	0.158	0.904
2	0.414[b]	0.171	0.169	0.898
3	0.424[c]	0.180	0.176	0.894

a. 预测变量：(常量),兴趣。

b. 预测变量：(常量),兴趣,文化背景。

c. 预测变量：(常量),兴趣,文化背景,能力特长。

表 3.6.4 方差分析检验结果 Anovad[a]

模 型		平方和	df	均 方	F	Sig.
1	回归	116.535	1	116.535	142.539	0.000[a]
	残差	615.624	753	0.818		
	总计	732.159	754			
2	回归	125.256	2	62.628	77.601	0.000[b]
	残差	606.903	752	0.807		
	总计	732.159	754			
3	回归	131.566	3	43.855	54.838	0.000[c]
	残差	600.593	751	0.800		
	总计	732.159	754			

a. 预测变量：(常量),兴趣。

b. 预测变量：(常量),兴趣,文化背景。

c. 预测变量：(常量),兴趣,文化背景,能力特长。

d. 因变量：满意。

表 3.6.5 模型中各个系数的检验结果 系数[a]

模型		非标准化系数		标准系数	t	Sig.
		B	标准误差	试用版		
1	(常量)	1.519	0.079		19.321	0.000
	兴趣	0.398	0.033	0.399	11.939	0.000
2	(常量)	1.308	0.101		12.942	0.000
	兴趣	0.382	0.033	0.383	11.405	0.000
	文化背景	0.098	0.030	0.110	3.287	0.001
3	(常量)	1.224	0.105		11.663	0.000
	兴趣	0.306	0.043	0.307	7.126	0.000
	文化背景	0.091	0.030	0.102	3.037	0.002
	能力特长	0.122	0.043	0.121	2.809	0.005

a. 因变量：满意。

表 3.6.6 多重线性回归拟合过程中没有进入模型的变量检验情况

已排除的变量[d]

模型		Beta In	t	Sig.	偏相关	共线性统计量
						容差
1	学校声望	0.019[a]	0.550	0.583	0.020	0.970
	专业排名	0.063[a]	1.836	0.067	0.067	0.942
	文化背景	0.110[a]	3.287	0.001	0.119	0.979
	经济水平	0.009[a]	0.267	0.789	0.010	0.972
	能力特长	0.133[a]	3.077	0.002	0.111	0.592
2	学校声望	−0.003[b]	−0.101	0.919	−0.004	0.932
	专业排名	0.056[b]	1.648	0.100	0.060	0.938
	经济水平	−0.032[b]	−0.882	0.378	−0.032	0.863
	能力特长	0.121[b]	2.809	0.005	0.102	0.587
3	学校声望	−0.010[c]	−0.281	0.779	−0.010	0.928
	专业排名	0.043[c]	1.262	0.208	0.046	0.919
	经济水平	−0.035[c]	−0.993	0.321	−0.036	0.862

a. 模型中的预测变量：(常量)，兴趣。

b. 模型中的预测变量：(常量)，兴趣，文化背景。

c. 模型中的预测变量：(常量)，兴趣，文化背景，能力特长。

d. 因变量：满意。

结果分析如下：

- 表 3.6.2 列出了模型的筛选过程，模型 1 用逐步法选入了“兴趣”，然后模型 2 用逐步法选入了“文化背景”，“兴趣”仍然保留在模型 2 中，模型 3 选入了“能力特长”,“兴趣”和“文化背景”仍然保留在模型中。其余变量没有达到入选标准,最终没有进入。结果右侧注明了相应的筛选方法和选入及剔除标准。SPSS 在方法的选项中共提供了 5 种方法,下面分别进行简单介绍。

① 进入(强迫进入法),候选的自变量不作筛选全部选入模型。

② 逐步(逐步引入剔除法),将向前引入法和向后剔除法结合起来,在向前引入的每一步之后都要考虑从已引入方程的变量中剔除作用不显著者,直到没有一个自变量能引入方程和没有一个自变量能从方程中剔除为止。缺点同向前引入法,但选中的变量比较精悍。

③ 删除(强迫剔除法),定义的全部自变量均删除。

④ 向前(向前引入法)自变量由少到多一个一个引入回归方程,直到不能按检验水准引入新的变量为止。该方法缺点是:当两个变量一起使用时效果好,单独使用时效果不好,有可能只引入其中一个变量,或两个变量都不能引入。

⑤ 向后(向后剔除法)自变量由多到少一个一个从回归方程中剔除,直到不能按检验水准剔除为止,能克服向前引入法的缺点。当两个变量一起使用时效果好,单独使用时效果不好,该方法可将两个变量都引入方程。

- 表 3.6.3 是拟合的两个模型判定系数 R^2 的改变情况,从调整的 R^2 来看,随着变量“文化背景”和“能力特长”的选入,模型的可解释的变异占总变异比例逐步提高。
- 表 3.6.4 是对拟合的 3 个模型的方差分析检验结果。由结果可知,3 个模型均有统计学意义。模型有统计学意义不等于模型内所有的变量就有统计学意义,还需要进一步对各变量进行检验。
- 表 3.6.5 是对 3 个模型中各个系数检验的结果,用的是 t 检验。从结果中可以看出模型 3 中常数项的 t 的显著性概率为 0.000 <0.05,表示常数项与 0 有显著性差异,表明常数项应出现在方程中。3 个变量 t 的显著性概率均<0.05,表示这些变量的系数与 0 有显著差异,这些变量应当作为解释变量出现在方程中。
- 表 3.6.6 反映的是多重线性回归拟合模型过程中没有进入模型的变量的检验情况。由结果可见,在模型 1 中,未进入模型的候选变量文化背景和能力特长还符合选入标准,可能需要选入;在模型 2 中,未进入的变量能力特长还符合选入标准,可能需要选入;而在模型 3 中,未进入的两个变量均大于选入标准,无须再进行分析了。

3.7　列联分析

SPSS 中的列联表分析可通过调用交叉表过程实现,在分析中,可对二维至 n 维列联表资料进行统计描述和卡方检验,并计算相应的百分数指标。此外,还可计算四格表确切概率且有单双侧检验、对数似然比检验以及线性关系的卡方检验。以下我们以案例分析2.8中分析大学生“是否被调剂”与“对专业是否满意”的列联分析为例说明SPSS中的相应分析过程。

从SPSS的“分析”→“描述性统计”→“交叉表”，进入列联表对话框，如图3.7.1所示，进入其主对话框后，选“是否转专业”变量单击➤按钮使之进入行框，选“是否满意”变量按钮使之进入列框（图3.7.2）。单击统计量按钮，弹出交叉表：统计量对话框，如图3.4.3所示。

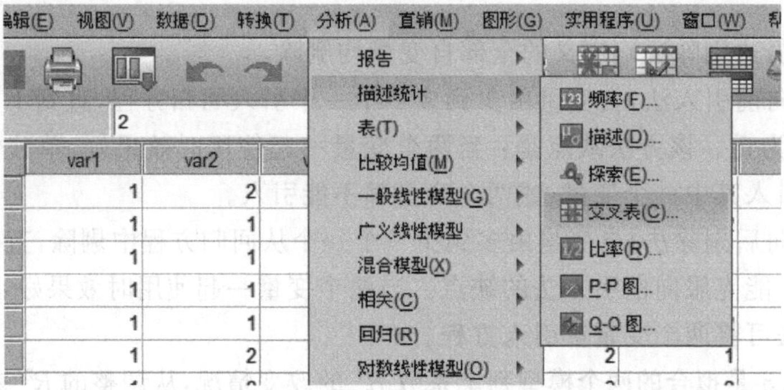

图3.7.1　进入交叉表过程

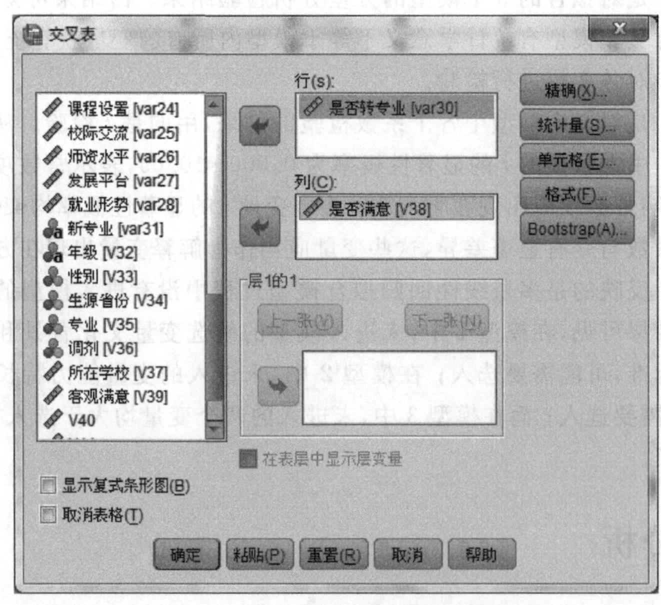

图3.7.2　交叉表过程主对话框

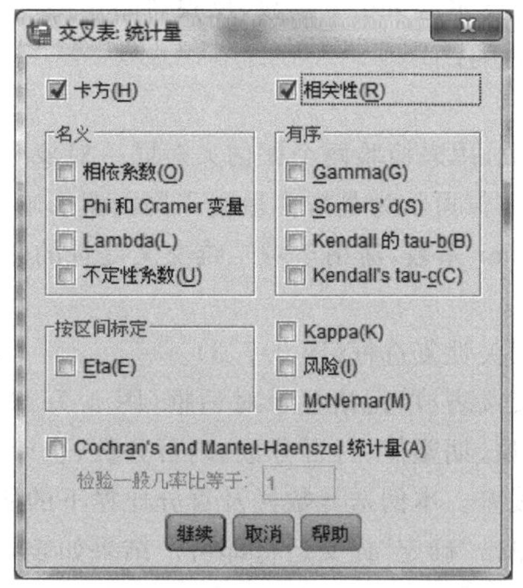

图 3.7.3　列联表统计方法对话框

图 3.7.3 对话框中各选项含义如下：

- 卡方：对行变量和列变量的独立性进行卡方(χ^2)检验；
- 相关性表示作列联表行、列两变量的 Pearson 相关系数或作伴随组秩次的 Spearman 相关系数，在数值型变量下，此项选择才有效。
- 名义栏为定类变量的关联指标，分别如下。

a. 相依系数：列联系数，根据卡方统计量计算的关联测度，其值介于 0～1 之间，如果这个系数的值接近于 0 或 1，分别表示行、列变量之间无关联或高度关联。列联系数的大小与表中行列的数目有关。

b. Phi 和 Cramer 变量：ψ 系数和克拉美值，是根据卡方统计量经修改计算得到的反映变量关联测度的值，其中 Phi 系数的值等于卡方统计量除以样本容量后的平方根。

c. Lambda：λ 值，在自变量预测中用于反映比例缩减误差，其值为 1 时表明自变量预测应变量好，为 0 时表明自变量预测应变量差。

d. 不定性系数：以熵为标准的比例缩减误差，其值接近 1 时表明后一变量的信息很大程度来自前一变量，其值接近 0 时表明后一变量的信息与前一变量无关。

- 有序栏为定序变量的关联指标：

a. Gamma：γ 值，反映两个定序变量的对称关联程度，值在 −1 与 1 之间。

b. Somers'd：Somers'd 值是 Gamma 系数的非对称性推广，其意义与 Gamma 系数基本相同。

c. Kendall 的 tau-b：肯德尔值 tau-b 系数，反映相关的定序变量或秩变量的非参数关联程度，值介于 −1～1 之间。

d. Kendall's tau-c：肯德尔值 tau- c 系数，反映忽略定序变量之间相关关系的非参数关联程度，值介于－1～1 之间。

• 其他指标

a. Kappa：Kappa 系数，用来检验两个评估人对同一对象。

b. Eta：Eta 值，其平方值可认为是应变量受不同因素影响所致方差的比例。

c. McNemar：McNemar 系数，适用于对二维交叉变量的非参数检验。

d. 风险：相对危险度。

本例，仅选中卡方和相关性复选框(图 3.7.3)。

单击单元格钮，弹出交叉表：单元格显示对话框(图 3.7.4)，用于定义列联表单元格中需要计算的指标。观察值、期望值、行百分数、列百分数、合计百分数、未标准化残差、标准化残差、调节的标准化残差。本例选计数栏及百分比栏下的所有复选框，之后单击继续钮返回交叉表对话框，再单击“确定”提交运行即可。结果如表 3.7.1～表 3.7.4 所示。

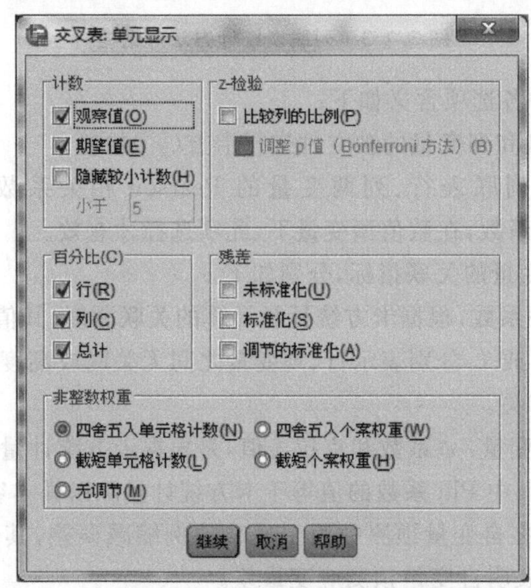

图 3.7.4 单元格显示对话框

表 3.7.1 观测量统计案例处理摘要

项　目	案　例					
	有效		缺失		合计	
	N	百分比/%	N	百分比/%	N	百分比/%
是否转专业 * 是否满意	754	99.9	1	0.1	755	100

表 3.7.2 是否转专业 * 是否满意交叉制表

项目			是否满意		合计
			不满意	满意	
是否转专业	是	计数	63	278	341
		期望的计数	33.9	307.1	341.0
		是否转专业中的百分比	18.5%	81.5%	100.0%
		是否满意中的百分比	84.0%	40.9%	45.2%
		总数的百分比	8.4%	36.9%	45.2%
	否	计数	12	401	413
		期望的计数	41.1	371.9	413.0
		是否转专业中的百分比	2.9%	97.1%	100.0%
		是否满意中的百分比	16.0%	59.1%	54.8%
		总数的百分比	1.6%	53.2%	54.8%
合计		计数	75	679	754
		期望的计数	75.0	679.0	754.0
		是否转专业中的百分比	9.9%	90.1%	100.0%
		是否满意中的百分比	100.0%	100.0%	100.0%
		总数的百分比	9.9%	90.1%	100.0%

表 3.7.3 卡方检验

项目	值	df	渐进 Sig.（双侧）	精确 Sig.（双侧）	精确 Sig.（单侧）
Pearson 卡方	50.547[a]	1	0.000		
连续校正[b]	48.824	1	0.000		
似然比	53.541	1	0.000		
Fisher 的精确检验				0.000	0.000
线性和线性组合	50.480	1	0.000		
有效案例中的 N	754				

a. 0 单元格(0.0%)的期望计数少于 5。最小期望计数为 33.92。

b. 仅对 2×2 表计算。

表 3.7.4 对称度量

项目		值	渐进标准误差[a]	近似值 T[b]	近似值 Sig.
按区间	Pearson 的 R	0.259	0.031	7.351	0.000[c]
按顺序	Spearman 相关性	0.259	0.031	7.351	0.000[c]
有效案例中的 N		754			

a. 不假定零假设。

b. 使用渐进标准误差假定零假设。

c. 基于正态近似值。

- 表 3.7.1 报告处理记录缺失值情况，本例中有效数据总数为 754 个，记录中有 1 个缺失值。
- 表 3.7.2 中可以看出对专业现状不满意的学生中，希望转专业的占 84%，；在对专业现状满意的被调查者中，希望转专业的占 40.9%。
- 表 3.7.3 卡方检验结果可以看出 P 值＝0.000 小于显著性水平 0.05，因此拒绝“是否转专业”与“对专业是否满意”两变量之间相互独立的零假设，即二者间有关。
- 表 3.7.4 中给出了对应于选项相关性的结果，其中有皮尔逊相关系数 R、斯皮尔曼相关系数。

3.8 时间序列分析

时间数列是指将某一现象所发生的数量变化，依时间的先后顺序排列，以揭示随着时间的推移这一现象的发展规律，预测现象发展的方向及其数量。时间序列分析力求以历史数据为基础预测未来。比如，根据观察过去的销售量，并根据这些历史销售量的一般水平及趋势，来对产品的未来销售情况做出推断。时间序列分析包括很多分析方法，如：移动平均法、指数平滑法、自回归模型，ARIMA 模型等。时间序列分析的应用范围也十分广泛，现在已经被应用在国民经济宏观控制、区域综合发展规划、企业经营管理、市场潜量预测、气象预报、水位预报、地震前兆预报、农作物病虫灾害预报、环境污染控制、生态平衡、天文学和海洋学等方面。时间序列按分析目的不同，可以划分为时域分析与频域分析。

SPSS 在分析中提供了时间序列分析的模块，有 4 种分析过程：指数平滑模型分析、自回归模型分析、ARIMA 模型分析、季节性结构分量模型分析。在图形模块中 SPSS 提供时间序列图的作图功能，包括自相关图，偏自相关图，互相关图，谱密度图分析功能。在预定义数据方面，SPSS 在数据模块中提供相关功能。

下面我们以案例分析 2.9 中“人民币汇率的预测”分析内容为例说明如何运用 SPSS 进行时间序列分析中的指数平滑分析、自回归分析、ARIMA 模型，以及相应的非参数检验方法对数据和所得残差进行分析，进而实现对人民币汇率的预测。案例分析 2.9 中各模型均以“现汇买入”数据进行分析建模，在此我们以“中间价”为例进行各项操作步骤的说明。

3.8.1 预定义日期变量

时间序列有严格的顺序，并且需要定义时间变量让软件读懂其时间顺序，定义日期模块可以产生周期性的时间序列日期变量。以案例分析 2.9 中，“人民币汇率的预测”分析内容为例，SPSS定义日期变量过程如下。

(1) 从SPSS的“数据”→“定义日期”如图3.8.1所示，进入数据定义窗口，如图3.8.2所示。

(2) 在图3.8.2中有两个选区，选区定义时间变量的间隔，第一个选区填入的是相应的起始日期值。本案例分析中选择“星期，天(5)”(表示时间间隔为工作日(5天工作日)，以周为周期)，选定好时间间隔和起始日期后，系统便能自动按选定的时间间隔产生相应的日期变量。

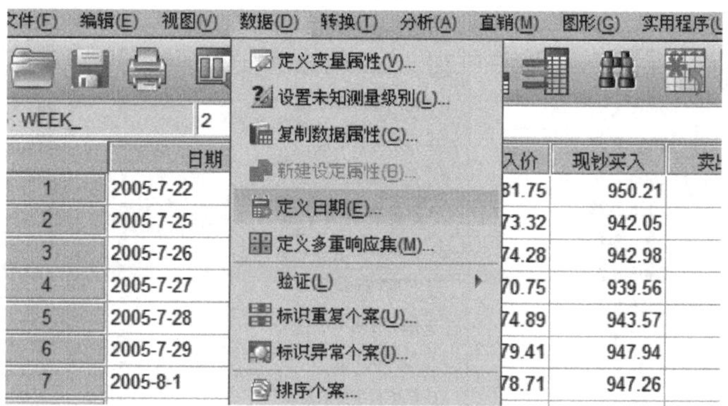

图3.8.1 SPSS定义日期变量模块

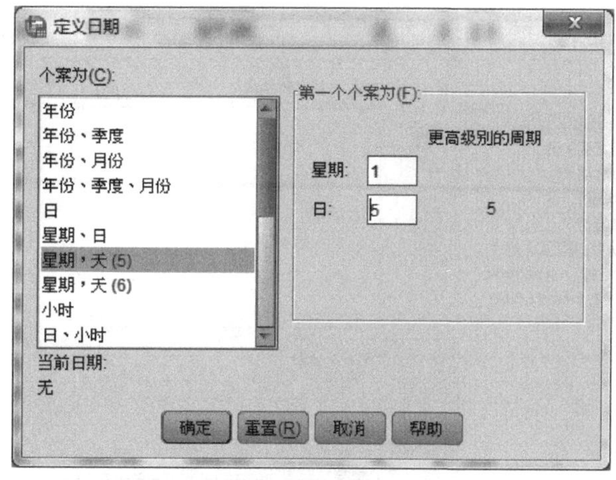

图3.8.2 定义日期对话框

3.8.2 建立移动平均模型进行分析

移动平均法是用一组最近的实际数据值来预测时间序列未来值的一种常用方法。它是采用逐项递移的方法分别计算一系列移动的序列平均数，形成一个新的派生序列平均数时间数列。SPSS 中“创建时间序列”提供时间序列的有关计算功能，可以产生差分序列、移动平均序列、滞后序列或进行序列修匀等处理，如图 3.8.3。创建新的时间序列的操作方法如下：“转换”→“创建时间序列”，在“函数”项中，有很多选项，如图 3.8.4。

编辑(E) 视图(V) 数据(D) 转换(T) 分析(A) 直销(M) 图形(G) 实用程序(U) 窗口

计算变量(C)...
对个案内的值计数(O)...
转换值(F)...
重新编码为相同变量(S)...
重新编码为不同变量(R)...
自动重新编码(A)...
可视离散化(B)...
最优离散化(I)...
准备建模数据(P)
个案排秩(K)...
日期和时间向导...
创建时间序列(M)...
替换缺失值(V)...
随机数字生成器(G)...

	日期	卖出价
1	2005-7-22	989.63
2	2005-7-25	981.14
3	2005-7-26	982.10
4	2005-7-27	978.55
5	2005-7-28	982.73
6	2005-7-29	987.27
7	2005-8-1	986.57
8	2005-8-2	991.17
9	2005-8-3	991.97
0	2005-8-4	1003.85
1	2005-8-5	1007.29
2	2005-8-8	1003.51

图 3.8.3 SPSS 创建时间序列模块

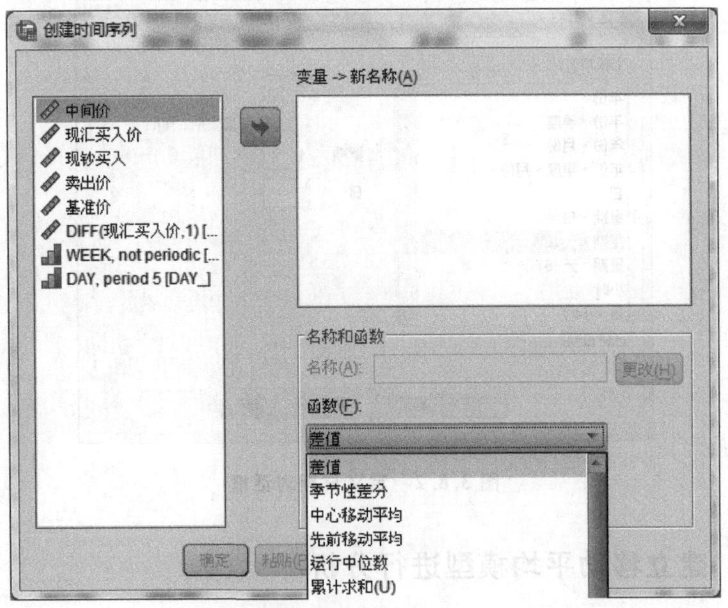

图 3.8.4 创建时间序列对话框中的函数项

- “差值”产生差分序列，顺序框中填入的是差分的阶。
- “季节性差分”产生季节性差分序列，顺序框中填入的是差分的阶。
- “中心移动平均”产生以当前值为中心的移动平均序列，跨度中填入的是滞后阶数。
- “先前移动平均”产生以当前值之前的数个相邻的值计算的移动平均序列，跨度中填入的是滞后阶数。
- “运行中位数”类似“中心移动平均”，但是计算的是相应的中位数。
- “累计求和”计算累积和序列。
- “滞后”产生滞后序列，顺序框中填入的是滞后的阶。
- “提前”产生领先序列，顺序框中填入的是领先的阶。
- “平滑”产生平滑序列。

在本案例分析中进行移动平均预测选“中心移动平均”，选择跨度的值确定向前移动的范围，即滞后阶数 n，如图 3.8.5。我们以值 2 为例进行说明，将“中间价”放入新名称，跨度中填入 2，单击“确定”就能在结果集中产生新的时间序列了。这一新的时间序列以一个新的变量名“中间价_1”表示，可以将这一新的平滑数据与原序列数据用 SPSS 中“图形”工具画线图进行比较，具体步骤参见第 3.3 节的描述。

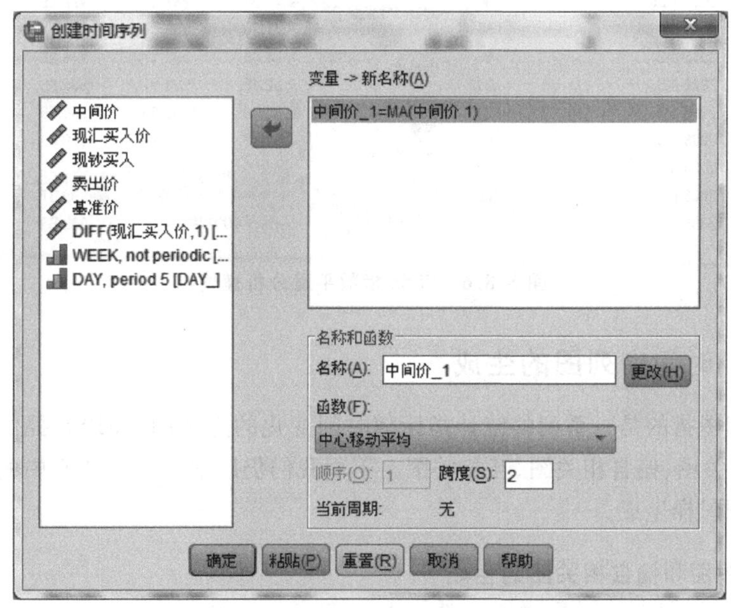

图 3.8.5 创建时间序列对话框

3.8.3 指数平滑法

指数平滑法通过该对历史时间数列进行逐层平滑计算，从而消除随机因素的影响，识别经济现象基本变化趋势，并以此预测未来。指数平滑法的思想来源于对移动平均法预测方法的改进。用 SPSS 建立指数平滑序列的方法如下。

(1) 选择“分析”→“预测”→“创建模型”，如图 3.8.6 所示，弹出时间序列建模器对话框，如图 3.8.7 所示。

(2) 按图 3.8.7 中，将“中间价”放入因变量中，并在方法的下拉菜单中选择“指数平滑法”，单击“确定”可以得到如图 3.8.8 所示的平滑曲线。

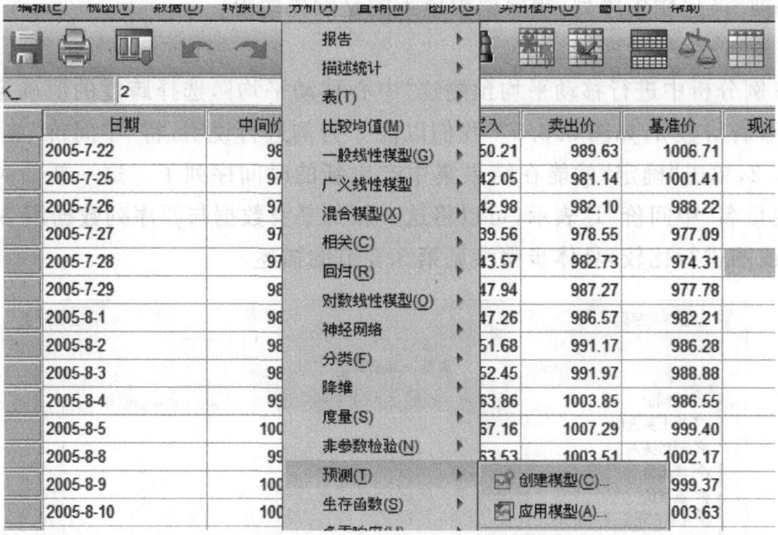

图 3.8.6 SPSS 指数平滑分析模块

3.8.4 时间序列图的生成

时间序列图指的是一系列的统计指标随时间变化的直观图。SPSS 提供的时间序列图包括：自相关图、偏自相关图、互相关图。下面我们仍以案例分析 2.9 中的数据为例说明时间序列图怎样生成。

1. 自相关图和偏自相关图的生成

自相关和偏自相关图的具体步骤。

(1) 选择“分析” →“预测”→“自相关”，打开自相关图对话框，如图 3.8.9 所示。

(2) 在图 3.8.9 中，将“中间价”选入“变量”。“转换”表示转换方式。“输出”选择显

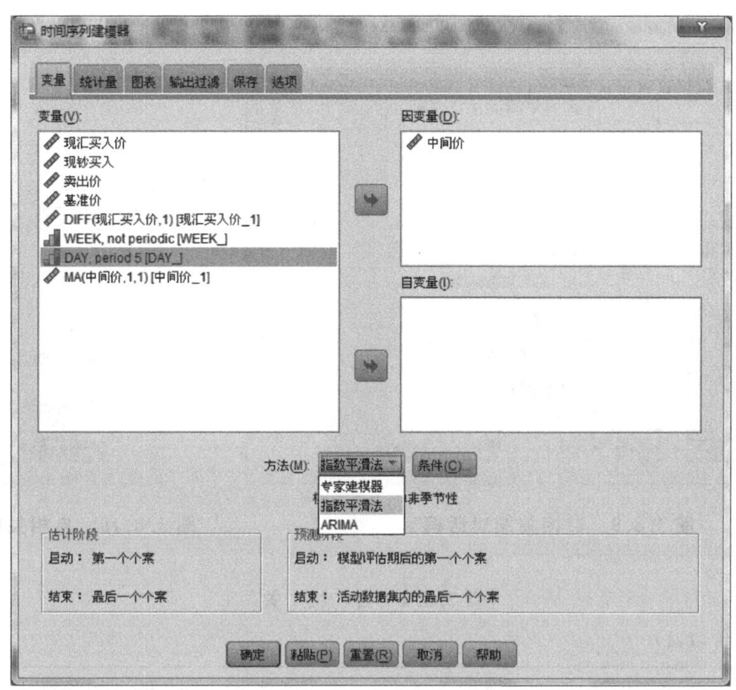

图 3.8.7 指数平滑对话框

图 3.8.8 时间序列的指数平滑曲线

示的图像：自相关，表示序列中观察每个时点与前面时点值的相关关系；偏自相关，表示去除影响点后时间序列中的某点与前点之间的关系。

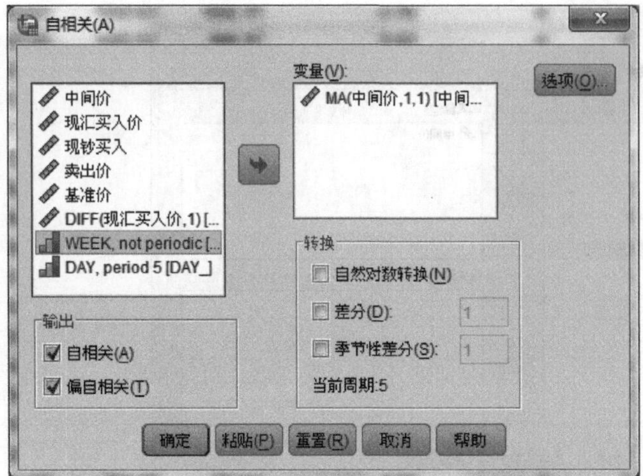

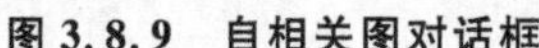
图 3.8.9 自相关图对话框

图 3.8.10 自相关中选项对话框

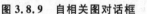

表 3.8.1 自 相 关

序列:MA(中间价,1,1)

滞后	自相关	标准误差[a]	Box-Ljung 统计量		
			值	df	Sig.[b]
1	0.978	0.049	405.904	1	0.000
2	0.959	0.049	796.870	2	0.000
3	0.939	0.048	1 172.567	3	0.000
4	0.919	0.048	1 533.263	4	0.000
5	0.900	0.048	1 879.935	5	0.000
6	0.881	0.048	2 212.835	6	0.000
7	0.863	0.048	2 533.001	7	0.000
8	0.847	0.048	2 842.458	8	0.000
9	0.831	0.048	3 140.830	9	0.000
10	0.815	0.048	3 428.893	10	0.000
11	0.803	0.048	3 708.806	11	0.000
12	0.789	0.048	3 980.181	12	0.000
13	0.778	0.048	4 244.158	13	0.000
14	0.764	0.048	4 499.274	14	0.000
15	0.749	0.048	4 745.414	15	0.000
16	0.734	0.048	4 982.262	16	0.000

a. 假定的基础过程是独立性(白噪音)。

b. 基于渐近卡方近似。

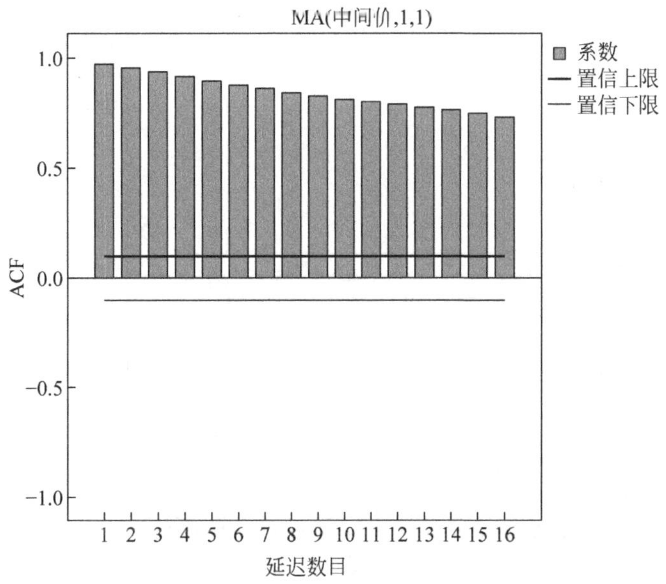

图 3.8.11 自相关

表 3.8.2 偏 自 相 关

序列：MA(中间价,1,1)

	滞后							
	1	2	3	4	5	6	7	8
偏自相关	0.978	0.042	−0.024	−0.012	0.011	−0.008	0.014	0.051
标准误差	0.049	0.049	0.049	0.049	0.049	0.049	0.049	0.049
	滞后							
	9	10	11	12	13	14	15	16
偏自相关	−0.020	0.008	0.062	−0.015	0.025	−0.054	−0.018	−0.025
标准误差	0.049	0.049	0.049	0.049	0.049	0.049	0.049	0.049

(3) 单击“选项”对话框，选择相应选项，如图 3.8.10 所示。此案例分析都使用默认值。

(4) 单击确定，生成自相关图和偏自相关图，如表 3.8.1、表 3.8.2、图 3.8.11 和图 3.8.12 所示。从结果图中看出误差项通过随机检验。

2. 互相关图

互相关为两个时间序列之间的相关，观察两个不同时间序列之间的相关关系，根据案例分析 2.9 的“现汇买入”和“现钞买入”画互相关图的步骤如下。

(1) 选择“分析”→“预测”→“互相关图”，打开互相关图对话框，如图 3.8.13 所示。

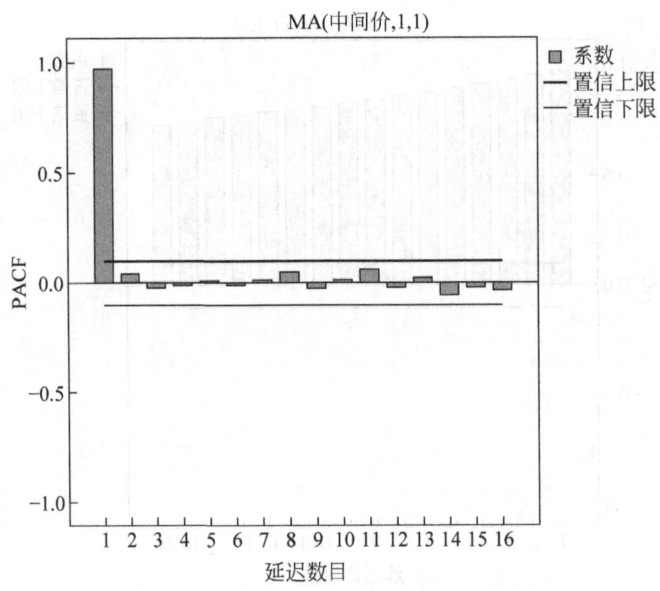

图 3.8.12 偏自相关

（2）在图 3.8.13 中，将“现汇买入”和“现钞买入”选入“变量”。

（3）单击“选项”对话框，选择相应选项，如图 3.8.14 所示。最大延迟数表示最大滞后数值。此案例分析都使用默认值。

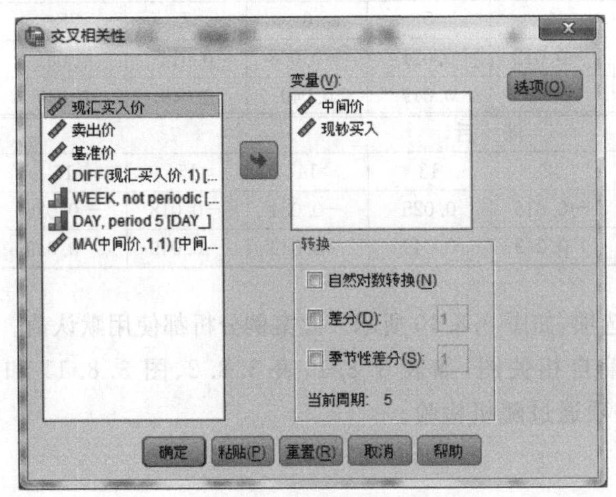

图 3.8.13 互相关图对话框

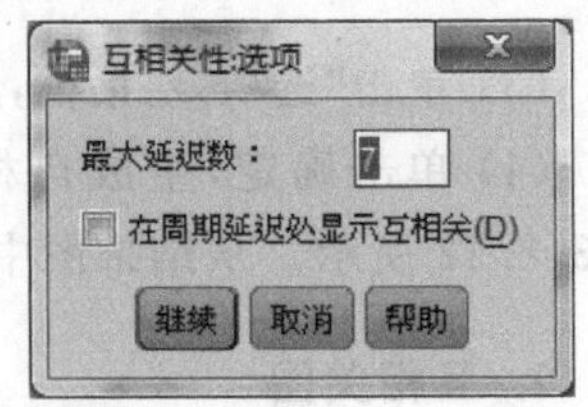

图 3.8.14 互相关中 Option 对话框

（4）单击确定，生成互相关图，如图 3.8.15 所示。从结果图中看出两个序列相关性极高。

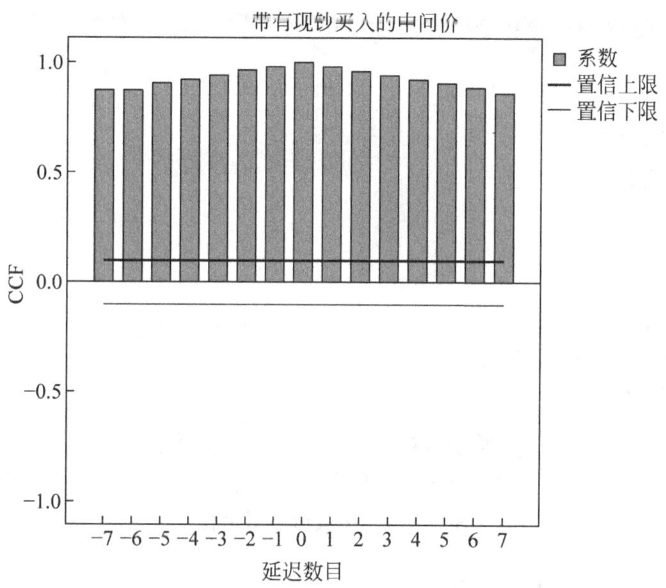

图 3.8.15 互相关图输出结果

3.9 信度分析

人们在衡量某事物的某种综合特征时，往往要从影响该事物某种特征的多个方向进行分析。例如评价某人的身体素质，就要从他的身高、胸围、脉搏、血压、肺活量等多个方向进行考虑。由这些指标的取值构成的表称为量表。量表的使用是为了了解被测对象的某一特征，因而在编制一份量表时，所设立的一系列项目是为了体现量表需要测定的这一特征。如果所设立的测定项目无法获得这一特征，则表示该量表信度低，即可靠性差，那么累加的做法就没有根据。所以，研究者有时需要了解量表中各测定项目之间的一致性(同质信度考核)，有时需要将量表的测定项目按原编号的奇、偶数分半后，对各自的测定结果进行相关性检验(分半信度考核)，等等，这就是量表的信度分析，亦即可靠性分析。Cronbach's 系数是目前最常用的信度系数，一般认为信度系数 Cronbach's α 值应该达到 0.7 以上。SPSS 中量表的信度分析可通过调用“可靠性分析”过程完成。以下我们通过案例分析 2.5 中计算在高涉入情形下积分计划感知价值变量的信度系数 Cronbach's 值为例介绍 SPSS 中如何实现信度分析。

激活“分析”菜单选“度量”中的“可靠性分析”项，弹出“可靠性分析”对话框。从对话框左侧的变量列表中选 q1.1、q1.2 和 q1.3 共 3 个变量，单击 ➡ 按钮使之进入“项目”框(如图 3.9.1 示)。单击“模型”处的下拉菜单，系统提供以下 5 种分析模型。

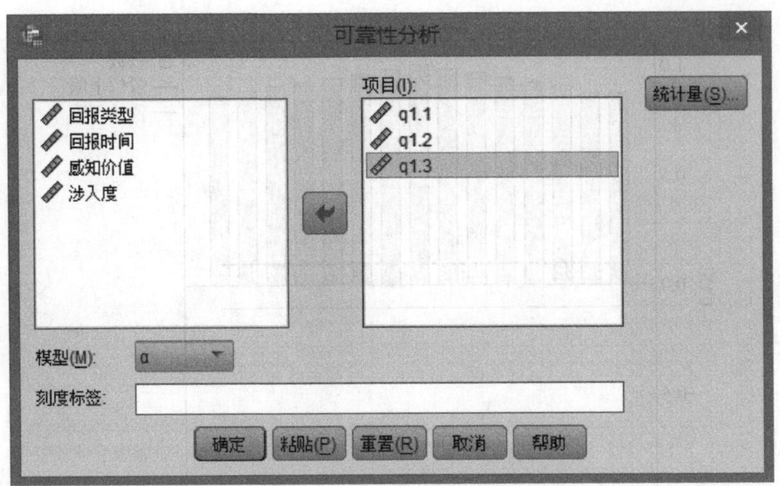

图 3.9.1 信度分析对话框

- α：计算信度系数 Cronbach's α 值。
- 半分：分半信度的分析。
- Guttman：Guttman 系数，适用于测验全由二值(1,0)方式记分的项目。
- 平行：并行模型假定下的极大似然可靠性估计。
- 严格平行：在满足条目方差相等、均数相等的条件下，采用极大似然的信度系数，检验模型的拟合优度，估计误差方差，条目间相关系数等。

本例选用 α 模型。

单击"统计量"按钮，弹出"可靠性分析：统计量"对话框(图 3.9.2)，该对话框内含如下选项：

- 在"描述性"栏中，"项"给出各测量项目的均数和标准差；"度量"给出量表总分的均数、标准差和方差；"如果项已删除则进行度量"给出量表中某一测量项目删除后各个指标的变化情况，常用于测量项目的筛选；
- 在"摘要"栏中有 4 个选项："均值"、"方差"、"协方差"和"相关性"，可分别要求系统计算给出所有变量的平均数、方差、协方差和相关系数；
- 在"项之间"栏中有"相关性"和"协方差"两项，前者可计算项目间的两两相关系数，后者可计算项目间的两两协方差值；
- 在"ANOVA 表"栏中有"无"、"*F* 检验"、"Friedman 卡方"、"Cochran 卡方" 4 个选项，其意义分别是：不作方差分析、作重复度量的方差分析、计算 Friedman 和 Kendall 谐和系数(适用于等级资料)、计算 Cohran *Q* 值(适用于所有项目均为二分变量)；

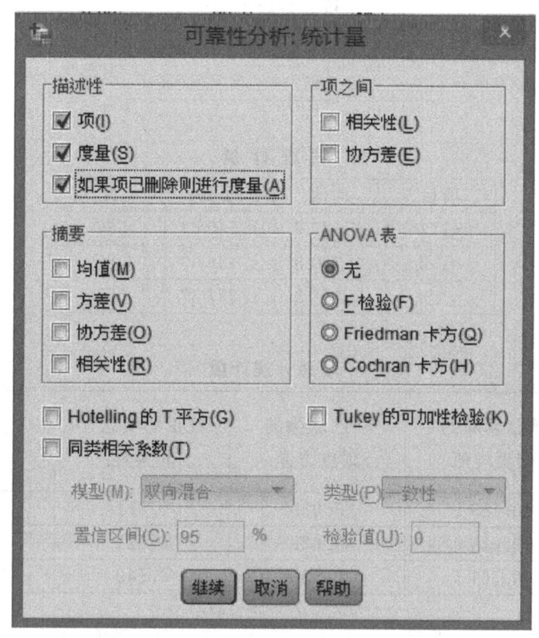

图 3.9.2 信度分析的统计选项对话框

- "Hotelling 的 *T* 平方"选项，可要求作项目间平均得分的相等性检验；"Tukey 的可加性检验选项"，可要求作可加性的 Tukey 检验。

本例仅选"描述性"栏中的所有项，在完成各选项的选择之后，单击"继续"按钮返回"可靠性分析"主对话框，再单击"确定"按钮即完成分析。结果如图 3.9.3 所示。

结果中，"项统计量"给出各"项"即测量项目的均数和标准差等；"标度统计量"给出的是"度量"即量表总分的均数、标准差和方差；之后考查测量项目与量表得分的关系，方式是：计算若将某一测量项目从量表中剔除，则量表的平均得分("项已删除的刻度均值")、方差("项已删除的刻度方差")、每个测量项目得分与剩余各测量项目得分间的相关系数("校正的项总计相关性")以及 Cronbach's α 值("项已删除的 Cronbach's Alpha 值")会是多少，这些内容由"项总计统计量"给出；最后在"可靠性统计量"中给出样本个数，测量项目个数以及量表的 Cronbach's α 值。本例中 Cronbach's α 值为 0.785，代表测量积分计划感知价值的量表具有满意的内部一致性。如果量表的 Cronbach's α 系数值偏低，那么代表量表的信度一般，如果要提高 Cronbach's 系数，可首先判断若将某一测量项目从量表中剔除("项已删除的 Cronbach's Alpha 值")是否可以使 Cronbach's α 提高到满意水平；其次也可以对测量项目内容词句进行修饰、修改，或增删部分测量项目，再让受试者测量一次。

可靠性统计量

Cronbach's Alpha	项数
0.785	3

项统计量

项目	均值	标准偏差	N
q1.1	4.570 7	1.540 03	587
q1.2	4.730 8	1.496 00	587
q1.3	5.458 3	1.377 37	587

项总计统计量

项目	项已删除的刻度均值	项已删除的刻度方差	校正的项总计相关性	项已删除的 Cronbach's Alpha 值
q1.1	10.189 1	5.939	0.711	0.607
q1.2	10.029 0	6.629	0.621	0.712
q1.3	9.301 5	7.586	0.549	0.785

标度统计量

均值	方差	标准偏差	项数
14.759 8	13.647	3.694 18	3

图 3.9.3 信度分析结果

3.10 因子分析

因子分析(factor analysis)在各个领域的科学研究中,往往需要对反映事物的多个变量进行大量的观测,收集大量的数据以便进行分析,寻找规律。多变量的大样本虽然能为科学研究提供大量的信息,但是在一定程度上增加了数据采集的工作量。更重要的是在大多数情况下,许多变量之间可能存在相关性,从而增加了分析问题的复杂性。但也因此有可能利用较少的综合指标分别综合存在于各变量中的各类信息,而综合指标之间彼此不相关,几个指标间的信息不重叠。这样就可以根据专业知识和指标所反映的独特含义对综合指标命名。这种分析方法就是因子分析,代表各类信息的综合指标就称为因子。

下面我们以案例分析 2.8"本科专业报考动因分析"的分析内容为例说明 SPSS 因子分析过程,其基本操作步骤如下。

(1) 选择"分析"→"降维"→"因子分析",弹出"因子分析"对话框,如图 3.10.1 所示。在对话框左侧的变量列表中选择若干需作因子分析的变量单击向右的箭头按钮使之进入

"变量"框，在此将将影响专业报考的10个因素作为评价对象。

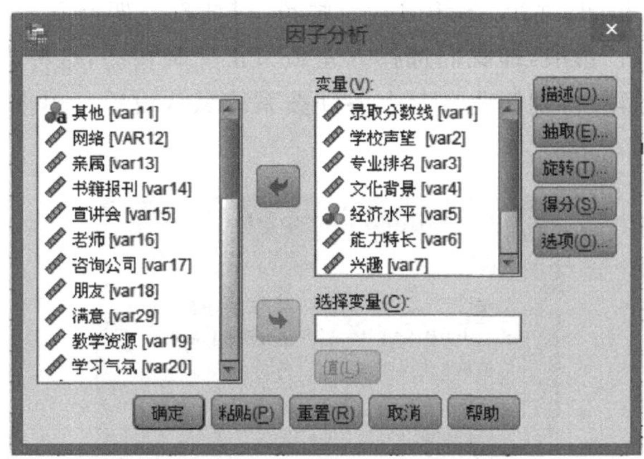

图 3.10.1 因子分析主对话框

(2) 单击"描述"按钮，弹出"因子分析：描述统计"对话框。在"统计量"中选择"单变量描述性"要求输出各变量的均数与标准差和"原始分析结果"输出变量初始解；在"相关矩阵"栏内选"系数"项要求计算相关系数矩阵，并选择"KMO 和 Bartlett 的球形度检验"项，要求对相关系数矩阵进行统计学检验。如图 3.10.2 所示，单击"继续"按钮返回"因子分析"对话框。

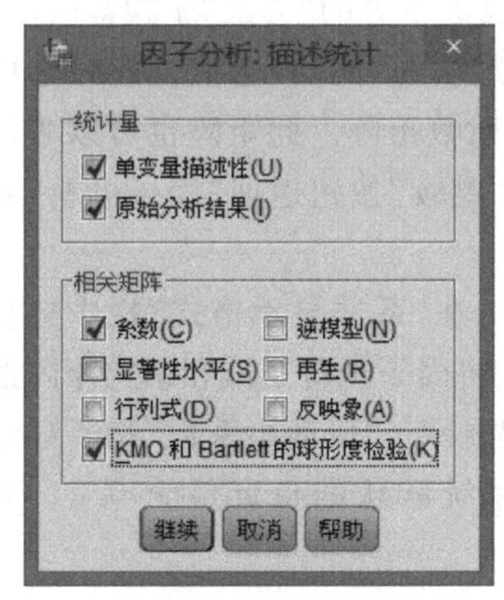

图 3.10.2 描述统计量对话框

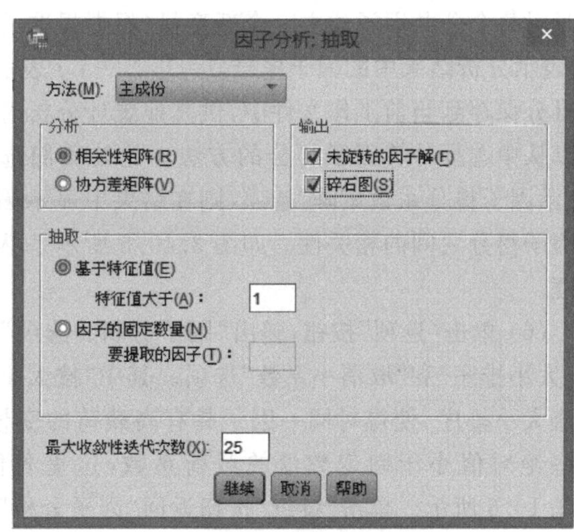

图 3.10.3 因子提取对话框

(3) 单击"抽取"按钮，弹出"因子分析：抽取"对话框，如图 3.10.3 所示。在"输出"栏中选择"碎石图"选项，使结果能输出碎石图，能直观的看出有多少因子应予以保留，其余各项按系统默认设置。单击“继续”按钮返回“因子分析”对话框。

(4) 单击“旋转”按钮,弹出“因子分析:旋转”对话框。如图 3.10.4 所示。在“方法”栏中选择“最大方差法”选项,即我们选择方差最大正交旋转法,这种方法使每个因子具有高载荷,以使因子的解释得到简化。其余各项按系统默认设置。单击“继续”按钮返回“因子分析”对话框。

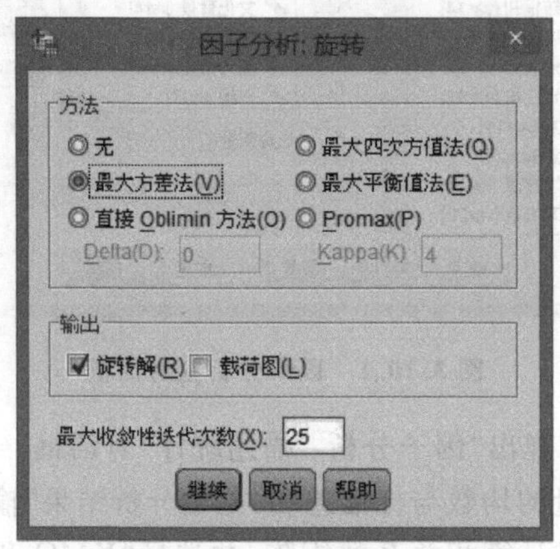

图 3.10.4 旋转因子对话框

(5) 单击“得分”按钮,弹出“因子分析:因子得分”对话框。选中“保存为变量”选项,此时对每个公共因子建立一个新变量(根据提取的公因子的多少,默认的变量名为 FACi_j,i 表示分析结果中的因子序号,$i=1,2,\cdots$; j 表示作因子分析的次数,$j=1,2,\cdots$),将因子得分保存到当前工作文件中,供其他统计分析时使用。这时下方的“方法”子栏被激活,可以从中选择计算因子得分的方法。此处我们选择系统默认的“回归”选项。同时选中“显示因子得分系数矩阵”选项,则在结果中显示因子得分系数矩阵。此矩阵也可以表示各因子得分之间的相关性。如图 3.10.5 所示。然后单击“继续”按钮返回“因子分析”对话框。

(6) 单击“选项”按钮,弹出“因子分析:选项”对话框。在“系数显示格式”栏中选择“按大小排序”和“取消小系数”选项。其中“按大小排序”是将因子载荷矩阵和结构矩阵按数值大小排序,使得对同一因子具有高载荷的变量在一起显示;“取消小系数”是不显示那些绝对值小于制定数值的载荷系数,这里我们使用系统默认的指定值为 0.1。如图 3.10.6 所示。单击“继续”按钮返回“因子分析”对话框。

(7) 以上选择确定后,单击“确定”按钮即可。

系统运行的分析详细结果及解释可参见案例分析 2.8 中的“数据分析”部分。

图 3.10.5　因子得分对话框

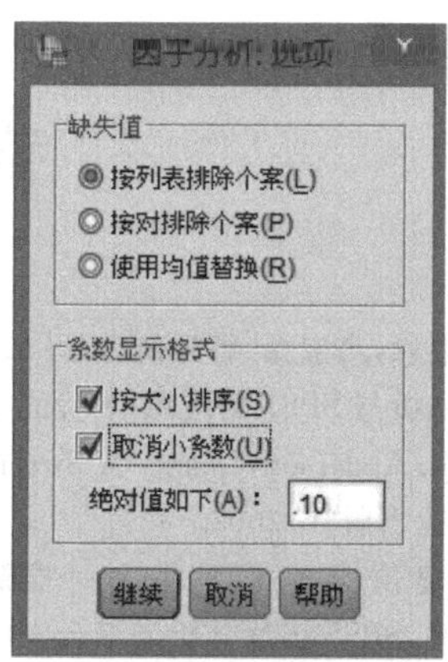

图 3.10.6　选项对话框

参 考 文 献

1 李金林,赵中秋,马宝龙. 管理统计学[M]. 第 2 版. 北京：清华大学出版社,2013.

2 薛薇. 统计分析与 SPSS 的应用[M]. 北京：中国人民大学出版社,2001.

3 [美]David R. Anderson, Dennis J. Sweeny, Thomas A. Williams. 商务与经济统计[M]. 第 11 版. 北京：机械工业出版社,2002.

4 雷奥奇 · 卡塞拉,罗杰 L. 贝耶. 统计推断[M]. 第 2 版. 北京：机械工业出版社,2012.

5 王周伟,朱敏. SPSS统计分析与综合应用[M]. 上海：上海交通大学出版社,2012.

6 小吉尔伯特 · A. 丘吉尔,唐 · 拉柯布奇. 营销调研方法论基础[M]. 第 9 版. 北京：北京大学出版社,2010.

7 弗洛德 · J. 福勒. 调查问卷的设计与评估[M]. 重庆：重庆大学出版社,2013.

8 茆诗松,程依明,濮晓龙. 概率论与数理统计教程[M]. 第 2 版. 北京：高等教育出版社,2011.

教师服务

感谢您选用清华大学出版社的教材！为了更好地服务教学，我们为授课教师提供本书的教学辅助资源，以及本学科重点教材信息。请您扫码获取。

教辅获取

本书教辅资源，授课教师扫码获取

样书赠送

统计学类重点教材，教师扫码获取样书

清华大学出版社

E-mail: tupfuwu@163.com

电话：010-83470332 / 83470142

地址：北京市海淀区双清路学研大厦 B 座 509

网址：http://www.tup.com.cn/

传真：8610-83470107

邮编：100084